Ausbildungsbegleitheft

Erzieherinnen
+ Erzieher

Autorinnen:

Martina Lambertz

Bianca Ribic

Ruth Scharringhausen

Cornelsen

Projektleitung: Carina vom Hagen
Außenredaktion: Mareike Kerz, Mainz
Umschlaggestaltung: SOFAROBOTNIK GbR, Augsburg & München
Umschlagfotos: Heidi Mayer, München
Layout und technische Umsetzung: zweiband.media, Berlin

Viele Dateien dieses Buches können Sie als Lehrkraft kostenpflichtig downloaden unter: www.cornelsen.de/cbb/erzieher

www.cornelsen.de

Die Webseiten Dritter, deren Internetadressen in diesem Lehrwerk angegeben sind, wurden vor Drucklegung sorgfältig geprüft. Der Verlag übernimmt keine Gewähr für die Aktualität und den Inhalt dieser Seiten oder solcher, die mit ihnen verlinkt sind.

1. Auflage, 3. Druck 2018

© 2015 Cornelsen Schulverlage GmbH, Berlin
© 2016 Cornelsen Verlag GmbH, Berlin

Druck: H. Heenemann, Berlin

ISBN 978-3-06-451034-0

PEFC zertifiziert
Dieses Produkt stammt aus nachhaltig bewirtschafteten Wäldern und kontrollierten Quellen.
www.pefc.de
PEFC/04-31-1156

Vorwort

Liebe Lernenden, liebe Lehrkräfte,

dieses Buch begleitet Sie während der gesamten Erzieher-Ausbildung. Es soll Sie zu selbstgesteuerten Lern- und Arbeitsprozessen anregen.

Sie finden abwechslungsreiche Aufgaben vor, in denen Sie Ihre fachliche und personale Kompetenz auf vielfältigen methodischen Wegen zur Anwendung bringen können. Mit der „doppelten Vermittlungspraxis" schlagen Sie zwei Fliegen mit einer Klappe: was Sie über sich selbst und Ihren Lernweg lernen und wie Sie diese Lernwege gestalten, dient auch Ihrer Arbeit mit Kindern, Jugendlichen und jungen Erwachsenen und ihren Familien.

Nicht zuletzt hilft es Lehrkräften und Anleitern in der Praxis, Lernende differenziert und vielseitig auszubilden und auf ihrem beruflichen Weg zu unterstützen. Nutzen Sie das Ausbildungsbegleitheft, um Anleitungs- und Reflexionsgespräche zu gestalten, Lernende in ihrem Selbstmanagement zu fördern, in Lernprozessen aktiv zu begleiten und die Kompetenzentwicklung zu beurteilen.

Im ersten Teil „Ein guter Start – Grundlagen für die Ausbildung" finden Sie Anregungen für die Organisation der fachpraktischen und fachtheoretischen Ausbildung und Tipps für den Ausbildungsbeginn und die Praxisstellensuche. Die Ausbildung an zwei Lernorten erfordert eine gezielte Verknüpfung von Theorie und Praxis. Das Ausbildungsbegleitheft fördert die Selbstorganisation und stellt Sie als Akteur in den Mittelpunkt der Lernortkooperation. Ein weiterer Schwerpunkt ist die durchdachte Planung, Bewältigung und Auswertung von Lernprozessen. Insbesondere durch das Lernen an zwei gleichrangigen Lernorten haben das Selbstmanagement und die Reflexion der Erfahrungen und Wirkungen des eigenen Handelns eine hohe Bedeutung für die Ausbildung und den Erzieherberuf.

Der zweite Teil „Weiter geht's – Kompetenzen im Lernfeld erwerben" ist durch den länderübergreifenden Lehrplan für die Erzieherausbildung strukturiert. Für alle Lernfelder werden Aufgaben, Kompetenzen und Methoden handlungs- und entwicklungsorientiert präsentiert. Diese unterstützen das Lernen in Beziehungen und die Entwicklung professioneller Haltungen: die Zusammenarbeit mit anderen (Berufsgruppen), das eigenständige und kompetente Handeln in komplexen und sich stetig verändernden Anforderungssituationen und die Verantwortung für Kinder und Jugendliche erfordern hoch qualifiziertes, fachlich flexibles und multiperspektivisches Arbeiten.

Der dritte Teil „Den Durchblick behalten – Organisation will gelernt sein" hält Materialien für Sie bereit, die Ihnen die Planung und Durchführung Ihrer Ausbildungsaufgaben erleichtern. Sie können vielfältig genutzt werden und Beispiel für die Erstellung eigener Planungsmaterialien sein.

Viele der Unterlagen erhalten Sie zur Nutzung als Lehrkraft auch als Download. Die URL finden Sie im Impressum und auf dem Umschlag am Ende des Buches.

Ihr Autorenteam

Ruth Scharringhausen
Rotenburg (Wümme)
Berufsbildende Schulen der
Rotenburger Werke

Bianca Ribic
Düsseldorf
Elly-Heuss-Knapp-Schule,
Berufskolleg Düsseldorf

Martina Lambertz
Düsseldorf
Elly-Heuss-Knapp-Schule,
Berufskolleg Düsseldorf; freie
Mitarbeiterin pädQUIS, Berlin

Inhaltsverzeichnis

1

Ein guter Start – Grundlagen für die Ausbildung

1 Los geht's – Beginn der Ausbildung

1.1 Ankommen

Liebe Lernende, lieber Lernender,

herzlich willkommen in der Ausbildung zur Erzieherin/zum Erzieher. Wir freuen uns, dass Sie sich für diesen spannenden und verantwortungsvollen Beruf entschieden haben und wollen Sie auf dem Weg durch Ihre Ausbildung begleiten.

Sie selber sind Akteur in dieser Ausbildung und werden sich eigene Ziele setzen und Erfolge erreichen können. Lassen Sie uns gemeinsam den Weg durch sechs Lernfelder und sechs Querschnittaufgaben meistern.

Sie bringen sicher schon einige Grundvoraussetzungen mit, die Ihnen das Handeln in Schule und Praxis erleichtern werden. Wir geben Ihnen zusätzlich zahlreiche Tipps und Methoden an die Hand, wie Sie sicher durch Ihre schulische und fachpraktische Ausbildung kommen – zum Beispiel zum Thema Praktikum, Zeitplanung oder Lernen und wissenschaftliches Arbeiten.

Also: Los geht's, und viel Erfolg!

Ihr Autorenteam

Was bringe ich mit?

Vielleicht haben Sie bereits eine Vorausbildung im sozialen Bereich oder das Fachabitur? Vielleicht sind Sie Abiturient mit Praxiserfahrung? Wer sind Sie?

Stellen Sie sich Ihrer Klasse und Ihren Lehrkräften vor!

Ich heiße ... und bin ... Jahre alt.
Ich bin in ... geboren und wohne seit ... in ...
Das kann ich richtig gut:
Das charakterisiert mich besonders:
Mein Lebensmotto ist:
Ich möchte Erzieher werden, weil ...
Das könnte ich noch über mich sagen:

Überlegen Sie, was Sie Ihren Mitschülern preisgeben wollen, und suchen Sie sich drei Mitschüler, von denen Sie mehr erfahren möchten!

Ergänzen Sie die folgenden Satzanfänge.

Wenn ich an die Fachschulausbildung denke, dann freue ich mich auf ...

Wenn ich an die Fachschulausbildung denke, dann habe ich Angst vor ...

Unter einer qualifizierten Ausbildung verstehe ich ...

Unter einer qualifizierten Ausbildung verstehe ich nicht ...

In diesem Schuljahr ist mein persönliches Ziel ...

Ich brauche zur Zielerreichung folgende Rahmenbedingungen ...

Bei zu großer Belastung und Druck kann mir in diesem Jahr helfen, dass ...

Von den Lehrern erwarte ich/wünsche ich mir, dass ...

Tauschen Sie sich mit anderen Lernenden in einer kleinen Gruppe über Ihre Ergebnisse aus.
Stellen Sie Gemeinsamkeiten fest? Erstaunen Sie Beiträge? Wollen Sie Beiträge genauer hinterfragen?
Worüber wollen Sie Ihre Lehrer und Praxisanleitungen informieren?

1.2   Formen der fachpraktischen Ausbildung

Die Ausbildung der Erzieherinnen erfolgt an Fachschulen oder Fachakademien. Sie hat neben dem schulischen Ausbildungsteil von mindestens 2400 Unterrichtsstunden einen fachpraktischen Teil von mindestens 1200 Praxisstunden.

Die fachpraktische Ausbildung kann in mehrwöchigen Praxisblöcken oder über alle Schulwochen unterrichtsbegleitend (als praxisintegrierte Ausbildung) stattfinden. Es gibt auch Ausbildungsformen, in denen das Berufspraktikum zum Abschluss der Ausbildung absolviert wird.

Für die fachpraktische Ausbildung ist die Schule verantwortlich. Sie wählt geeignete sozialpädagogische Einrichtungen und Einsatzstellen aus und regelt den Ablauf und die Inhalte der Praxiseinsätze.

Die Ausbildung umfasst je nach Bundesland und Schulform mindestens zwei und häufig drei Jahre an einer Fachschule oder Fachakademie. Vor dem Fachschulbesuch sind andere beruflich qualifizierende Ausbildungen oder Praktika zu absolvieren. Berufsbegleitende Ausbildungen können auch vier Jahre oder länger dauern, wenn die Teilnehmer des Bildungsgangs in ihrem Vorberuf (z. B. als Kinderpflegerin oder Sozialassistentin) einer bezahlten Tätigkeit nachgehen, was die fachschulische und fachpraktische Ausbildung verlängert.

Die Ausbildungsmodelle sind so vielfältig, dass hier nur die Grundformen vorgestellt werden können.

Das Blockpraktikum

Findet die fachpraktische Ausbildung in Blockform statt, gehen die Lernenden über mehrere Wochen einer praktischen Ausbildungstätigkeit nach, ohne zwischendurch die Schule zu besuchen. Die Fachschulen gestalten diese Praxisform in mehreren unterschiedlich langen Blöcken. Es handelt sich in der Regel um eine sogenannte Vollzeitausbildung.

Die Arbeitszeit richtet sich nach den üblichen Arbeitszeiten der pädagogischen Mitarbeiter der Praxisstelle. In Wohnreinrichtungen gehören Schicht- und Wochenenddienste dazu, in Kindertageseinrichtungen gibt es evtl. Früh- und Spätdienste, in Jugendfreizeiteinrichtungen beginnt die Arbeit erst am Nachmittag und geht bis in die Abendstunden.

Vorteile dieser Praxisform können u. a. sein:
- Die kontinuierliche Anwesenheit am Praxisplatz über die gesamte Woche
- Inhalte und Ereignisse jedes Wochentages sind Bestandteil der Ausbildung
- Kinder, Jugendliche, Kollegen und Eltern können rascher kennengelernt werden
- Ein vollkommenes „Eintauchen in die Praxiswelt" ist möglich
- Lernende können sich voll und ganz den fachpraktischen Aufgaben widmen

Nachteile dieser Praxisform können u. a. sein:
- Es besteht eine zeitliche Begrenzung der Praxisphase auf wenige Wochen/Monate
- Lernende haben den Eindruck: „So bald ich richtig drin bin, ist das Praktikum zu Ende"
- Eigene Angebote der fachpraktischen Ausbildung müssen schnell gestartet werden
- Die für die Praxis notwendigen guten Kontakte zu Kindern oder Jugendlichen müssen bereits nach kurzer Zeit beendet werden – das erfordert gerade von Berufsanfängern einen hohen Grad an Professionalität

Beispiel
Das Blockpraktikum verlangt eine hohe Verantwortung im Hinblick auf die Beziehungsgestaltung mit Kindern und Jugendlichen: Lernende sollten sich hierauf vorbereiten und die Hilfe der Praxisanleiter in Anspruch nehmen. Häufig kommt es zu unrealistischen Vorstellungen, wie man die geknüpften Kontakte außerhalb des Praktikums weiterführen kann. Für Ihre Diskussion: Peter Schnell hat sich in seinem Blockpraktikum in einer Ganztagsschule besonders um zwei achtjährige Jungen bemüht. Bei einem kleinen Abschiedsfest verspricht er ihnen, sich öfter mit ihnen zum Fußball zu treffen. Eine Woche später muss Peter einen Nebenjob annehmen, weil sein Auto, das er für den Schulweg braucht, einen Totalschaden hat. Für die Ausbildung steht jetzt noch eine Facharbeit an.

Das Berufspraktikum

Ob ein Berufspraktikum erforderlich ist, richtet sich nach dem Ausbildungsmodell bzw. Bundesland der Fachschule. Es handelt sich um eine zum Teil bezahlte berufliche Ausbildungtätigkeit, mit der gemäß der jeweiligen Ausbildungs- und Prüfungsordnungen die fachschulische Ausbildung abschließt.

Die praxisintegrierte Ausbildung

Findet die fachpraktische Ausbildung in integrierter Form statt, besuchen die Lernenden an mehreren Tagen der Woche die Fachschule und absolvieren zusätzlich in jeder Woche eine fachpraktische Ausbildung. Ebenso wie in der Blockform haben die Praktikanten praxisplatzübliche Dienstzeiten.

Vorteile dieser Praxisform können u. a. sein:
- Die fortdauernde Anwesenheit am Praxisplatz über ein ganzes Ausbildungsjahr
- Lernende nehmen an Veränderungs- und Entwicklungsprozessen teil und können diese langfristig beobachten und begleiten
- Schulische Erkenntnisse und fachpraktische Erfahrungen können sowohl mit anderen Lernenden als auch mit Anleitern und Lehrkräften immer zeitnah wechselseitig reflektiert werden
- Eine intensive Wechselbeziehung der fachpraktischen und theoretischen Kompetenzentwicklung
- Evtl. wird vom Praxisträgern für die fachpraktische Tätigkeit ein Praktikumsentgelt oder eine Ausbildungsvergütung gezahlt (z. B. in der Form der Teilzeitausbildung)

Nachteile dieser Praxisform können u. a. sein:
- Lernende nehmen lediglich am Arbeitsalltag bestimmter Wochentage teil, da sie an anderen Tagen Unterricht haben
- Lernende fühlen sich in den ersten Wochen der Praxiszeit oft als „Gast"
- Kennenlernen und Einarbeitung dauern länger
- Die fachpraktischen Angebote und Projekte der Lernenden sind terminlich und inhaltlich deutlich stärker festgelegt
- Der Wochen-Rhythmus der Praxisstelle muss sehr viel durchdachter in die Planungen der Lernenden und Praxisanleiter einfließen

Meine persönliche Analyse der Ausbildungsform

Mit der Entscheidung für eine Fachschule und Ausbildungsform haben Sie sich auch für die Form der fachpraktischen Ausbildung entschieden. Reflektieren Sie „Ihre" Ausbildungsform!

Welche Vor- und Nachteile sehen Sie in Ihrer Praktikumsform? ✆

Vorteile	Nachteile

Wie können Sie möglichen Nachteilen aktiv entgegenwirken?

1.3 Eine geeignete Praxisstelle finden

Für die fachpraktische Ausbildung benötigen alle Lernenden eine geeignete Praxisstelle. Bei der Suche nach einer Einsatzstelle für den fachpraktischen Ausbildungsteil sind zunächst einmal die Vorgaben der Schule zu beachten.

Schulen erstellen hierfür in der Regel Informationsflyer, die bereits vor Ausbildungsbeginn bzw. mit der Bewerbung für einen Schulplatz ausgehändigt werden. Kindertages- oder Jugendfreizeiteinrichtungen arbeiten häufig mit bestimmten Fachschulen zusammen. Mit der Entscheidung für eine Praxisstelle ist dann häufig auch die Auswahl der Schule vorgegeben.

Folgende Vorgaben könnten bestehen.

Entweder so ...	... oder auch so
Die erste Praxisstelle muss bei Ausbildungsbeginn bereits feststehen. ☐	Die erste Praxisstelle wird im Lauf der ersten Unterrichtswochen durch die Fachschule vermittelt. ☐
Die fachpraktische Ausbildung findet in Blockform statt. Schulische und praktische Phasen wechseln im Ausbildungsjahr mehrfach. ☐	Die schulische Ausbildung findet praxisintegriert statt, in jeder Unterrichtswoche erfolgt die Ausbildung an beiden Lernorten. ☐
Sie suchen sich selbst eine Einsatzstelle und lassen diese durch die Fachschule bestätigen. ☐	Die Fachschule hat feste Kooperationspartner für den fachpraktischen Ausbildungsteil. ☐
Im Laufe der Ausbildungsjahre müssen unterschiedliche Zielgruppen und Einrichtungsformen kennengelernt werden. Die Praxisstellen müssen sich stark von einander unterscheiden. ☐	Es besteht die Möglichkeit, sich in der fachpraktischen Ausbildung zu spezialisieren. Die Praxisstelle wechselt nicht oder einmalig. ☐

Welche Vorgaben bestehen an Ihrer Schule?

Eine gute Bewerbung schreiben

Auch wenn Sie einen Schulplatz haben, müssen Sie eine Bewerbung schreiben, um eine Praxisstelle zu erhalten. Die Bewerbung umfasst die üblichen Bewerbungsunterlagen.

Ihre Bewerbungsunterlagen beinhalten ...	
... ein persönliches Anschreiben, in dem Sie Ihre Motivation für die Ausbildung und diese Praxisstelle darstellen.	☐
... sämtliche Kontaktdaten von Ihnen und der Schule.	☐
... einen vollständigen und lückenlosen Lebenslauf.	☐
... ein Foto (keines aus Ihrem privaten Umfeld, sondern ein Bewerbungsfoto).	☐
... Abschlusszeugnisse der zuvor besuchten Schulen.	☐
... Zeugnisse über abgeschlossene Ausbildungen.	☐
... Praktikumsbescheinigungen, Arbeitszeugnisse.	☐
...die Zusage des Schulplatzes, den Ausbildungsvertrag für den schulischen Teil.	☐
... ein polizeiliches Führungszeugnis.	☐
... ein Gesundheitszeugnis.	☐

Erfragen Sie vorab, welche Unterlagen die von Ihnen angestrebte Praxisstelle benötigt. Ihre Fachschule oder das Personalbüro der Praxisstelle können hier Informationen geben. Häufig können diese auch auf der Homepage nachgelesen werden. Je nachdem, ob Sie eine bezahlte oder unbezahlte fachpraktische Ausbildung absolvieren, können noch weitere Unterlagen hinzukommen. Nicht immer werden einfache Fotokopien oder eingescannte Unterlagen akzeptiert. Dann müssen Sie Originale oder beglaubigte Kopien vorlegen.

> **Es gibt zahlreiche Empfehlungen und Beispiele für das Erstellen einer ansprechenden Bewerbung. Sie finden diese als Ratgeber im Buchhandel oder in Leihbüchereien, aber auch im Internet. Achten Sie bei der Suche nach Beispielen darauf, dass Sie sich als Auszubildende bewerben und nicht als Fach- oder Führungskraft. Viele Ratgeber oder Empfehlungen richten sich eher an „Fortgeschrittene".**

Das Bewerbungsanschreiben hat folgende Ziele:
- Die angeschriebene Einrichtung und die zuständigen Personen werden positiv auf Sie aufmerksam und können sich die Zusammenarbeit mit Ihnen vorstellen.
- Ihre Eignung und Ihr Interesse für genau diese Praxisstelle werden unmittelbar deutlich.
- Ihre Persönlichkeit und der von Ihnen angestrebte berufliche Weg überzeugen.
- Sie werden zu einem persönlichen Gespräch eingeladen.

TIPPS   für das Bewerbungsanschreiben
- Achten Sie auf ein sprachlich korrektes und formal ansprechendes Anschreiben.
- Schreiben Sie nicht mehr als eine Seite.
- Gehen Sie auf Ihre Stärken ein, übertreiben Sie aber nicht.
- Nehmen Sie kurz Bezug auf Ihren Lebenslauf, vor allem, wenn Sie nicht ganz gradlinig in diese Ausbildung gegangen sind.
- Zeigen Sie auf, dass Sie etwas über diese Einrichtung und Praxisstelle wissen und diese gezielt ausgewählt haben.
- Bitten Sie um ein persönliches Gespräch.
- Lassen Sie andere lesen und kommentieren, was Sie geschrieben haben.

Einen Vorstellungstermin wahrnehmen und am Praxisplatz hospitieren

Um einen Praxisplatz erhalten und antreten zu können, ist ein Vorstellungstermin von etwa einer Stunde üblich. Sie treffen hier auf eine Vorgesetzte, eine ausbildungsverantwortliche Mitarbeiterin oder auf Ihre zukünftige Praxisanleitung.

Die Einladung zu einem Vorstellungstermin erhalten Sie schriftlich oder telefonisch. Diese Einladung ist verbindlich, Datum und Uhrzeit richten sich nach den Möglichkeiten der Praxisstelle. Sie müssen als Bewerberin triftige Gründe haben, um eine andere Uhrzeit oder einen anderen Wochentag verabreden zu können.

Eine Hospitation ist ein Besuch der zukünftigen Praxisstelle. Sie wirken für die Dauer der Hospitation als Gast im Arbeitsalltag mit. Häufig dauert eine Hospitation einen halben oder ganzen Arbeitstag. So haben alle die Gelegenheit, einander kennenzulernen, und können anschließend entscheiden, ob es zu einer Zusammenarbeit kommen kann.

Vorbereitung auf einen Vorstellungstermin oder eine Hospitation
- Informieren Sie sich noch einmal genau über die Praxisstelle (Infoflyer, Homepage).
- Überlegen Sie, was Sie selbst fragen und über sich erzählen wollen.
- Fahren Sie rechtzeitig los und seien Sie eher überpünktlich.
- Kleiden Sie sich nicht zu extravagant, sondern so, wie Sie zur Arbeit gehen oder an einem besonderen Arbeitstag gekleidet sein könnten.
- Verzichten Sie auf übermäßigen Schmuck, Kosmetik, lange Fingernägel usw.
- Nehmen Sie Ihren Kalender und etwas zum Schreiben mit.
- Für einen Hospitationstag benötigen Sie Essen und Trinken.
- Schalten Sie Ihr Mobiltelefon stumm und lassen es in der Tasche.

Im Gespräch und bei der Hospitation
- Begrüßen Sie alle per Händedruck, mit Blickkontakt und einer Begrüßungsformel.
- Kinder und Jugendliche können evtl. durch Zuwinken, Lächeln, direkte Ansprache begrüßt werden, ein Händedruck ist möglicherweise nicht angemessen.
- Stellen Sie sich selbst kurz vor, erklären Sie, warum Sie da sind.
- Hören Sie Ihren Gesprächspartnern gut zu und beantworten Sie Fragen präzise und knapp.
- Beobachten Sie die Mitarbeiter und Kinder oder Jugendlichen während Ihrer Hospitation aufmerksam und bleiben Sie aufgeschlossen.
- Stellen Sie Fragen, die Ihr (fachliches) Interesse zeigen und wichtig für den Ausbildungsprozess sind.
- Bringen Sie sich bei der Hospitation praktisch ein und fragen Sie nach, was Sie tun können.
- Notieren Sie Informationen, die Sie im Vorstellungsgespräch erhalten.

Auswertungsgespräch
- Bitten Sie bei einer Hospitation um eine Rückmeldung über sich.
- Schildern Sie Ihren Eindruck nach der Hospitation ausgewogen im Hinblick auf Ihr persönliches Empfinden, Ihren Eindruck zu den Aufgaben und Ereignissen an der Praxisstelle.
- Falls Sie nach einem Vorstellungsgespräch eine Absage erhalten, fragen Sie nach den Gründen.

!

Üben Sie Begrüßungs- und Gesprächssituationen in der Schule oder allein zu Hause. Gerade der Anfang oder der Abschluss einer solchen Situation können verunsichern. Lernen Sie keine Phrasen auswendig, üben Sie aber ein Verhalten ein, auf das Sie in ungewohnten und wichtigen Situationen zurückgreifen können.

1.4   FAQ – Die häufigsten Fragen rund um die Praxis

Sie haben sich gründlich auf das Erstgespräch in der Praxisstelle vorbereitet. Aber vielleicht möchten Sie bereits vorher Antworten auf einige Fragen bekommen oder eine Richtschnur erhalten, was „in der Regel" in der Praxis erwartet wird. Im Folgenden erhalten Sie eine Übersicht über mögliche Anforderungen.

Die FAQ sind mögliche Antworten auf Ihre Fragen – sie können sich aber von Schule zu Schule unterscheiden. Notieren Sie sich also die Vorgaben Ihrer Schule und Praxisstelle und heften Sie Ihre Notizen am Ende des Buches ab.

Welche Unterlagen muss ich vor Beginn des Praktikums in der Einrichtung vorlegen?

- Das Schreiben der Schule, dass das erweiterte Führungszeugnis eintragsfrei ist, oder eine Kopie des Führungszeugnisses
- Das Nachweisheft für Beschäftigte im Umgang mit Lebensmitteln
- Den Praxisleitfaden der Schule
- U.U. einen Aushang zur eigenen Person
- U.U. einen Einladungsbrief zum Anleitertreffen

Welche Arbeitszeit habe ich an den Praxistagen?

- Ihre Arbeitszeit in der Praxiseinrichtung orientiert sich an der Arbeitszeit der in Vollzeit beschäftigten Mitarbeiter (ca. 39–40 Std. pro Woche).
- Pausenzeiten sind keine Arbeitszeiten. Als minderjähriger Praktikant muss Ihnen im Rahmen des Jugendarbeitsschutzgesetzes eine Stunde Mittagspause eingeräumt werden.
- Mindestens 90 % der Arbeitszeit müssen Sie unmittelbar mit Kindern bzw. Jugendlichen verbringen.

Müssen Fehltage und Verspätungen an den Praxistagen nachgeholt werden?

- Alle Fehltage bzw. Fehlstunden in der Praxis müssen Sie in Absprache mit der Einrichtung zeitnah und tageweise nacharbeiten. Informieren Sie Ihre zuständige Lehrkraft darüber. Organisieren Sie das Nachholen der Fehltage so schnell wie möglich. Die Vollständigkeit aller Praxistage ist Voraussetzung für die Versetzung bzw. die Zulassung zur Prüfung.
- Tage, an denen Ihre Einrichtung geschlossen ist (z.B. Konzeptionstage oder Streik), werden nachgearbeitet bzw. in einer anderen Einrichtung abgeleistet. Informieren Sie darüber Ihre zuständige Lehrkraft im Vorfeld.
- Arztbesuche oder Behördengänge müssen Sie auch für die Zeit der Praxistage von Ihrer Lehrkraft und der Praxisstelle im Vorfeld genehmigen lassen.
- Am Ende des Praktikums bestätigt die Einrichtung die vollständige Erfüllung der Praktikumszeit einschließlich der Fehl- und Nacharbeitszeiten.

Was muss ich berücksichtigen, wenn ich krank bin und nicht in die Praxisstelle gehen kann?

- Im Krankheitsfall melden Sie sich in der Einrichtung direkt nach Öffnung der Einrichtung ab (i.d.R. bei der Leitung). Informieren Sie außerdem die Schule telefonisch und lassen Sie eine Nachricht in das Postfach der jeweiligen Lehrkraft legen.
- Krankheitstage werden, wie im Berufsleben üblich, spätestens am dritten Krankheitstag durch ein ärztliches Attest bestätigt. Krankschreibungen schicken Sie in Kopie an die Schule.

Was muss ich tun, wenn ein Praxisbesuch vereinbart ist und ich an diesem Tag krank bin?

- Wenn ein Praxisbesuch vereinbart ist, informieren Sie bis 7:30 Uhr Ihre Lehrkraft entweder direkt telefonisch oder über das Sekretariat der Schule.
- Grundsätzlich ist das Fehlen bei Praxisbesuchen nur mit Attest zu entschuldigen!
- Terminabsagen aus Gründen, die die Praxisstelle betreffen (z.B. ansteckende Krankheit), müssen durch die Leitung oder Praxisanleitung der Praxisstelle bestätigt werden. Der Praxisbesuch muss nachgeholt werden.

Was muss ich an Abgabeterminen für Praxisaufgaben aus dem Praxisleitfaden beachten?

- Für alle Abgabetermine von Praxisaufgaben gilt die persönliche Abgabe in der Schule entweder bei der zuständigen Lehrkraft direkt oder im Sekretariat, oder Sie legen die Unterlagen in das Postfach der Lehrkraft (mit Stempel und Datum des Sekretariats). Wenn Sie Ihre Arbeit per Post schicken, achten Sie auf den Poststempel des Tages.
- Nicht abgegebene oder verspätet eingereichte Aufgaben werden mit ungenügend bewertet. Nach Absprache mit der Lehrkraft kann die Praxisaufgabe im Einzelfall noch berücksichtigt werden.

Was muss ich tun, wenn ich an Abgabeterminen für Praxisaufgaben krank bzw. verhindert bin?

- Nutzen Sie z.B. den Postweg und schicken Sie die Praxisaufgabe in die Schule. Im Einzelfall können Sie die Praxisaufgabe bei Krankheit auch per E-Mail senden. Alle Abgabetage sind Attestpflichttage.
- Am ersten Tag der Wiederaufnahme der Schule bzw. des Praktikums müssen Sie die Praxisaufgabe dann (endgültig) in Papierversion abgeben.

Wann gebe Ich Planungen und Reflexionen für Praxisbesuche ab?

- Die Praxiseinrichtung ist der zweite Lernort der Ausbildung. Alle schriftlichen Aufgaben müssen Sie in der Einrichtung rechtzeitig vorlegen. Das bedeutet für Sie, die Aufgaben so früh abzugeben, dass sie in Ruhe gelesen und Anmerkungen und Anregungen mit Ihnen besprochen werden können. Es ist Ihre Aufgabe, den Abgabe- und Besprechungstermin mit Ihrer Praxisanleitung zu vereinbaren.
- Eine schriftliche Planung (Endfassung) müssen Sie spätestens am Tag des Praxisbesuches der Lehrkraft und der Praxisanleitung vorlegen.
- Die Lehrkraft nimmt die schriftliche Planung nach dem Besuch mit. Die schriftliche Reflexion muss eine Woche nach dem Praxisbesuch in der Schule abgegeben werden.

Was muss ich bei der Erstellung der Praxisaufgaben beachten?

- Alle Praxisaufgaben müssen Sie in Papierversion in einem Schnellhefter pro Praxisaufgabe abgeben. Das alleinige Zusenden von Dateien per E-Mail reicht nicht aus.
- Schreiben Sie mit dem Computer: Schriftgröße 12 pt Standardschrift (z.B. Arial oder Times New Roman), Zeilenabstand 1,5, Rand links 2 cm, rechts 4 cm.
- Nummerieren Sie die Seiten fortlaufend und beschriften Sie diese nur einseitig.
- Erstellen Sie für jede Praxisaufgabe ein Deckblatt mit folgenden Angaben: Name der Schule, Ihr Name, Ihre Klasse, Name der Lehrkraft, Anschrift der Einrichtung, Name der Praxisanleitung, Thema der Aufgabe und Abgabetermin.
- Bitte schreiben Sie in ganzen Sätzen, es sei denn, es gibt andere Vorgaben. Strukturieren Sie Ihre Texte, nutzen Sie Gliederungspunkte bzw. Überschriften und setzen Sie Absätze.
- Achten Sie auf den Datenschutz und genaue Altersangaben (z.B. Lisa T., 4;6 Jahre)
- Nutzen Sie Fachliteratur (Fachbücher, Zeitschriften und das Internet), um Ihre Überlegungen fachlich zu stützen. Dazu können Sie Inhalte in eigenen Worten sinngemäß wiedergeben oder Textstellen zitieren.
- Überprüfen Sie Ihre Texte auf Rechtschreibung, Grammatik und Zeichensetzung. Fehler fließen in die Bewertung mit ein.

2 Gemeinsam geht's – Ausbildung an zwei Lernorten

2.1 Ein verantwortungsvoller Start ins Praktikum

Während Ihrer Ausbildung werden Sie sich an zwei Ausbildungsorten befinden – die Schule kennen Sie bereits und bald beginnt Ihre Praktikumszeit. Vor dem Praktikum sind viele Dinge zu erledigen; Sie sollten rechtzeitig wichtige Aspekte klären. Vereinbaren Sie einen Termin mit Ihrer Praxisstelle!

- Wie heißt meine Praxisstelle?
- Wer ist mein Ansprechpartner?
- Wann habe ich einen Besprechungs- und Hospitationstermin vereinbart?
- Wie komme ich zur Praxisstelle?

Folgende Aspekte können Sie im ersten Gespräch besprechen. Machen Sie sich dazu vorher Gedanken und schreiben Sie diese auf.

- Wie sind meine Arbeits- und Pausenzeiten?

- Welche Anrede verwenden wir, Du oder Sie?

- Welche Vorgaben gibt es für Kleidung und Körperschmuck?

- Wie ist die Handynutzung geregelt?

- Wie kann ich mich krankmelden?

- Wie kann ich mich bei den Eltern und dem Team vorstellen?

- Welche Erwartung hat die Einrichtung an mich?

Die folgende Tabelle soll Ihnen einen Überblick über die Bereiche geben, die für einen guten Start ins Praktikum wichtig sind. Überprüfen Sie, ob alle Regelungen auch für Ihr Bundesland gelten. 🔗

Fachkompetenz (Wissen/Fertigkeiten) und Personale Kompetenz (Sozialkompetenz/Selbstständigkeit)	Kriterien	Erledigt?
Ich weiß, welche Unterlagen ich vor Beginn des Praktikums in der Einrichtung abgeben muss (erweitertes Führungszeugnis, Infektionsschutzbelehrung).	▪ Erweitertes Führungszeugnis beantragt ▪ An der Belehrung teilgenommen ▪ Unterlagen in der Einrichtung abgegeben	☐

Ich kann einen informativen Steckbrief als Aushang in der Einrichtung schreiben. Ich kenne dafür wichtige Aspekte (➜ S. 25 ff.).	▪ Steckbrief schreiben
	▪ Steckbrief in der Einrichtung abgeben
	▪ Beispiele
	  – Steckbrief gemeinsam mit anderen Lernenden erarbeiten
	  – Seiten im Ausbildungsbegleitheft bearbeitet
		☐

Ich kenne den Sozialraum der Einrichtung (Methode zur Stadtteilerkundung S. 118).	▪ Sozialraum erkunden
	▪ Beispiele:
	  – Internetrecherche tätigen
	  – Stadtrundgang durchführen
		☐

Ich organisiere verantwortungsvoll meinen Start in das Praktikum und kläre wichtige Rahmenbedingungen.	▪ Gespräch mit der Praxisanleitung und/oder Leitung führen
	▪ Wichtige Aspekte schriftlich festhalten
	▪ Beispiele:
	  – Gegenseitige Erwartungen
	  – Arbeits- und Pausenzeiten
	  – Anrede Du/Sie
	  – Zuständigkeiten/Ansprechpartner
	  – Arbeitsplatzgerechte Kleidung
	  – Schweigepflicht/Datenschutz
	  – Umgang mit Fotos
	  – Hausordnung/Vorschriften etc.
	  – Krankheits- und Urlaubsregelungen
	  – Verhalten im Notfall, bei Brand und Unfällen
	  – Hygiene- und Infektionsschutzregelungen
	  – Aufsichtspflicht
	  – Reflexionszeiten
	  – Schulische Aufgaben (➜ S. 20 ff.)
		☐

Ich informiere mich über die pädagogische Arbeit in der Einrichtung.	▪ Einrichtung kennenlernen
	▪ Beispiele:
	  – Konzeption lesen und sich damit auseinandersetzen
	  – Räumliche Gegebenheiten kennenlernen
	  – Umgang mit Kindern, Eltern und Mitarbeitern erfragen/beobachten
	  – Tagesstruktur, Rituale und Abläufe erfragen und beobachten
		☐

Ich stelle meiner Praxisanleitung meinen Entwicklungstand in der Ausbildung vor.	▪ Entwicklungsstand verschriftlichen ▪ Beispiel: – Ausbildungsportfolio nutzen	☐

2.2   Ausbildung am Lernort Praxis und am Lernort Schule

Die Ausbildung zum Erzieher geschieht an zwei Lernorten, die miteinander in Verbindung stehen. Der Lernort „Praxisstelle" ist der Ort, an dem Sie Ihre berufliche Handlungskompetenz präsentieren und weiterentwickeln. Der Lernort „Schule" schafft einen Lernraum, in dem Inhalte in Ruhe erarbeitet, diskutiert und gefestigt werden.

Als Lernende haben Sie die Aufgabe, das Zusammenwirken beider Lernorte für Ihren Lernprozess mitzugestalten. Sie sitzen nicht „zwischen den Stühlen", sondern haben zwei exklusive Sitzplätze mit guter Sicht nach vorn. Überlegen Sie, was Sie von der Schule und der Praxisstelle im Hinblick auf Ihre Ausbildung erwarten oder wünschen. Was würden Sie gern lernen?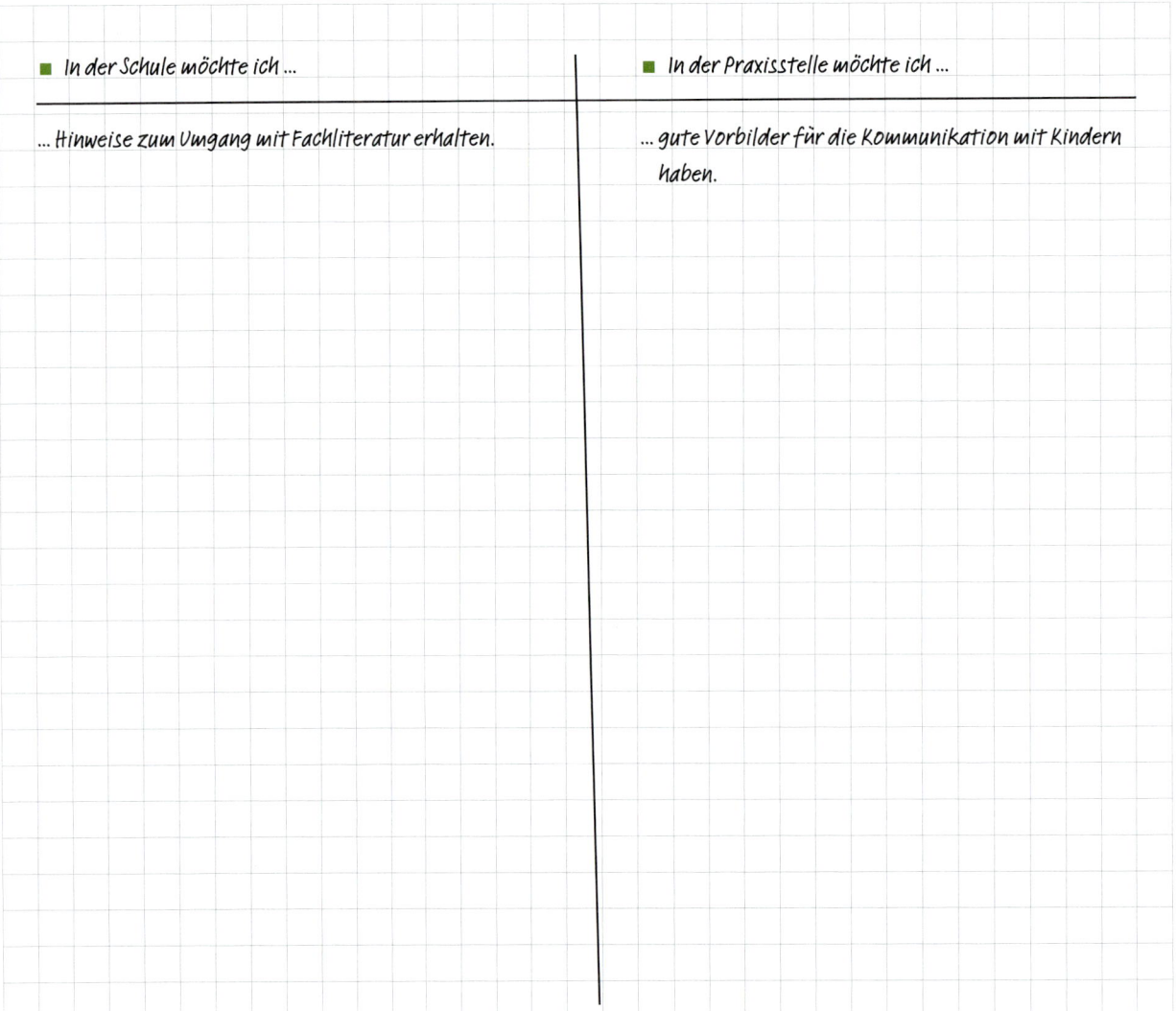

■ In der Schule möchte ich ...	■ In der Praxisstelle möchte ich ...
... Hinweise zum Umgang mit Fachliteratur erhalten.	... gute Vorbilder für die Kommunikation mit Kindern haben.

Sie können diese Erwartungsanalyse mehrfach in der Ausbildung machen. Es ist sinnvoll, zu Beginn des Praktikums und nach ein paar Wochen im Praktikum diese Überlegungen anzustellen. Ein guter Zeitpunkt kann auch der Schuljahreswechsel sein oder die erste Ausbildungswoche nach den Herbstferien. Auch der Blick zurück ist sinnvoll: Welche Erwartungen haben sich erfüllt und welche nicht? Was hat dazu geführt?

Erwartungsanalyse zu den Erwartungen anderer

Nicht nur Sie gehen mit bestimmten Vorgefühlen und Bestrebungen in die Ausbildung und die jeweiligen Ausbildungsabschnitte. Auch Lehrkräfte, Anleiter im Praktikum und ihre Zielgruppen (Kinder, Jugendliche und auch deren Eltern) richten Erwartungen an Sie.

Versetzen Sie sich einmal in deren Position! Stellen Sie einen Stuhl für die jeweilige Person gegenüber Ihren eigenen Stuhl und wechseln Sie bewusst den Sitzplatz.

Was könnte der oder die andere von Ihnen erwarten? Welche Erwartungen, Befürchtungen, Wünsche könnten in Bezug auf Sie entstehen?

Meine Lehrkräfte könnten ...	Meine Anleiter könnten ...
wünschen, ...	wünschen, ...
befürchten, ...	befürchten, ...
erwarten, ...	erwarten, ...

Die Kinder/Jugendlichen könnten ...	Die Kinder/Jugendlichen könnten ...
wünschen, ...	wünschen, ...
befürchten, ...	befürchten, ...
erwarten, ...	erwarten, ...

Sie können diese Erwartungsanalyse gern außerhalb des Buches auf einem Blatt Papier anfertigen und am Ende des Buches abheften. Es ist ebenso sinnvoll, diese Analyse ein paar Wochen nach Beginn eines neuen Ausbildungsabschnittes zu wiederholen. ☺

Die Rolle des Lernenden an zwei Lernorten

Als Lernender sind Sie Akteur Ihrer Ausbildung. Sie sollten deshalb die Initiative für gute Lernbeziehungen und erfolgreiche Lernprozesse ergreifen. Zwei Lernorte bedeuten doppelte Möglichkeiten – aber auch doppelte Verantwortung.

Das Schaubild gibt Hinweise auf verschiedene Bereiche, für die Sie selbst die Verantwortung haben und die Sie aktiv (mit)gestalten können oder müssen.

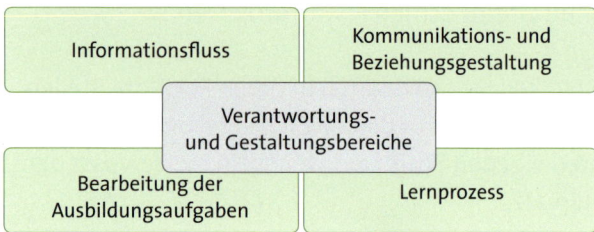

Informationsfluss	Kommunikations- und Beziehungsgestaltung
Verantwortungs- und Gestaltungsbereiche	
Bearbeitung der Ausbildungsaufgaben	Lernprozess

Die Weitergabe von Informationen ist die Basis für alle weiteren Verantwortungsbereiche. Ohne einen guten Informationsfluss laufen viele Ihrer Bemühungen in die falsche Richtung oder Sie verknüpfen nicht die Anforderungen beider Lernorte!

Den Informationsfluss zwischen Schule, Praxis und Lernpartnern sichern und gestalten

Ihre Lernpartner (Lehrkräfte, Praxisanleiter, andere Lernende) sind ebenso wie Sie selbst auf aktuelle und richtige Informationen angewiesen. Ergänzen Sie die unten genannten Beispiele und Hinweise durch eigene Erfahrungen und die für Ihre Lernpartnerschaften geschlossenen Vereinbarungen!

Lernort Schule	Lernort Praxis	Hinweise für die praktische Umsetzung
▪ Kontaktdaten der Praxisstelle und zuständigen Anleiter ermitteln und weiterleiten ▪ _____	▪ Kontaktdaten der Schule und zuständigen Lehrkräfte ermitteln und weiterleiten ▪ _____	▪ Ein gemeinsames Kontaktformular (→ S.28) entwickeln, das sämtliche Kontaktdaten vollständig aufnimmt und die jeweiligen Kontaktwege benennt ▪ _____
▪ Informationen und Ausbildungsunterlagen der Praxisstelle umgehend weitergeben (Postweg nutzen oder persönliche Abgabe bei der zuständigen Lehrkraft) ▪ _____ ▪ _____	▪ Schulische Informationen und Ausbildungsunterlagen in der Praxisstelle zeitnah vorlegen ▪ Einen Ordner für Unterlagen anlegen ▪ Gesprächsprotokolle anfertigen ▪ Mit dem Anleiter über neue und wichtige Informationen sprechen ▪ _____	▪ Unterlagen für den eigenen Gebrauch kopieren und abheften oder abspeichern ▪ Datum der Abgabe im eigenen Kalender dokumentieren ▪ Mündliche Informationen immer schriftlich dokumentieren (→ S.36) ▪ Die Initiative für inhaltliche und organisatorische Absprachen mit den zuständigen Lehrkräften und Anleitern ergreifen ▪ _____
▪ Innerhalb der schulischen Lern- und Arbeitsgruppen Informationen, Materialien und Termine weiterleiten ▪ _____ ▪ _____ ▪ _____	▪ Innerhalb der fachpraktischen Anleitungsgruppe Informationen, Materialien und Termine weitergeben ▪ _____ ▪ _____ ▪ _____	▪ Mit den Lern- und Arbeitsgruppen regelmäßige Arbeitstermine vereinbaren ▪ Die Schultage für kurze Treffen für Absprachen und Rückmeldungen zu bisherigen Ergebnissen nutzen ▪ Mitteilungen und Unterlagen immer an alle versenden (z.B. „CC-Funktion" bei E-Mails) ▪ Wichtige Dokumente nicht nur digital speichern oder an einem Ort aufbewahren ▪ _____
▪ Praxisaufgaben und Praxisprobleme in den Unterricht einfließen lassen ▪ _____	▪ Über die aktuellen Unterrichtsthemen berichten ▪ Theorie-Praxis-Bezug aktiv herstellen ▪ _____	▪ Rückfragen und Probleme schnell und direkt ansprechen ▪ Für ausführliche Gespräche um Termine bitten ▪ _____

Kommunikation und Beziehungen gestalten

Ihre Lern- und Arbeitsbeziehungen werden durch die Art, wie Sie miteinander kommunizieren, wesentlich beeinflusst. Anleiter und Kollegen, Lehrkräfte und Mitschüler sind wichtige Lernpartner für Sie. Diesen und den Kindern und Jugendlichen sollten Sie aufgeschlossen und wertschätzend begegnen. Besonders in Bezug auf die Vorstellungsgespräche und die Einarbeitungszeit sind formale Regeln und Absprachen eine Stütze.

Erstkontakte, Vorstellungstermine, Einarbeitungsphase am Praxisplatz

- Der erste Eindruck zählt mit! Achten Sie auf eine zum Arbeitsplatz passende Garderobe, Frisur, Kosmetik.
- Sich den Kindern, Eltern, Kollegen freundlich, informativ und kontaktfreudig vorstellen
- Eigene Rolle/Praktikumsziel benennen
- Vorstellungssteckbief für die Praxisstellle (→S. 25 ff.) entwerfen und vom Anleiter begutachten lassen

Terminabsprachen

- Zeitfenster und Terminrahmen aller Beteiligten erfragen und abgleichen
- Terminfahrplan (→S. 29 ff.) für das Schuljahr erstellen
- Praktikumsfahrplan für die gesamte Einsatzdauer erstellen und mit Anleitern absprechen
- Feedbackgespräche früh terminieren; Kurzrückmeldungen zum eigenen Handeln erbitten

Kontaktregeln einhalten

- Kontaktregeln mit Anleitern, Lehrkräften, Mitschülern erstellen (→S. 28)
- Unterschiedliche Gepflogenheiten der Lernorte und Lernpartner akzeptieren
- Regeln zur Arbeitszeitplanung, Krank- und Gesundmeldung einhalten
- In Kontakten und Gesprächen sensibel gegenüber dem Kommunikationsbedarf anderer sein

In der Einarbeitungsphase entwickeln sich die Arbeitsbeziehungen zwischen Ihnen und Ihren Anleitern, Lehrkräften, den Kindern/Jugendlichen sowie deren Eltern. Reflektieren Sie die folgenden Hinweise und tauschen Sie sich mit Mitschülern und anderen Lernpartnern hierzu aus! Welche Empfehlungen und Erfahrungen erhalten Sie von Ihren Gesprächspartnern?

Arbeitsbeziehungen zur Praxisanleitung/Lehrkraft
- Gegenseitige Sympathie erleichtert die Arbeitsbeziehung, sie ist aber nicht die Voraussetzung für eine gutes Lehr-Lern-Verhältnis und Lernpartnerschaften.
- Klare Absprachen aktiv herbeiführen
- Die praxisplatzspezifischen Gepflogenheiten erfragen
- Eigene Sichtweisen gegenüber sich selbst und anderen begründen und hinterfragen
- Vorschläge anderer erproben
- Fragen oder Probleme sofort und direkt mit den Ansprechpartnern klären
- ....

Professionelle pädagogische Beziehungen zur Zielgruppe
- Blickkontakt herstellen und andere Personen bei der Begrüßung mit Namen ansprechen, die Hand geben etc.
- Eine offene Körperhaltung im Gespräch einnehmen.
- Professionelle Nähe und Distanz „balancieren"
- Sich als Mitarbeiter der Einrichtung definieren
- Eltern etwas über den Tag des Kindes erzählen
- Je nach Anlass und Gesprächspartner eigene Interessen und Erlebnisse preisgeben
- Sich zu Kompetenzlücken professionell (sachlich und lösungsmotiviert) bekennen und diese schließen
- ....

Den eigenen Lernprozesses in der fachpraktischen und schulischen Ausbildung fördern

Ein Lernprozess ist kein konstantes Geschehen, aber auch kein plötzliches Ereignis oder eine Eingebung. Lernen ist ein kontinuierliches Suchen und Aneignen von Informationen oder Erfahrungen und die bewusste Verknüpfung mit dem bisherigen Wissen und Können.

   Gerade in Einarbeitungsphasen und zu Beginn neuer Lernabschnitte gibt es zahlreiche neue Inhalte und Aufgaben, die Sie einordnen und zum richtigen Zeitpunkt und in der passenden Situation anwenden sollen.

Folgende Elemente können Ihren Lernprozess begleiten und ihn dadurch für Sie selbst und andere transparenter machen.

Einarbeitung

Tagesablaufpläne und Wochenpläne nutzen, vor Arbeitsbeginn lesen, eine Version mit eigenen Worten erstellen

Gezielt Fragen stellen, gewonnene Informationen zusammenfassen, ordnen und zeitnah aufschreiben

Einarbeitungsprotokolle führen und der Praxisanleitung zur Rückmeldung zur Verfügung stellen

Beurteilungsbögen früh lesen und für die Einarbeitung einsetzen

Mit Anleitern rechtzeitig und regelmäßig Termine für Anleitungsgespräche vereinbaren und einhalten

Feedback

Die eigenen Handlungen und Entscheidungen selbstkritisch betrachten

Anderen Fragen zum eigenen Handeln stellen und um direkte Rückmeldung bitten

Anleitungsgespräche für Rückmeldung nutzen; eigene Fragen und Themen vorbereiten

Beurteilungsbögen zur Selbstreflexion und in Anleitungsgesprächen nutzen

Einen offenen Umgang mit Kompetenzlücken haben; die Lücken aktiv und fachlich fundiert schließen

Lernergebnisse dokumentieren

Ein Ausbildungstagebuch führen; Aufgaben, Fragen, erhaltene Informationen dokumentieren

Wissenslücken, widersprüchliche Informationen differenziert formulieren und mit Lehrkräften oder Praxisanleitung rückkoppeln

Geforderte Auswertungsberichte früh beginnen und Material sammeln

Eigene Texte sprachlich überarbeiten, inhaltlich korrigieren und ergänzen

Fachliteratur für die Bearbeitung von fachlichen Themen und Aufgabenstellungen nutzen; verwendete Quellen genau festhalten und in eigenen Texten differenziert angeben

2.3   Steckbriefe für den Aushang in der Praxisstelle

Wenn Sie Ihr Praktikum in einer Praxiseinrichtung beginnen, ist es üblich, sich allen vorzustellen. Ein Steckbrief ist eine bewährte Methode. Ihre neuen Kollegen, aber auch Eltern und Mitarbeiter anderer Bereiche können sich über einen Aushang am Schwarzen Brett über das neue Gesicht informieren.

Legen Sie Ihrer Praxisanleitung den Entwurf für Ihren Steckbrief ein paar Tage vor Arbeitsbeginn vor und sprechen Sie mit ihr die Inhalte und die Gestaltung ab. Im Folgenden ein Beispiel für einen Steckbrief für eine Tageseinrichtung für Kinder.

Auch für Steckbriefe kann es u. U. bestimmte Vorgaben geben. Besprechen Sie das mit ihrer Praxisanleitung.

Lieber Eltern der Gänseblümchengruppe,

mein Name ist Merle Neumann, ich bin 21 Jahre alt und besuche die Klasse 2 der Fachschule für Sozialpädagogik in Dorfstadt. Während meiner Ausbildung zur Sozialassistentin und im ersten Praxisjahr der Erzieherausbildung habe ich in einer Wohngruppe für Kinder und Jugendliche mit Beeinträchtigungen und in einer Gruppe mit Kindern unter drei Jahren gearbeitet.

Ich wohne mit meinen Eltern und meinem jüngeren Bruder in Kleinhausen und habe einen Hund. In meiner Freizeit spiele ich Volleyball und Klavier. Im Rahmen meiner Ausbildung absolviere ich von August 2018 bis Juli 2019 mein Praxisjahr in der Gänseblümchengruppe. In der Regel bin ich mittwochs bis freitags da, montags und dienstags habe ich Berufsschule. Ich freue mich, dass ich mein letztes Ausbildungsjahr in diesem Kindergarten absolvieren kann! Für meine Ausbildung und zur Vorbereitung auf die fachpraktische Prüfung werde ich demnächst meine ersten eigenen Gruppenangebote planen und durchführen. Als erstes Projekt möchte ich mit den Kindern eigene Hörgeschichten erstellen.

Ich hoffe, dass wir uns bald persönlich sehen und besser kennenlernen!

Wenn Sie Fragen zu mir oder meiner Ausbildung haben – sprechen Sie mich einfach an!

Ihre Merle Neumann

Gute Steckbriefe erstellen

- Stellen Sie Ihren beruflichen Werdegang kurz dar.
- Geben Sie an, in welchen Praxisfeldern Sie bereits Erfahrungen gesammelt haben.
- Wägen Sie ab, welche (privaten) Angaben Ihre personalen und sozialen Kompetenzen erkennen lassen und welche keinen Beitrag zur Ihrem professionellen Bild liefern.
- Stellen Sie sich immer die Zielgruppe für Ihren Steckbrief vor: Wie würden Sie Ihren Steckbrief mit deren Augen auffassen?
- Geben Sie an, wann Sie in der Praxisstelle anzutreffen sind.
- Bitten Sie Ihre Praxisstelle um ein paar Beispiele für gelungene Steckbriefe und lassen Sie Ihre Praxisanleitung Ihre Entwürfe korrigieren. Tauschen Sie sich auch in der Klasse über Ihre Erfahrungen mit Steckbriefen aus!
- Erstellen Sie in Ihrer Klasse eine Kriterienliste und Beispielsammlung für gelungene Steckbriefe!

TIPPS zur Gestaltung eines Steckbriefs

- Es ist schön, wenn der Text handschriftlich geschrieben wird. Bei einer unleserlichen Handschrift ist eine am PC erstellte Form ansprechender.
- Gestalten Sie ein DIN-A4-Blatt, wählen Sie gefällige Farben und ein paar dekorative Elemente, z. B. passend zum Gruppennamen, evtl. auch das Logo der Einrichtung.
- Achten Sie darauf, den Text kompakt zu formulieren und die Gestaltung nicht zu überladen.
- Ihr Foto sollte aktuell und für berufliche Zwecke geeignet sein. Sie müssen kein klassisches Bewerbungsfoto wählen. Es sollte aber auch kein Schnappschuss aus Ihrer Freizeit sein.
- Schließen Sie mit einer leserlichen Unterschrift ab.

Besonderheiten in den verschiedenen Praxisfeldern

Schulkindbetreuung

Bei der Betreuung älterer Kinder kommen Themen wie Konfliktbewältigung und Problemlösung zum Tragen. Die Kommunikations- und Beziehungsgestaltung in Bezug auf Kinder bis in das Teenageralter stellt andere Anforderungen als im Kindergarten. Im Rahmen der Ganztagsschule oder in der Nachmittagsbetreuung gibt es Mittagessen, Hausaufgabenbetreuung, Spiel- und Sportangebote. Der Kontakt zu den Eltern hat unterschiedliche Formen, bei älteren Kindern besteht kein täglicher Kontakt zu den Eltern.

Beachten Sie:
- Der Steckbrief soll für Eltern und Kinder gleichermaßen ansprechend gestaltet werden.
- Ihre Kompetenzen, z. B. für die Hausaufgabenbetreuung, sollten insbesondere für Eltern deutlich werden.
- Ihre Kompetenzen für Spiel- und Sportaktivitäten sollten Kinder anregen mitzumachen und Angebote einzufordern.

Jugendfreizeiteinrichtungen

In einer Jugendfreizeiteinrichtung lesen hauptsächlich Kinder und Jugendliche Ihren Steckbrief – wenn diese überhaupt von den Besuchern wahrgenommen werden. Besprechen Sie mit Ihrer Praxisanleitung für einen derartigen Einsatz den Steckbrief besonders gründlich.

Beachten Sie:

- Die Nähe-Distanz-Grenzen zwischen jüngeren Auszubildenden und den Besuchern sind besonders sensibel.
- Auch bzw. gerade ein Lernender im Praktikum sollte als Mitarbeiter und damit als Respektsperson wahrgenommen werden.

Betreuung von Kindern unter drei Jahren

Die Betreuung von Kindern unter drei Jahren ist für viele Eltern die erste Erfahrung, ihr Kind in fremde Hände zu geben. Eltern sind deshalb evtl. besonders sensibel dafür, wer ihr Kind betreut. Der tägliche Kontakt zu Eltern ist in der Regel intensiv, die Betreuung der Kinder muss u. a. elementare Dinge sicherstellen und die Entwicklung auf vielen Ebenen anregen und beobachten.

Beachten Sie:

- Eltern wollen wissen, ob Sie für den Umgang mit Säuglingen und Kleinkindern geeignet sind und ob Sie Erfahrungen mit der Altersgruppe haben.
- Eltern sind Ihre Persönlichkeit, Ihre sozialen und emotionalen Kompetenzen besonders wichtig.

Überlegen Sie sich für jedes Praxisfeld, was in Ihrem Steckbrief unbedingt erwähnt werden muss (und in welchem Umfang) und was nicht hineingehört!

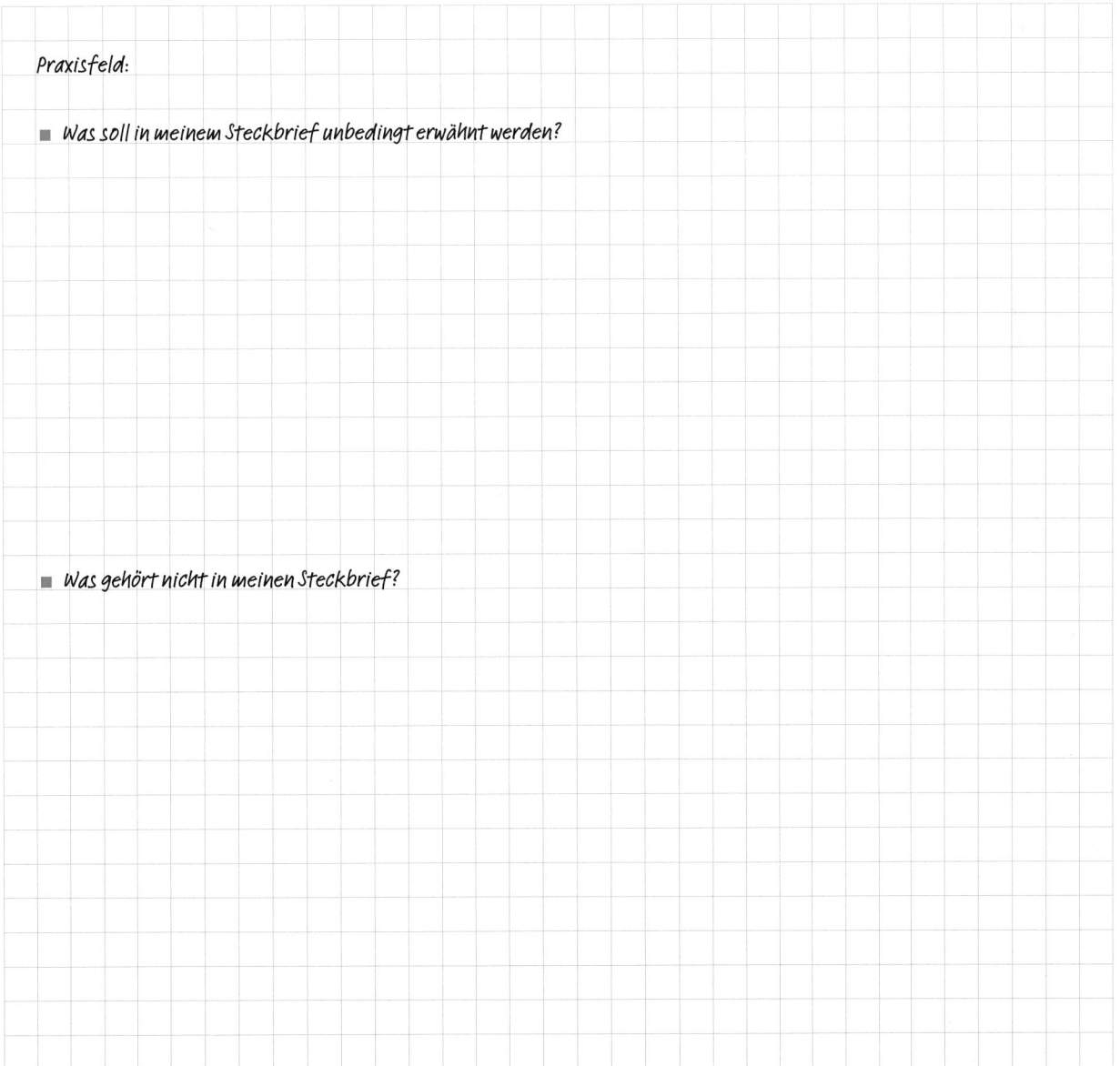

Praxisfeld:

■ *Was soll in meinem Steckbrief unbedingt erwähnt werden?*

■ *Was gehört nicht in meinen Steckbrief?*

2.4　Kontaktdaten für Schule, Praxis und Arbeitsgruppen anlegen

Viele Kontaktdaten Ihrer Ausbildungspartner werden Sie in Ihrem Smartphone oder E-Mail-Programm gespeichert haben. Es bietet sich an, verschiedene Kontaktgruppen zu bilden und Verteilerlisten aufzubauen, die Sie dann bei Bedarf schnell anwenden können. So stellen Sie sicher, dass alle Beteiligten zeitgleich dieselben Informationen erhalten. 🖰

Erstellen Sie zusätzlich eine ausgedruckte Papierversion. Sie schafft eine bessere Übersicht und größere Sicherheit für den Fall, dass Daten verloren gehen. So sehen Sie, Ihre Lehrkräfte, Praxisanleiter und andere Lernende auf einen Blick, wen sie auf welche Weise erreichen können.

Eine solche Übersicht sollten Sie
- an die Pinnwand neben Ihrem Schreibtisch und im Büro der Praxisstelle hängen,
- in Ihren Unterrichtsmappen oder Praxismappen ablegen,
- der Praxislehrkraft, Praxisanleitung, Vorgesetzten, den Mitgliedern Ihrer Lern- und Arbeitsgruppen aushändigen.

Sorgen Sie in Ihrer Klasse dafür, dass allen Lernenden eine Liste mit Ihrer aktuellen Postanschrift, Ihren Telefonnummern und E-Mail-Adressen vorliegt. Stellen Sie diese auch den Lehrkräften und der Schulverwaltung zur Verfügung, damit Informationen und Unterlagen schnell und an alle Beteiligten weitergeleitet werden können. Achten Sie darauf, veränderte Kontaktdaten unverzüglich an andere weiterzuleiten. Es ist Ihre Verantwortung, dass Lernende, Lehrkräfte, Praxisanleiter, Vorgesetzte etc. Sie ohne Probleme erreichen können.

Klären Sie mit Lehrkräften und Praxisanleitern, wann diese Sprechzeiten haben und auf welchem Weg eine Terminanfrage bzw. der erste Gesprächskontakt zustande kommen kann. Respektieren Sie unterschiedliche Vorlieben und Gepflogenheiten! Lehrkräfte haben sehr viele Lernende zu betreuen und Anleiter in der Praxis haben sehr viele andere Aufgaben zu bewältigen. Gute Absprachen und Flexibilität stellen sicher, dass man sich bei Bedarf schnell um Ihr Anliegen kümmern kann.

Unterscheiden Sie sehr genau, welche Kontakte und Informationen Sie über kurze Textnachrichten, eine Nachrichten-App, per E-Mail, Telefonate oder durch persönliche Gespräche vermitteln können und möchten. Für berufliche und professionelle Zwecke sollten Sie entsprechende Wege wählen. Wichtiges und umfangreiche Informationen sollten Sie nicht per SMS o. Ä. weitergeben, aber Kurzabsprachen unter Mitschülern sind so gut möglich. Wenn Sie sich zu einem Termin verspäten, sollten Sie rechtzeitig anrufen.

Es ist eine Frage der Sensibilität, des Stils, der Professionalität und der unter allen Beteiligten getroffenen Vereinbarungen, für welche Anliegen und Anlässe Sie welchen Kontaktweg suchen. Auch in diesem Bereich bestehen Lernziele und Sie müssen entsprechende Kompetenzen erwerben.

In Teil 3 finden Sie ein Muster für ein Kontaktdatenblatt, das Sie für die Kommunikation zwischen Ihnen, der Praxislehrkraft (Schule) und der Anleitung (Praxisstelle) nutzen können. Fügen Sie die für Ihre Ausbildung und Ihre Ausbildungspartner relevanten Inhalte hinzu!

3 So geht's – Lernen, Arbeiten und Organisieren

3.1 Gutes Zeitmanagement

Zeitpläne systematisch und ergebnisorientiert erstellen

Die Ausbildung an zwei Lernorten verlangt Ihnen ein gutes Zeitmanagement ab. Planen Sie Ihre schulischen und fachpraktischen Aufgaben immer in gemeinsamen Zeitplänen. Nur so behalten Sie den Überblick über diese beiden gleichberechtigten Ausbildungsbereiche. Diese können Sie in großen Übersichtsplänen zum Aufhängen, elektronisch oder in Papierkalendern im Taschenformat führen. Wichtig ist, dass Sie sich schnell darin zurechtfinden und alle wichtigen Termine und Arbeitsphasen auf Anhieb vor Augen haben und verbinden können. 🖱

TIPPS für die langfristige Aufgaben- und Terminplanung

- Zu klein sollte das Format nicht sein. Bewährt haben sich Pläne in DIN A4 und DIN A3 für drei- oder sechsmonatige Übersichten.
- Arbeiten Sie mit Farben. Kennzeichnen Sie z. B. Unterrichtsfächer, Lernfelder und die fachpraktische Ausbildung mit verschiedenen Farben.
- Durch farbliche Kennzeichnung können Sie Ferien sowie besondere Schul- oder Praxisphasen einfacher darstellen als mit Text.
- Heben Sie wichtige und unveränderbare Termine deutlich hervor: Klausuren, Anleitungsgespräche, Praxisbesuche, Referate …
- Kennzeichnen Sie Lernphasen, Prüfungsphasen, Ferienzeiten etc. gut erkennbar.
- Sie müssen oft mehrere Dinge gleichzeitig tun. Lassen Sie ausreichend Platz für die parallel laufenden Leistungsnachweise in den unterschiedlichen Unterrichtsfächern.
- Tragen Sie auch feste private Termine ein: Familienfeiern, eine Wochenendreise zu Freunden, ein Konzertbesuch etc.
- Bilden Sie gebräuchliche und leicht verständliche Abkürzungen für Fächernamen. Vor allem Lernfeldtitel können Sie nicht ausschreiben. An vielen Schulen hat sich dafür eine Nummerierung etabliert.

	April		Mai		Juni	
Praxisplatz	Ferien bis 12.4.		5.5. Abgabe Projektdoku	27./28.5. Schlaffest in Kita		17.6. Abgabe Bericht
LF 1		26.4. Klausur				
LF 2						
LF 3			10.5. Referat			
…					15.6. Prüfungsklausur	
Deutsch		24.5. Literaturbericht				
Schule				23. bis 28.5. Projektwoche		
Sonstiges		29. bis 2.5. Ostsee-WE				

TIPPS für die Planung der Woche und der täglichen Aufgaben

- Planen Sie am Ende einer Woche oder zu Beginn der Woche die Aufgaben für die gesamte nächste Woche so konkret wie möglich (Zeitbedarf etwa 30 Minuten).
- Für die täglichen Arbeitsphasen brauchen Sie etwa 15 Minuten Planungszeit.
- Unterrichts- und Praxiszeiten fest einplanen und die Wegezeiten nicht vergessen!
- Sie benötigen Zeit für die regelmäßige Vorbereitung des Unterrichts und der fachpraktischen Aufgaben (Unterrichtsmitschriften überarbeiten, Protokolle erstellen, Texte lesen, Angebote vorbereiten).
- Sie benötigen Zeit für die Vorbereitung auf Klausuren, Facharbeiten, Prüfungen etc. (Informationen recherchieren, ordnen und auswerten, eigene Texte erstellen und überarbeiten, „Stoff" lernen).
- Formulieren Sie die geplanten Aufgaben ergebnisorientiert. Je eindeutiger Sie Ihre Arbeitsaufträge formulieren, desto schneller können Sie in den Arbeitsprozess einsteigen und Erfolge erkennen!
- Wenn Sie sich nach der Schule z. B. drei Stunden Schreibtischarbeit verordnen, lassen Sie etwas Zeit für kleine Pausen und spontane Ergänzungen der Aufgabe. Verplanen Sie nur etwa 75 % der Zeit mit festen Aufgaben und lassen Sie sich etwas Freiraum für ungeplante Vertiefungen und Wiederholungen.
- Achten Sie auf ausreichende Pausen und auch in sehr arbeitsintensiven Phasen auf kleine Freizeitaktivitäten zur Erholung und Abwechslung.
- Seien Sie diszipliniert und bleiben Sie Ihrer Planung treu.
- Wenn Sie umplanen müssen: Tun Sie dies mit Bedacht und sorgen Sie dafür, dass Ihre Aufgaben und Ziele berücksichtigt bleiben. Unerledigtes am Ende des Tages neu einplanen!

Wenn die Felder im Wochenplan für Schule oder Praxis kleiner gehalten werden, als sie eigentlich Zeit beanspruchen, bleibt mehr Platz für die Eintragungen zu den besonderen und in dieser Woche herausstechenden Aufgaben. Wenn Sie Zeitfelder farblich markieren, werden die zeitlichen Möglichkeiten schnell transparent. Sobald Sie einen Termin für eine Aufgabe haben, können Sie die notwendigen Vorbereitungen planen und die Planung so lange fortführen und ändern wie erforderlich. Feste und fortlaufende Aufgaben und Termine (hier z. B. das Musik-Projekt in der Kita, dessen Dokumentation und Vorbereitung, ein Referat in einem anderen Lernbereich, eine Hausaufgabe in Deutsch) sollten früh eingetragen werden. Eine genaue Zeitplanung und die Präzisierung der Ziele und Aufgaben können dann evtl. in der Tagesplanung erfolgen. Im Anhang finden Sie Muster für verschiedene Zeitpläne. 🕐

	Montag	Dienstag	Mittwoch	Donnerstag	Freitag	Samstag	Sonntag
ab 8.00	Schule	Schule	Arbeit	Arbeit	Arbeit	für LF 3 Wiederholen und Übungsaufgaben lösen	
ab 11.00	4./5. Stunde Referat LF 5						
ab 14.00	Unterricht LF 3		14.00 Kita-Musik-Projekt				
ab 16.00	16.30 Bücherrückgabe	16.00 für Klausur LF 3 Unterrichtsmitschriften zusammenfassen		Spätdienst Kita bis 17.00	16.00 für LF 3 Übungsaufgaben mit Sarah austauschen	Kita-Musik-Projekt für nächste Woche vorbereiten (evtl. Trommeln)	
ab 18.00	17.45 Protokoll Deutsch überarbeiten		18.00 für LF 3 Lehrbuch ab S. 458 und 554 bis 613 erarbeiten	18.00 Projekt-Doku erstellen			Für Klausur LF3 letzte Lücken schließen mit Sarah
ab 20.00	19.30 Sport				19.30 Sport		

Die effektive Bearbeitung von Ausbildungsaufgaben

Die Ausbildung an zwei Lernorten bringt es mit sich, dass Sie aus dem schulischen Teil der Ausbildung heraus Aufgaben für die fachpraktische Ausbildung gestellt bekommen. Sie sollen u.a. diverse Berichte, Beobachtungsprotokolle, Facharbeiten zu fachpraktischen Projekten erstellen. Diese werden von Lehrkräften im Unterricht vorbereitet und bewertet.

Eine zentrale Aufgabenstellung sind die fachpraktischen Projekte und die daran geknüpften Übungsstunden. Der Sprachgebrauch der Schulen und Einrichtungen ist hier sehr unterschiedlich: Sichtstunden, methodische Übungen, pädagogisches Angebot, Projektdurchführungen ...

Mit diesen Aufgaben zeigen Sie Ihre fachtheoretische und fachpraktische Planungs- und Handlungskompetenz. Sie präsentieren Ihr Fachwissen und Ihre praktischen pädagogischen Kompetenzen und veranschaulichen damit, dass Sie Ihr Handeln fachlich begründen, zielorientiert planen, reflektieren und auswerten können.

Ausbildungsaufgaben sind in der Regel zeitlich gut planbar. Sie wissen mehrere Wochen vor dem Abgabetermin, dass Sie etwas zu erarbeiten haben. Hier sind also auch Ihr Zeitmanagement und Ihre Motivationssteuerung gefragt.

Termine und Fristen	
Halbjahres- oder Jahrespläne für komplexe und planbare Aufgaben erstellen	☐
Termine in der Schule erfragen	☐
Termine für die fachpraktische Ausbildung (Praxisbesuche) mit Lehrkräften früh besprechen	☐
Schriftliche Arbeiten rechtzeitig beginnen, ausreichend Zeit für die Recherche und sprachliche Bearbeitung einplanen (ca. 50 % der Gesamtzeit)	☐
Die formale Anlage einer Arbeit rechtzeitig planen, schulische Standards erfragen und von Anfang an berücksichtigen	☐
Druckerpatronen, Papier etc. immer auf Vorrat haben	☐

Hilfen einholen	
Mit Mitschülern Arbeitsgruppen bilden	☐
Themen diskutieren, eigene Texte vorstellen und korrigieren lassen	☐
Schriftliche Vorentwürfe Anleitern rechtzeitig zur Korrektur vorlegen	☐
Vorschläge einarbeiten	☐
Sichtstunden mit Anleiter konkret planen und unter Beobachtung ausprobieren	☐
Texte von „neutralen" Lesern durchsehen lassen (Rechtschreibung, Sprache, inhaltliche Verständlichkeit)	☐
Den Zeitplan anderer berücksichtigen	☐

Fachlichkeit	
Nur Fachquellen und thematisch spezifische Quellen verwenden	☐
Bei Lehrkräften oder Anleitern jeweilige Quelleneignung erfragen	☐
Fachliches Theoriewissen aufgabenspezifisch erweitern	☐
Sich nicht durch zu weitschweifende Recherchen „verzetteln" – immer an der Aufgabe und Fragestellung bleiben	☐
Sich darin üben, auch im Alltag das fachpraktische Handeln fachlich zu begründen und zu überprüfen	☐

Übungen für ergebnisbezogene Aufgabenformulierungen

Aufgaben ergebnisbezogen zu formulieren, muss man üben und sich zur Gewohnheit machen! Nehmen Sie einen Ihrer nächsten Schul- oder Lerntage als Beispiel und formulieren Sie die Aufgaben mit Blick auf die anzustrebenden Ergebnisse.

Verwechseln Sie nicht Termine und Aufgaben. Bei einem Termin müssen Sie etwas abgeben oder präsentieren (Teilergebnis oder auch Endergebnis). Ein Gesprächstermin hat eine Tagesordnung, die nicht Sie allein festlegen. Die Aufgabenbewältigung müssen Sie zu einem großen Teil selbst gestalten. Aufgaben können Vorbereitungen für Termine sein (z. B. eine Klausur, Prüfung, Abgabe einer Hausarbeit).

Nicht vergessen!
- Ordnen Sie die Aufgaben für den Tag oder die Woche nach Dringlichkeit (z. B. Abgabetermin) und Bedeutung (z. B. Voraussetzung für andere Aufgaben).
- Teilen Sie komplexe Aufgaben in überschaubare und sinnvolle inhaltliche Etappen.
- Legen Sie Arbeitsziele für die (Teil-)Aufgaben fest.
- Legen Sie den Zeitbedarf oder möglichen Zeitrahmen für die (Teil-)Aufgaben fest (von 8.30 bis 11.45 Uhr)
- Schätzen die tatsächlich zur Verfügung stehende Arbeitszeit ein (3 Stunden).
- Benennen Sie die Aufgaben so konkret wie möglich.

Beispiele für Aufgabenformulierungen
- Protokoll im Fach Deutsch sprachlich überarbeiten, Kopf erstellen und „TOPs" einfügen.
- Unterrichtsmitschriften zum Thema Lebenswelt Familie. sichten und schriftlich zusammenfassen.
- Thema Diversität und Inklusion im Lehrbuch herausarbeiten und Schwerpunkte schriftlich festhalten
- Thema Familie, Zusammenarbeit mit Eltern im Lehrbuch lesen, wichtige Inhalte und Fragen herausschreiben.

Fügen Sie hier eigene Formulierungen für aktuelle Aufgaben ein!

Umgang mit Zeitfressern

Die inhaltliche Vorbereitung auf ein Referat, eine Fach- oder Projektarbeit ist nur ein Teil des gesamten Lern- und Arbeitsprozesses. Viele Dinge müssen z. B. vorab getan werden (Informationsbeschaffung und -auswertung) oder gehören für ein gutes Gesamtbild dazu (Deckblatt, Inhaltsverzeichnis). Es gibt rund um das thematische und fachliche Bearbeiten einer Anforderung zahlreiche formale und organisatorische Aufgaben. Unterschätzen Sie nicht den Zeitbedarf für folgende Arbeiten!

	Probleme	Vorgehensweisen
Informationssuche, Materialbeschaffung	▪ Zu viele oder zu wenig Informationen zu einem Thema/einer Aufgabe ▪ Unspezifische oder zu detaillierte Informationen ▪ Zu geringes Vorwissen, um Informationen beschaffen und auswerten zu können	▪ Formulierung einer klaren Aufgabenstellung ▪ Ein Thema genau definieren und eingrenzen ▪ Fachbegriffe, Schlagworte finden und Grundlagentexte oder Lehrbücher zu Hilfe nehmen
Literaturrecherche, Bücherausleihe	▪ Öffnungszeiten ▪ Leihfristen ▪ Auf Rückgabe ausgeliehener Werke warten	▪ Onlinerecherche, ob die Werke vorliegen und ausleihbar sind ▪ Onlinereservierung nutzen, bei der Ausleihe auch an Rückgabe denken ▪ Vorab Liste mit den benötigten Büchern erstellen
Internetrecherche ohne angemessene Ergebnisse	▪ Herkömmliche Suchmaschinen bringen in der Regel nur unspezifische Ergebnisse ▪ Durch Laien erstellte, unwissenschaftliche, voreingenommene Informationen ▪ Ablenkung durch interessante Inhalte, die nichts mit dem Thema zu tun haben ▪ Sich „verrennen" in Nebenthemen	▪ Texte von wissenschaftlich anerkannten Experten oder Instituten suchen ▪ Neue Informationen festhalten ▪ Internetlexika nur zur groben Orientierung nutzen und vor allem die Quellen recherchieren ▪ Gezielte schriftliche Fragestellungen für die Recherche formulieren und abarbeiten
Lesen und Bearbeiten von Texten	▪ Fachtexte sind in wissenschaftlicher Sprache verfasst, verwenden unbekannte Fachbegriffe ▪ Ausschließliches Lesen führt nicht zum Wissensaufbau ▪ Fachtexte haben oft einen etwas anderen Schwerpunkt als die eigene Aufgabenstellung ▪ Wichtige Aussagen sind beim Schreiben oder Lernen nicht mehr verfügbar	▪ Unbekannte Begriffe schnell klären und Bedeutung in diesem Text notieren ▪ Beim Lesen Mitschriften oder Randnotizen machen, die die Verbindungen des Textes mit dem eigenen Thema festhalten ▪ Hauptaussagen der Texte mit eigenen Worten zusammenfassen ▪ Verwendbare Zitate kennzeichnen und Quellen festhalten
Eigene Texte verfassen	▪ Das zuvor Gelesene wird nicht erinnert ▪ Für den Text wird keine eigene Sprache gefunden ▪ Texte müssen immer mehrfach überarbeitet werden	▪ Mitschriften und Randnotizen zum Textaufbau nutzen ▪ Früh eigene Formulierungen festhalten ▪ Viel Zeit für die inhaltliche Gestaltung einplanen, nicht erst kurz vor der Abgabe anfangen zu schreiben ▪ Die sprachliche Bearbeitung (Rechtschreibung, Zeichensetzung, Satzbau etc.) in Ruhe vornehmen, evtl. jemanden Korrektur lesen lassen
Deckblatt, Inhaltsverzeichnis, Quellenverzeichnis erstellen	▪ Wer ungeübt ist, muss zeitgleich mit der Erstellung lernen, wie das z. B. das Textbearbeitungsprogramm funktioniert ▪ Die automatische Inhaltsverzeichniserstellung muss bereits beim Schreiben bedacht werden ▪ Quellen genau festhalten	▪ Früh und mit einfachen Texten üben ▪ Gute Überschriften verfassen ▪ Schriftgrößen, Schrifttypen für Überschriften vor der Überarbeitung bestimmen ▪ Bücher, Zeitschriften nie zurückgeben, ohne die Quelle und deren Inhalte genau notiert zu haben

	Probleme	Vorgehensweisen
Formale Überarbeitung	▪ Seitenränder nicht einheitlich ▪ Zeilenabstände unterschiedlich ▪ Leerzeilen und Absätze unregelmäßig ▪ Überschriftgrößen nicht durchdacht ▪ Wechselnde Schrifttypen ▪ Verdeckte Formatierungen lassen sich nicht erkennen und ändern	▪ Mit der ersten Niederschrift des eigenen Textes sollten diese formalen Entscheidungen getroffen werden ▪ Auf schulische Vorgaben achten ▪ Keine Texte anderer Herkunft in die eigenen Texte hineinkopieren
Ausdrucken, Ordnen	▪ Fehlende Druckerpatronen ▪ Papier ist ausgegangen ▪ Mehr Fehldrucke als erwartet	▪ Vorrat anlegen ▪ Nicht unter Zeitdruck ausdrucken und Seiten ordnen oder einheften
Schreibblockaden	▪ Schreibprozess kommt nicht in Gang ▪ Geschriebenes ist aussagelos, ungenau, schwer lesbar	▪ Schreibtechnik ändern: z. B. keinen Fließtext erstellen, sondern eine Mindmap, eine Stichwortliste, einen Fragenkatalog ▪ Den Text ordnen: Was ist inhaltlich gewollt und was sprachlich unschön ▪ Eine andere Aufgabe des Tages- oder Wochenplans vorziehen
Thema verfehlt	▪ Der geschriebene Text stellt sich als „am Thema vorbei" heraus ▪ Aufgabe und Ergebnis verbindet kein roter Faden	▪ Fragestellung oder Themeneingrenzung überprüfen und präzisieren ▪ Jemand anderen um Rückmeldung bitten ▪ Eigene Texte während des Schreibens lesen und mit etwas Distanz die Qualität begutachten ▪ Lehrkraft und Anleitung vor dem Abgabetermin informieren und um Hilfe bitten
Arbeitsgruppe vergeudet Zeit	▪ Die Arbeitsgruppe braucht zu lang, um in den Arbeitsprozess einzusteigen ▪ Aufgaben werden nicht abgearbeitet ▪ Teilnehmer sind unvorbereitet ▪ Fluktuierende Anwesenheit	▪ Pünktlichkeit und Anwesenheit einfordern ▪ Feste Aufgabenstellungen und Zuständigkeiten bestimmen ▪ Nebenthemen ausblenden, evtl. Gesprächsleitung bestimmen ▪ Ein, zwei Tage vorher an das Treffen und die Tagesordnung erinnern

Motivation und Zeitmanagement

Ein ungeeignetes Zeitmanagement und unrealistische Vorstellungen über die tatsächlich zu erreichenden Ziele sind starke „Motivationskiller". Das erzeugt unnötigen Stress. Es führt dazu, dass Sie Ihre Arbeiten den Lehrkräften und der Praxisanleitung „auf den letzten Drücker" oder nur noch mit Verspätung und den entsprechenden Auswirkungen auf die Bewertung vorlegen können. Nur wenn Sie für Ihre Aufgaben ausreichend Zeit haben und sich voll auf die Bearbeitung konzentrieren können, werden Sie Ihre volle Leistungsfähigkeit entfalten! Wenn Sie ahnen, dass Sie aus zeitlichen Gründen nur noch halbe Sachen schaffen können, sinkt oft auch die Motivation für die Beschäftigung mit den Inhalten. Auch in Arbeitsgruppen führt Zeitmangel dazu, dass nur noch gemacht wird, was noch zu schaffen ist und nicht das, was eigentlich erreicht werden sollte.

   Diesen negativen Kreislauf können Sie durch ein vorausschauendes Planen und durchführbare Zielsetzungen unterbrechen. Ergänzen Sie die folgende Tabelle! ✆

	Beispiele	So mach ich das konkret:
Motivation	Sich selbst realistische Ziele setzen: Ziele, die zeitlich und inhaltlich für Sie machbar sind	
	Herausforderungen suchen: Sich immer wieder neue (aber auch zu verwirklichende) Anreize schaffen	
	Auch kleine eigene Fortschritte und Erfolge dokumentieren.	
	Sich für misslungene Aufgaben Hilfe suchen: Lehrkräfte und Anleiter, Kollegen und Mitschüler um Unterstützung bitten	
Zeitmanagement	Gemeinsame Tages- und Wochenpläne für schulische und fachpraktische Aufgaben erstellen	
	Aufgaben nach zeitlichen und inhaltlichen Prioritäten ordnen und abarbeiten	
	Lern- und Vorbereitungszeiten für schulische und fachpraktische Aufgaben konkret festlegen und diese einhalten	
	Nicht bearbeitete Aufgaben neu in die Prioritätenliste einordnen Verbleibende Aufgaben genau definieren	
Belohnung	Kleine Ziele und Zwischenziele bewusst feststellen und genießen; anderen davon erzählen	
	Pausen einplanen und einhalten. Pausen nicht mit Lesen, Schreiben etc. verbringen	
	Bei Zeitmangel nicht ganz auf Freizeit verzichten; Freizeitaktivitäten evtl. verkürzen oder „optimieren"	
	Beispiele	So mach ich das konkret:

Eine gute Selbstmotivation und ein gelungenes Zeitmanagement sind mit Selbstkritik und realistischer Selbstwahrnehmung verbunden. Nur wer sich selbst wohlwollend, aber urteilssicher betrachten kann, kann das eigene Handeln und Wollen realistisch auswerten. Sich selbst etwas vorzumachen, schafft nur für einen kurzen Augenblick Erleichterung, langfristig demotiviert es und führt zu Misserfolgen.

Reflektieren Sie bitte ehrlich folgende Fragen schriftlich. Sie können diese Reflexionsfragen hier oder auf einem gesonderten Papier bearbeiten!

- Was stärkt meine Motivation in Bezug auf meine Arbeit am Schreibtisch?

- Was beeinträchtigt meine Motivation in Bezug auf meine Arbeit am Schreibtisch?

- Was trägt dazu bei, dass mir ein gutes Zeitmanagement gelingt?

- Was trägt dazu bei, dass ich kein sinnvolles Zeitmanagement betreibe?

- Welche Aufgaben am Schreibtisch gelingen mir gut, erledige ich schnell und gern?

- Welche Aufgaben am Schreibtisch schiebe ich vor mir her oder welche gelingen mir nicht gut?

- Was stärkt mein Engagement in Bezug auf meine Praxisstelle bzw. meine schulische Mitarbeit?

- Was vermindert mein Engagement in Bezug auf meine Praxisstelle bzw. meine schulische Mitarbeit?

- Welche Hürden kann ich selbst aus dem Weg räumen?

- Wie gut gelingt es mir, Feedback von anderen einzuholen und anzunehmen?

- Wie gut gelingt es mir, anderen Feedback zu geben?

3.2 Protokolle und Berichte anfertigen

Grundformen des Protokolls

Legen Sie von wichtigen Gesprächen und Unterrichtsstunden immer eine Niederschrift an. Es gibt zwei Wege, ein Protokoll anzufertigen:
- Sie schreiben ein **Gedächtnisprotokoll**, das Sie nach dem eigentlichen Gespräch schriftlich anfertigen
- Sie führen während des Gesprächs eine **Mitschrift**, die Sie dann anschließend überarbeiten

Setzen Sie sich mit folgenden Aspekten zu den zwei Grundformen des Protokolls auseinander, damit Sie immer eine bewusste Entscheidung treffen können. Ergänzen Sie die Liste um eigene Punkte. 🖱

	Gesprächsmitschrift	Gedächtnisprotokoll
Vorteile	■ Der Verlauf, die Inhalte und Ergebnisse des Gesprächs können genau festhalten werden ■ Alle Inhalte und Ergebnisse des Gesprächs können direkt niedergeschrieben werden ■ Sehr wichtige Formulierungen können mit den Gesprächspartnern geklärt werden ■ Überarbeitung und Reinschrift erfolgen nicht aus dem Gedächtnis ■ Mitschreiben kann die Konzentration auf das Thema erhöhen und erleichtert das spätere Erinnern an Details und Zusammenhänge ■ _____ ■ _____ ■ _____	■ Alle Gesprächspartner können sich ganz und gar dem Gespräch widmen ■ Nur die wichtigsten Inhalte und Ergebnisse des Gesprächs müssen niedergeschrieben werden ■ Die Niederschrift „erzwingt" noch einmal eine intensive Auseinandersetzung mit den Themen und Ergebnissen eines Gesprächs ■ _____ ■ _____ ■ _____
Nachteile	■ Es setzt Erfahrung voraus, um sich dem Gespräch widmen und gleichzeitig mitschreiben zu können ■ Wenn es um die eigenen Angelegenheiten geht (wie z.B. bei Reflexionsgesprächen), hemmt die Rolle des Protokollanten evtl. den eigenen Reflexionsprozess ■ Überarbeitung und Reinschrift machen oft ein genaues Ordnen der wichtigen und zu vernachlässigenden Details nötig ■ _____ ■ _____ ■ _____	■ Es bedarf Erfahrung, um sich an relevante Gesprächsinhalte erinnern zu können ■ Details der Gespräche gehen verloren, wenn nur Ergebnisse festgehalten werden ■ Der Verlauf und die Inhalte müssen nachträglich rekonstruiert werden ■ Die Niederschrift muss umgehend anfertigt werden ■ Bei langen Gesprächen mit vielen Gesprächsbeiträgen und Diskussionen ist dieses oft eine ungeeignete Form ■ _____ ■ _____
Tipps	■ Eine direkte Mitschrift ist für ein inhaltlich genaues Protokoll immer die richtige Entscheidung ■ Das Mitschreiben so oft es geht üben ■ mit der Überarbeitung und Reinschrift nicht zu lange warten ■ Während des Gesprächs genau zuhören, um nicht nachfragen zu müssen ■ Bei Reflexionsgesprächen usw. eine zweite Person um eine Mitschrift bitten, diese ergänzt dann Ihre eigenen Notizen ■ Die Gesprächspartner um eine Korrektur bitten ■ _____ ■ _____ ■ _____	■ Gedächtnisprotokolle eignen sich für Kurzgespräche und Spontangespräche mit hoher Bedeutung ■ Es ist förderlich, wenn es eine genaue Themenabsprache und Tagesordnung für das Gespräch gibt ■ Die Niederschrift immer nachträglich von den Gesprächspartnern korrigieren lassen ■ Das Gedächtnisprotokoll kann die Gesprächsmitschrift ergänzen ■ Zwei Gedächtnisprotokolle (z.B. zu einem Unterrichtsthema) zu einer Mitschrift zusammenfügen ■ _____ ■ _____

Ein Protokoll oder einen Bericht gestalten

Protokolle haben die Funktion,
- genaue Informationen zum Verlauf, zu den Inhalten und Ergebnissen eines Gesprächs für die beteiligten Personen festzuhalten,
- abwesende Personen zu den wesentlichen Themen und Ergebnissen gut zu informieren,
- Fakten zu schaffen, auf die sich andere dann beziehen und berufen können,
- nachfolgende Entscheidungen begründen zu können,
- getroffene Absprachen und vereinbarte Aufgaben verbindlich zu formulieren und deren Einhaltung überprüfen und einfordern zu können,
- die Umstände und den Verlauf eines Gesprächs zu dokumentieren (z. B. bei einem heftigen Streit mit einem Besucher des Jugendzentrums oder mit einem Elternteil eines Kleinkindes,
- die Umstände und den Verlauf eines Ereignisses zu dokumentieren (z. B. bei einem Unfallbericht nach einem Sturz oder einer körperlichen Auseinandersetzung zwischen zwei Jugendlichen bei einer Ferienmaßnahme),
- zu belegen, dass eine Einrichtung und die handelnden Personen die ihnen übertragenen Aufgaben korrekt durchführt.

Legen Sie ein Protokoll immer für den Leser übersichtlich und mit Sorgfalt an.

Als Leistungsnachweis in der schulischen und fachpraktischen Ausbildung sollen Protokolle
- die Beobachtungsfähigkeit und sprachliche Gewandtheit des Protokollanten präsentieren,
- die Kompetenz von Lernenden veranschaulichen, themenrelevante Inhalte auszuwählen, wichtige Inhalte zu bündeln, nachvollziehbar darzustellen, informativ zu schreiben,
- als Unterrichtsmitschrift zeigen, dass die Themen und Zusammenhänge des Unterrichts verstanden und mit eigenen Worten sachlich richtig dargestellt werden,
- als Beobachtungsprotokoll zeigen, dass Beobachtungstechniken fachgerecht eingesetzt werden, der Einfluss des Beobachters und der Beobachtung auf die Situation reflektiert wird, Beobachtung und Interpretation getrennt werden, das Verhältnis von Details Gesamtsituation richtig eingeschätzt wird,
- in Form von Projektdokumentationen zeigen, dass die zukünftigen Fachkräfte über den Verlauf, die Ereignisse, die Auswertung eines Prozesses, die Planungen und Ergebnisse eines Projekts schlüssig berichten und Fachkompetenz präsentieren können,
- auf die Übernahme administrativer Aufgaben vorbereiten.

TIPPS für die Erarbeitung und Reinschrift

Der Protokollkopf sollte immer mindestens folgende Angaben enthalten:
- Eine Überschrift für das Thema oder die Art des Gesprächs/Ereignisses
- Datum und Zeitraum des Gesprächs/Ereignisses
- Datum der Niederschrift (auch auf der Unterschriftenzeile möglich)
- Anwesende und abwesende Personen (mit Angabe von Funktionen)
- Bei Besprechungen die vorher verabredete Tagesordnung
- Eine Gliederung der Inhalte oder des Textaufbaus, wenn es keine Tagesordnung gibt
- Den Namen des/der Protokollanten
- Am Ende des Protokolls erfolgt die Unterschrift des Protokollverantwortlichen (bei papierlosen Fassungen wird der Name mit dem Zusatz „gez." benannt)

Für Berichte und Dokumentationen gilt Vergleichbares. In einem Bericht sollen die zeitlichen Abläufe und die Abfolge der Ereignisse und Aktivitäten gegliedert werden. Das bedeutet,

- z.B. bei Berichten die Durchführung von pädagogischen Angeboten die Vorbereitung des Angebotes, die Durchführungsschritte, den Abschluss und die anschließenden Aktivitäten getrennt darzustellen,
- bei Unfallberichten etc. die Situation vor dem Ereignis, den Verlauf des Geschehens, die beteiligten Personen und die anschließenden Handlungen (z.B. Erste-Hilfe-Maßnahmen, Aufräumtätigkeiten) aufzuzeigen,
- bei Projektdokumentationen den geplanten Angebotsverlauf über den gesamten Zeitraum vorzustellen und die Umsetzung der einzelnen Projektschritte zu erläutern.

Den Text planen	Tipps für das Schreiben
Was habe ich beobachtet und wann? In welcher zeitlichen Reihenfolge und Abfolge der Ereignisse hat sich die Begebenheit abgespielt?	Beschränken Sie sich auf das Wesentliche! Nicht zu detailreich, aber alles was ein Leser wissen muss aufschreiben. Den Ablauf anschaulich schildern.
Welche Personen waren auf welches Weise am beobachteten Ereignis beteiligt? Was haben diese getan oder gesagt?	Handlungen oder Aussagen den Kindern, Mitarbeitern, Eltern, Mitschülern, Lehrkräften eindeutig zuordnen!
An welchem Ort, in welchen Räumen fand das Ereignis statt?	Tatsachen benennen und evtl. Umstände erläutern!
Wie hat sich das Beobachtete ereignet?	Ursachen, Auslöser für Unfälle oder Sachschäden darstellen. Objektiv und sachlich bei den reinen Fakten bleiben! Keine Vermutungen oder eigenen Gefühle einfließen lassen.
Wer ist der Leser (Adressat) dieses Berichtes? Was muss unbedingt geschildert werden, um das Berichtete nachvollziehen oder verstehen zu können?	Ist der Leser evtl. fachfremd (z. B. ein Mitarbeiter einer Versicherung) und auf genaue Informationen angewiesen? Kennt der Leser den Wirkungskreis und kann Zusammenhänge und Details sehr gut beurteilen?
Welchen Zweck hat der Bericht?	Ist es ein Unfallbricht für die Versicherung oder den Einrichtungsträger, um u. a. Schadenskosten oder Verantwortlichkeiten nachzuweisen? Soll die fachpraktische Arbeit im Ausbildungsverlauf vorgestellt werden und die sprachliche Kompetenz präsentiert werden?

Formale Struktur

Häufig gibt es in Einrichtungen oder Schulen formale Standards für Berichte oder Protokolle und den Aufbau einer Tagesordnung. Informieren Sie sich darüber und setzen Sie die Standards um. Gibt es keine Vorgaben, wählen Sie für Ihre Reinschrift einen klassischen Schrifttyp (Arial, Times New Roman o. Ä.) und eine gut lesbare Schriftgröße (Punkt 10 bis 12) mit eineinhalbfachem Zeilenabstand. Lassen Sie ausreichend Seitenränder und nutzen Sie die Kopf- und Fußzeilenfunktionen für Seitenzahlen, Datum, evtl. Titel, den Autorennamen etc.

Zeit- und Sprachform

In einem Protokoll werden Äußerungen im Präsens und in indirekter Rede wiedergeben, feststehende Tatsachen im Indikativ benannt, Meinungen im Konjunktiv I eingefügt:

Beispiel

Frau Hill mahnt die bereits in der letzten Feedbackrunde vereinbarten Absprachen an. Frau Hill erklärt, dass sie das letzte Protokoll erhalten hat.

Frau Hill äußert, sie halte die vierwöchentlichen Anleitungstermine für zu wenig.

Frau Hill berichtet von den Ergebnissen der letzten Besprechung. Dabei sei es vor allem wichtig gewesen, die Termine der Anleitungsgespräche engmaschig zu gestalten.

Berichte werden in Vergangenheitsform geschrieben. In Texten verwendet man das Präteritum (Imperfekt):

Beispiel

Das Kind brach sich durch den Sturz vom Kletterturm ein Bein.

In mündlichen Berichten nutzt man das Perfekt:

Beispiel

Das Kind hat sich durch den Sturz vom Kletterturm ein Bein gebrochen.

Das Plusquamperfekt (Vorvergangenheit) wird genutzt, um zeitliche oder ursächliche Reihenfolgen zu schildern:

Beispiel

Die anderen Kinder waren bereits vom Kletterturm herabgestiegen, als Hanna auf dem Kletterturm das Gleichgewicht verlor.

Aufbau und inhaltliche Gestaltung des Textes

Fertigen Sie für ein Gedächtnisprotokoll oder einen Bericht noch am gleichen Tag eine vorläufige Niederschrift an. Halten Sie die Inhalte, Ereignisse und Zusammenhänge fest, die hineingehören.

Lesen Sie Ihre gesamte Mitschrift gründlich durch, bevor Sie mit der Reinschrift beginnen. Bilden Sie thematische Gruppen und ordnen Sie die Mitschrift nach Zusammenhängen und Tagesordnungspunkten.

Geben Sie mit Ihrem Text den Gesprächs- oder Ereignisverlauf wieder.

Benennen Sie Absprachen, tatsächliche Geschehnisse und Ergebnisse konkret und stellen Sie diese auch heraus.

Wichtige Einzelaussagen oder Anträge einzelner Personen sowie Absprachen können Sie mit dem genauen Wortlaut darstellen (in wörtliche Rede setzen). Es kann wichtig sein, die Person konkret zu benennen, die einen Beitrag bringt (oder eine Handlung vollzieht). Es kann angemessen sein, sie namentlich zu benennen oder sie in ihrer Rolle zu kennzeichnen:

Beispiel

Die Gruppenleitung stellt den Antrag: „Ich bitte die Team-Konferenz zu beschließen ..." *oder* Frau Schröder fasst die Absprache zusammen: „Wir werden die Bewegungsfahrzeuge zukünftig erst nach der Mittagspause ..."
Die Anleiterin gibt zu bedenken, dass ... *oder* D. Dreyer gibt zu bedenken, ...
Vonseiten der Mitschüler kommt der Hinweis, warum ... *oder* Janina Müller gibt den Hinweis ...

Hierbei ist es wichtig zu überlegen, wer das Protokoll oder den Bericht später liest: Wenn es nur eine interne Gedankenstütze ist, reichen evtl. Vornamen oder Kürzel. Soll es von anderen zu einem späteren Zeitpunkt und für weiterführende Zwecke genutzt werden, dann die Namen und Funktionen vollständig nachvollziehbar benennen.

Bei Beobachtungsprotokollen und Ereignisberichten ist es unverzichtbar, genau darzulegen, wer wann was gesagt oder getan hat und in welcher Reihenfolge. Dazu kann es sinnvoll sein, auch genaue zeitliche Angaben zu machen.

TIPPS für die Mitschrift in einem Gespräch

- Eine Mitschrift auf dem Notebook ist während des Gesprächs nur dann sinnvoll, wenn Sie sicher auf einer Tastatur schreiben können und sich im Gespräch selbst auch noch auf das Protokoll konzentrieren können.
- Bild- und Tonaufzeichnungen sind nur dann möglich, wenn alle Beteiligten einverstanden und vorher darüber informiert worden sind. Auszeichnungen sind auf Verlangen Einzelner jederzeit zu stoppen.
- Smartphones sind nicht geeignet, um Gesprächsmitschriften zu führen oder Unterrichtsinhalte festzuhalten. Das Schreibfeld ist zu klein und unübersichtlich. Auch die Diktat-Funktion ist hierfür nicht ausreichend. Mit einem Smartphone können evtl. Kurznotizen verfasst oder aufgenommen werden. In Absprache mit der Lehrkraft können z.B. Tafelbilder für die Ergänzung der Mitschriften fotografiert werden.
- Handschriftliche Mitschriften sind am sinnvollsten: Sie sind fast geräuschlos, übersichtlich und mit wenig Aufwand verbunden.
- Wählen Sie für die Mitschrift DIN-A4-Papier mit Linien oder Kästchen, beschreiben Sie nur die Vorderseite, dann können Sie später bei der Überarbeitung die Textteile besser überblicken.
- Nummerieren Sie die Seiten und lassen Sie einen Rand für spätere Notizen.
- Halten Sie fest, wer etwas sagt und was genau sagt. Notieren Sie den Namen der Person, hierbei können auch Kürzel sinnvoll sein (H.G. für den Vor- und Nachnamen oder Fr. H. für Frau Heuer). Es ist wichtig, nicht nur den Wortlaut wiederzugeben, sondern was inhaltlich gemeint war (z.B. bei ironischen oder anderen humorvollen Äußerungen steht nicht der „Witz" im Vordergrund, sondern die darin verpackte Information, Kritik, Selbstäußerung zum jeweiligen Thema).

Datum: _____

Thema: _____

_____

Anwesende: _____

_____

①_____

3.3   Leistungen beurteilen und benoten

Aufgabenstellungen und Anforderungsniveaus erkennen

Schulische und fachpraktische Aufgaben haben unterschiedliche Schwierigkeitsgrade. Die Anforderungen werden in der Regel drei Niveaus zugeordnet.

In der Aufgabenstellung spielen sogenannte **Operatoren** eine zentrale Rolle. Operatoren sind „Aufforderungsverben", die eine bestimmte Aufgabenbearbeitung auslösen, wie z. B. „Nennen Sie" oder „Vergleichen Sie". Die Operatoren lassen sich den drei Anforderungsniveaus zuordnen. Lernende müssen anhand der schriftlich formulierten Aufgabenstellungen das Anforderungsniveau erkennen und aus den Operatoren die von ihnen erwartete Bearbeitungstechnik ableiten.

Jedes Unterrichtsfach hat seine eigenen fachtypischen Operatoren. Mit den als Operatoren eingesetzten Verben werden von den Lernenden unterschiedliche Bearbeitungstechniken und Niveaustufen erwartet. Jedes Bundesland veröffentlicht eigene Operatorenlisten für die verschiedenen Unterrichtsfächer. Diese lassen sich auf den Internetseiten der Ministerien oder Schulen recherchieren.

Niveau I (leichte Anforderung) – Reproduktion (Wiedergabe)
Im Mittelpunkt stehen Erinnern und Wiedergeben des zuvor erworbenen Wissens.
Die Aufgabenbearbeitung lässt erkennen, dass komplexe Aussagen und themenspezifische Informationen und Theorien verstanden wurden. Die Gedankengänge werden auf das Wesentliche reduziert und strukturiert dargestellt. Operatoren sind z. B. „nennen" oder „zusammenfassen".

Niveau II (mittlere Anforderung) – Reorganisation und Transfer (Verarbeiten und Übertragen)
Im Mittelpunkt stehen selbstständiges Organisieren des Arbeitsprozesses, Ordnen und Verarbeiten von Sachverhalten und Übertragen auf neue Zusammenhänge.
Bei der Aufgabenbearbeitung müssen verschiedene Informationen organisiert, verknüpft oder neu zugeordnet werden. Auswählen, Strukturieren und Auswerten von (neuen) Informationen und Materialien erfolgt auf der Basis von bereits gewonnenem Fachwissen und unter einer bestimmten Fragestellung. Das Gelernte wird auf verwandte Situationen übertragen. Operatoren sind z. B. „vergleichen" oder „erläutern".

Niveau III (hohe Anforderung) – Reflexion und Problemlösung
Im Mittelpunkt stehen selbstständiges Schlussfolgern, Urteilen und Stellung nehmen (Auswerten, Beurteilen und Umgestalten).
Die beiden anderen Niveaus müssen bei der Aufgabenbewältigung eingebracht werden. Zusätzlich soll eine eigene geistige Leistung erbracht werden. Die Aufgabe ist sowohl inhaltlich als auch methodisch eigenständig zu bearbeiten. Operatoren sind z. B. „begründen" oder „erörtern".

- In Tests werden meistens Niveau I und II abgefragt.
- In schriftlichen Klausuren macht Niveau II oft den Hauptteil aus. Niveau I bildet aber die Grundlage für weiterführende Aufgaben. Niveau III bietet Gelegenheiten, sehr gute Leistungen zu zeigen.
- In Projektarbeiten, Facharbeiten oder schriftlichen Prüfungen kommen alle Niveaus vor. Die verlangte Selbstständigkeit in Bezug auf die Aneignung, Ordnung, Anwendung und Auswertung von Wissen und die Verknüpfung mit praktischen Anforderungen entspricht aber Niveau II und III.

Operatoren aus dem Fachbereich Pädagogik/Erziehungswissenschaften

Erweitern Sie die Tabelle mit Operatoren aus Ihrem Unterricht!

Anforderungsniveau I	Aufgabe	Formulierungsbeispiel
Nennen, Benennen	Fakten, Abläufe, Begriffe, Merkmale fachgerecht und inhaltlich richtig aufzählen, ohne diese zu kommentieren	Nennen Sie die vier Ebenen der Kommunikation von Schulz von Thun!
Wiedergeben, Darstellen	Einen Sachverhalt oder auch einen Text mit eigenen Worten unter Verwendung der Fachsprache wiedergeben	Geben Sie wieder, was unter klassischer Konditionierung zu verstehen ist!
Zusammenfassen	Die Kernaussagen eines Textes oder die wesentlichen Merkmale eines Themas strukturiert und auf die wesentlichen Inhalte reduziert vorstellen	Fassen Sie die Hauptaussagen zur Bindungstheorie aus dem vorliegenden Text zusammen!

Anforderungsniveau II	Aufgabe	Formulierungsbeispiel
Erläutern, Erklären	Einen Sachverhalt/eine Aussage anschaulich erklären oder mit zusätzlichen Informationen oder/und Beispielen nachvollziehbar erläutern	Erklären Sie, welche Bedeutung das Soziale Lernen für Kinder und Jugendliche in Bezug auf das Rauchen haben kann!
Vergleichen	Mithilfe von vorgegebenen oder selbst gewählten Kriterien Gemeinsamkeiten, Unterschiede, Widersprüche ermitteln und darstellen	Vergleichen Sie die Bedeutung der extrinsischen und intrinsischen Motivation für die Teilnahme von Teenagern an Freizeitsportangeboten!
Anwenden	Einen bekannten Sachverhalt in einen anderen Zusammenhang stellen und folgerichtig verwenden	Erläutern Sie den Eltern aus dem Fallbeispiel den Ablauf der Eingewöhnung in die Krippe. Wenden Sie dabei das Berliner Modell an!

Anforderungsniveau III	Aufgabe	Formulierungsbeispiel
Begründen	Die eigenen Aussagen durch Argumente belegen und fachlich schlüssige Zusammenhänge herstellen	Begründen Sie, warum in Jugendfreizeiteinrichtungen ein generelles Rauchverbot gelten sollte!
Erörtern	Die Vielschichtigkeit eines Sachverhaltes erkennen, aus verschiedenen Blickwinkeln argumentieren, evtl. Thesen aufstellen und eine Schlussfolgerung ableiten	Erörtern Sie die Aufgaben der Fachkräfte in Kindertageseinrichtungen im Hinblick auf den Anspruch auf Inklusion!
Handlungspläne entwickeln	Zum Beispiel zu einer Fallgeschichte fachlich begründete Handlungskonsequenzen entwickeln, Fachtheorie, empirische Erfahrungen anwenden und in ein realistisches Gesamtkonzept überführen	Entwickeln Sie ein Handlungskonzept für die Berücksichtigung unterschiedlicher sprachlicher und kognitiver Förderbedarfe in einem Morgenkreis einer U3-Gruppe!

Das System der Notengebung

Während Ihrer Ausbildung werden Ihre Leistungen und Lernfortschritte stets bewertet. Daher ist es wichtig, dass Sie selbst stets den Überblick über den jeweiligen Stand Ihrer Benotungen haben und den Hintergrund Ihrer Benotung verstehen.

Die sechsstufige Notengebung war ein Beschluss der Kultusministerkonferenz von 1968. Die genauere Notendefinition ist wie alle Bildungsangelegenheiten Aufgabe der zuständigen Ministerien der Bundesländer. Sie wird in den einzelnen Schulgesetzen und Verordnungen geregelt. Die folgende Tabelle stellt die verschiedenen Bewertungsraster vor. Diese finden in ganz unterschiedlicher Form in den Bundesländern und Schulen Anwendung. Die „IHK-Prozentregel" entstammt den Prüfungsordnungen der Deutschen Industrie- und Handelskammern. Sie ist ein anerkanntes System auch außerhalb kaufmännischer Ausbildungen und findet in vielen Bereichen der beruflichen (Aus)Bildung Anwendung.

KMK Notendefinition		Punktesystem/Oberstufe	IHK-Prozentregel
Sehr gut (1)	Sehr gut wird erteilt, wenn die Leistung den Anforderungen in besonderem Maße entspricht.	15 Punkte (1+ oder voll sehr gut) 14 Punkte (1 oder sehr gut) 13 Punkte (1- oder knapp sehr gut)	100 % bis einschließlich 92 % der Gesamtpunkte
Gut (2)	Gut wird erteilt, wenn die Leistung den Anforderungen voll entspricht.	12 Punkte 11 Punkte 10 Punkte	unter 92 % bis einschließlich 81 % der Gesamtpunkte
Befriedigend (3)	Befriedigend wird erteilt, wenn die Leistung im Allgemeinen den Anforderungen entspricht.	09 Punkte 08 Punkte 07 Punkte	unter 81 % bis einschließlich 67 % der Gesamtpunkte
Ausreichend (4)	Ausreichend wird erteilt, wenn die Leistung zwar Mängel aufweist, aber im Ganzen den Anforderungen noch entspricht.	06 Punkte 05 Punkte 04 Punkte	unter 67 % bis einschließlich 50 % der Gesamtpunkte
Mangelhaft (5)	Mangelhaft wird erteilt, wenn die Leistung den Anforderungen nicht entspricht, die Mängel aber in absehbarer Zeit behoben werden können.	03 Punkte 02 Punkte 01 Punkte	unter 50 % bis einschließlich 30 % der Gesamtpunkte
Ungenügend (6)	Ungenügend wird erteilt, wenn die Leistung den Anforderungen nicht entspricht und selbst die Grundkenntnisse so lückenhaft sind, dass die Mängel in absehbarer Zeit nicht behoben werden könnten.	00 Punkte	unter 30 % bis einschließlich 0 % der Gesamtpunkte

In einigen Bundesländern oder Schulformen ist die abgestufte Bewertung mit einer „2+" oder mit einer Nachkommastelle „1,7" für Teilleistungen eines Faches möglich. In Zeugnissen sind in der Regel nur volle Noten erlaubt. Zu beachten ist auch, dass Bewertungen mit 04 Punkten (also der Note 4–) zu einem „Nichtbestanden" führen können, da es sich nicht mehr um eine voll ausreichende Leistung handelt. Erfragen Sie das Bewertungsraster Ihrer Schule!

Die einzelnen Lernsituationen und Lernfelder in der Berufsausbildung sind unterschiedlich zu gewichten. Setzt sich eine Zeugnisnote aus verschiedenen Lernfeldern zusammen oder wird innerhalb der Lernfelder von unterschiedlichen Lehrkräften unterrichtet, müssen die Einzelnoten durch Vorgaben der Schulbehörde oder Beschlüsse der Bildungsgangkonferenz einer Schule (oder einem anderen entsprechenden Gremium) eine Gewichtung für die Gesamtnote erhalten. Die Schulen legen fest, welchen Anteil an der Gesamtnote die jeweiligen Lernsituationen haben und wie diese miteinander verrechnet werden sollen.

Deshalb können Fachnoten oder Gesamtnoten in lernfeldbezogenen Zeugnissen durch die Lernenden oder Dritte nicht direkt nachvollzogen werden. Es ist daher wichtig, Bewertungskriterien und Berechnungsmodelle zu erfragen und sich diese erklären zu lassen. Außerdem ist es ratsam, die Rückmeldungen zu den eigenen Leistungen selbst zu dokumentieren. Ordnen Sie die erhaltenen Noten und schriftlichen Begründungen den Fächern und Lernfeldern zu. Sie finden im Teil 3 des Ausbildungsbegleitheftes dazu eine Dokumentationshilfe.

Kriterien für die Gewichtung einer Lernsituation oder eines Lernfeldes können unter anderem
- die zur Verfügung stehenden Unterrichtsstunden,
- die zu erwerbenden Kompetenzen und deren Bedeutung für den Beruf,
- das Verhältnis mündlicher, schriftlicher und praktischer Leistungen,
- das höhere oder geringere Anforderungsniveau der Inhalte und Aufgaben,
- der Einfluss der allgemeinen Mitarbeit, des Unterrichts-, Arbeits- und Sozialverhaltes sein.

Eine Lernsituation, die auf eine komplexe und langfristige Aufgabe wie z.B. auf eine eigenständig zu erstellende Facharbeit über ein Projekt der fachpraktischen Ausbildung vorbereitet, wird in der Gesamtnote stärkeres Gewicht haben als eine Lernsituation, die bei gleicher Unterrichtsstundenzahl ein abgeschlossenes Thema unterrichtet und den Lerninhalt mit einer schriftlichen Arbeit wiedergeben lässt.

Kriterien für die Bewertung mündlicher und praktischer Mitarbeit im Unterricht

Lehrkräfte erstellen für die Bewertung von schriftlichen, praktischen oder mündlichen Leistungen sogenannte Erwartungshorizonte oder Beurteilungsraster. Darin legen sie vor der Korrektur und Benotung fest, welche inhaltlich-thematischen, methodischen und formalen Leistungen sie von den Lernenden erwarten können. Diese helfen der Lehrkraft, die oft sehr unterschiedlichen Bearbeitungswege und Arbeitsergebnisse der Lernenden vergleichbar zu bewerten. So können einerseits die individuelle Leistung, andererseits aber auch das Erreichen notwendiger fachlicher Standards ermittelt werden.

Die nachfolgenden Beispiele sind keine verbindliche Definition. Sie sollen Sie anregen, über die Qualität der Mitarbeit im Klassenverband und in Kleingruppen nachzudenken!
Versuchen Sie einmal, die sechs Leistungsstufen selbst zu beschreiben. Welche der Anregungen in der Tabelle sind hilfreich? Wie würden Sie persönlich z.B. eine „ausreichende" oder „gute" Mitarbeit charakterisieren? Beurteilen Sie mithilfe der Kriterien anschließend Ihre eigene Mitarbeit ehrlich und selbstkritisch!

Beispiele für die Einordnung und Bewertung der Mitarbeit im Klassenverband oder in Arbeitsgruppen 🖱

Note	Der/Die Lernende ...	Ihre eigenen Kriterien/Ergänzungen Ihrer Schule
Sehr gut (1)	... beteiligt sich konsequent in allen Phasen und bei allen Themen des Unterrichts mit sehr hoher und ansteigender fachlicher Qualität sämtlicher Beiträge. ... leistet weiterführende Beiträge zum Thema der Lernsituation und für den Lernprozess der Klasse oder Arbeitsgruppe. ... bearbeitet komplexe Aufgabenstellungen eigenverantwortlich mit hervorragender Qualität. ... arbeitet methodisch und leitet andere an.	
Gut (2)	... nimmt in allen Phasen und bei sämtlichen Themen des Unterrichts produktiv teil. ... zeigt Beiträge von hoher Lernbereitschaft und fachlichem Interesses, die den Arbeitsprozess anderer erkennbar unterstützen. ... arbeitet selbstgesteuert, ergebnisorientiert und mit stetig guter Qualität. ... arbeitet methodisch und mit anderen zusammen.	
Befriedigend (3)	... beteiligt sich am Unterrichtsgeschehen zuverlässig regelmäßig. ... bearbeitet Aufträge gemäß der Aufgabenstellungen. ... bringt Beiträge, die überwiegend sachlich richtig und themenspezifisch sind sowie zweckvolle inhaltliche Auseinandersetzung mit den Unterrichtsthemen zeigen. ... zeigt eine vorwiegend methodisch und vom Ergebnis her fachlich angemessene Arbeitsleistung, die in Bezug auf die Qualität und Differenziertheit ausbaufähig ist.	
Ausreichend (4)	... nimmt am Unterrichtsgeschehen überwiegend passiv, aber aufmerksam teil. ... macht gelegentliche oder sachlich unvollständige Beiträge. ... verfolgt die Aufgabenstellungen, ohne diese vollständig oder erfolgreich abzuschließen. ... zeigt eine Arbeitsleistung, die noch fehlerhaft und lückenhaft ist, aber erforderliche berufliche Kompetenzen erkennen lässt.	
Mangelhaft (5)	... nimmt am Unterrichtsgeschehen unkonzentriert, vereinzelt und ohne Eigenaktivität teil. ... macht keine oder überwiegend fehlerhafte, nicht themenspezifische Beiträge. ... vernachlässigt den eigenen Lernprozess, stört oder verhindert den anderer. ... zeigt eine Arbeitsleistung mit erheblichen Mängeln in der erforderlichen beruflichen Kompetenz.	
Ungenügend (6)	... nimmt am Unterrichtsgeschehen nicht teil, zeigt keine fachliche Leistung. ... dokumentiert die eigene Arbeitsleistung und Aufgabenbearbeitung nicht, ... gibt keine Ergebnisse ab oder die Ergebnisse sind stark lückenhaft, sachlich falsch, unterschreiten das Niveau der Erwartungen durchgängig. ... zeigt keine Grundkenntnisse und beruflichen Kompetenzen in Bezug auf das Thema.	

Qualitätsmerkmale für schriftliche Leistungen

Es gibt viele Kriterien für gute schriftliche Leistungen. Sie finden hier ein paar grundsätzliche Anregungen, die für viele Formen von Leistungsnachweisen hilfreich sind. Bitte beachten Sie, dass die hier genannten Beispiele die Standards Ihrer Schule nicht außer Kraft setzen und an die jeweilige Aufgabenstellung anpasst werden müssen.

Formale Qualitätsmerkmale	Sprachliche Qualitätsmerkmale
Viele Schulen geben für Hausarbeiten, Facharbeiten, Berichte etc. formale Standards heraus, die dann verbindlich einzuhalten sind. Die folgende Auflistung gibt eine Orientierung über die wesentlichen Merkmale. ■ Einen geeigneten Schrifttyp auswählen und im Textverlauf einhalten (Times New Roman, Arial, Calibri etc.) ■ Verschiedene Schriftgrößen für Überschriften bestimmen ■ Für Texte einheitlichen Schriftgrad wählen (11 oder 12 Punkt) ■ Oben und unten etwa 2 cm Seitenrand lassen ■ Links 3 cm und rechts mindestens 3 cm Seitenrand lassen (wird als Korrekturrand benötigt) ■ Eineinhalbzeiligen Abstand einrichten ■ Seitenzahlen angeben ■ Ein Inhaltsverzeichnis mit Überschriften und Seitenzahlen anlegen ■ Fremdtexte kennzeichnen (Zitate) ■ Quellen für Zitate angeben ■ Ein Literatur-/Quellenverzeichnis anlegen ■ Ein informatives Deckblatt erstellen ■ Die Arbeit vollständig und geheftet abgeben ■ Die Arbeit termingerecht einreichen	Einige sprachliche Merkmale können auch zu den formalen Kriterien gezählt werden (erhebliche sprachliche Mängel führen zu einer schlechteren Gesamtbewertung). ■ Rechtschreibung, Grammatik, Zeichensetzung der Norm entsprechend wählen ■ Die richtige Zeitform für die Textart wählen ■ Zitate sinnvoll in den Textverlauf einbinden (Satzanschluss) ■ Auf korrekten sprachlichen Ausdruck achten und ein gutes Sprachniveau präsentieren ■ Fachsprache benutzen ■ Die Texte inhaltlich schlüssig und verständlich schreiben ■ Aussagen klar formulieren und begründen ■ Die Texte und einzelnen Kapitel gliedern (eine kurze Einleitung oder Hinführung, die Gedankengänge ordnen, ein Kapitel inhaltlich abschließen) ■ Eigenen Text und Zitate in einem ausgewogenen Verhältnis halten

Inhaltliche Qualitätsmerkmale	Methodische Qualitätsmerkmale
Hierbei geht es um die fachliche Bedeutung und Tiefe der Themenbearbeitung, deren Anspruchsniveau und Bedeutung für die eigene Kompetenzentwicklung. ■ Ein Grundlagenthema oder aktuelles Thema auswählen und sinnvoll eingrenzen ■ Mit der Gliederung das Thema abdecken ■ Mit der Themenwahl einen relevanten Theorie-Praxis-Bezug zeigen ■ Die Themen und Abschnitte der Bearbeitung folgerichtig gliedern ■ Die Auswahl der Vertiefungsthemen sinnvoll gestalten ■ Nur fachgerechte und thematisch geeignete Quellen verwenden ■ Die Quellen werden gründlich bearbeitet ■ Die dargestellten Inhalte zeigen im Hinblick auf die Ausbildungsziele einen guten Zuwachs der fachlichen Kenntnisse und Fähigkeiten ■ Thema oder Fragestellung werden ausführlich und sachlich richtig ausgearbeitet oder beantwortet	Methodische Kriterien beziehen sich auf die Arbeitstechniken. Sie können nicht ohne angemessene sprachliche Kompetenz erfüllt werden. ■ Eine definierte und sinnvoll eingegrenzte Themenstellung bearbeiten ■ Zeitliche Abfolgen darstellen (nachdem/bevor/während/zuerst …) ■ Begründungen geben (weil/deshalb/dadurch …) ■ Ursache-Wirkung trennen (wenn-dann/je mehr-desto/infolge …) ■ These-Antithese-Synthese erarbeiten und schlüssig darstellen ■ Aussagen argumentativ darstellen und begründen ■ Fragen herleiten und präzise definieren ■ Die Herkunft von Themen, Aussagen und Ideen transparent darstellen ■ Bei der Recherche und Textproduktion Zusammenhänge zur Aufgabenstellung oder Fragestellung nicht aus den Augen verlieren

Qualitätsmerkmale für fachpraktische Leistungen

Was zeichnet gute praktische pädagogische Arbeit in der Ausbildung aus? Überlegen Sie zu den folgenden Anregungen, wie Sie diese als Merkmal guter fachpraktischer Leistungen definieren würden! Wie können diese Merkmale in der Einstiegs-, Vertiefungs- und Abschlussphase der Ausbildung ausgefüllt werden? Ergänzen Sie durch eigene Beispiele und Schwerpunktsetzungen!

- Eigene Ziele und Entwicklungsaufgaben für die Praxisphase formulieren
- Sich aktiv in den Alltag der Praxisstelle einbringen und den Tages- und Wochenablauf stützen
- Bereitschaft zeigen, sich Neues anzueignen und ungeeignete Gewohnheiten abzulegen
- Verantwortlich mit Informationen umgehen und Schweigepflicht und Weitergabepflicht unterscheiden
- Sich mit der Praxisbegleitung über Erwartungen, Befürchtungen, Lernbedarfe austauschen
- Eigenes Handeln, Selbstbild, Berufsmotivation mehr und mehr reflektieren
- Eindeutig kommunizieren
- Mit Gruppen arbeiten können und einzelne Kinder oder Jugendliche wahrnehmen und individuell begleiten
- Kinder und Jugendliche entwicklungsgerecht und altersangemessen ansprechen und unterstützen
- Bei wechselnden Anforderungen flexibel, zuverlässig und belastbar sein
- Beobachtungsaufgaben wahrnehmen und daraus Rückschlüsse für die künftige Arbeit ziehen
- Verschiedene Beobachtungsverfahren sinnvoll einsetzen
- Bildungsempfehlungen, Leitlinien, Konzepte der Einrichtung in die Arbeit integrieren
- Auf rechtliche und wirtschaftliche Aspekte der Arbeit achten
- Sich verschiedenen Aufgabenschwerpunkten und Arbeitsfeldern zuwenden
- Mit zunehmender Selbstständigkeit adressatengerechte und vielfältige Angebote planen und durchführen
- Angebote gewissenhaft vorbereiten, strukturiert und situationsangemessen durchführen und auswerten
- Mit Kritik offen und positiv umgehen: Kritik angemessen annehmen und äußern
- Entwicklungswege von Kindern oder Jugendlichen beobachten und dokumentieren
- Die eigenen Entwicklungsprozesse und Ausbildungsziele reflektieren und für die zukünftige Ausbildung evaluieren
- Ein Mitglied in einem Team sein
- In Konflikten sicher und lösungsorientiert analysieren und handeln
- In Teambesprechungen konstruktiv mitwirken
- Ausbildungsgespräche vorbereiten, aktiv Feedback einfordern und Fortsetzung der Anleitung planen

3.4 Lernen und Aufgaben bewältigen

Während Ihrer Ausbildung besteht ein großer Teil Ihrer Aufgaben aus Lernen. Dieses müssen Sie selbst steuern und organisieren. Dafür gibt es verschiedene Methoden. Variieren Sie diese – so lernen Sie effektiver! Prüfungsvorbereitungen unterscheiden sich im Kern nicht von anderen Lernaufgaben. In Prüfungsphasen ist das Lernen besonders intensiv und wichtig.

Individuelles Lernen

Unter „Lernen" wird das Aufnehmen, Verarbeiten und Umsetzen neuer Informationen verstanden. Neue Lerninhalte werden an bereits vorhandenes Wissen und Können geknüpft. Lernen ist ein **lebenslanger Prozess**, der zu Veränderungen im Verhalten führt und auf gewonnenen Erfahrungen aufbaut.

Lernen wird im Alltag oft als Vorbereitung auf eine Prüfung verstanden. Vor allem wenn es um die Präsentation von Sach- oder Fachwissen geht, greifen wir auf den Begriff zurück, um zu beschreiben, wie wir uns vorbereiten (explizites Gedächtnis). In der fachpraktischen Ausbildung spricht man eher von **Erfahrungsaufbau**. Hier geht es auch um den Aufbau und die Anwendung fachlichen Wissens und professioneller Handlungskompetenz. Dabei finden sich Inhalte des impliziten Gedächtnisses: Verhalten und Handeln, das oft nicht bewusst gesteuert wird und erinnert werden kann. Ein Ziel der Ausbildung ist es, diese Inhalte bewusst wahrnehmbar zu machen und die fachlichen Kompetenzen zu entwickeln. Der Lernprozess bezieht sich dann auch auf die Selbstwahrnehmung und Selbststeuerung (→ S. 53).

Je mehr Sinne bei der Informationsaufnahme gleichzeitig beteiligt sind, desto besser können wir uns Einzelheiten merken. Da die Sinnesorgane bei jedem Menschen unterschiedlich stark ausgeprägt sind, ist auch die Aufnahme von Informationen und Reizen über diese Kanäle individuell verschieden.

Das menschliche Gehirn besitzt miteinander verbundene Großhirnhälften. Sehr oft benutzen wir die linke Gehirnhälfte, die für das begriffliche, logische Denken und für das Merken von Einzelheiten zuständig ist. Die rechte Gehirnhälfte steuert das Erkennen von Zusammenhängen und bildliches Denken. Beim Lernen sollten immer beide Gehirnhälften aktiviert werden, damit der Lernprozess verbessert wird. Außerdem ist es hilfreich, mehr zu lernen und das Gelernte oft zu wiederholen!

Überlegen Sie bitte, was Sie durch die jeweiligen Wahrnehmungskanäle besonders gut lernen können.

Lerntyp	Lernhilfen	Eigene Beispiele
Auditiv – Lernen durch Hören	Gespräche, Vorträge, ruhige Umgebung, Hörbücher, Musik	
Visuell – Lernen durch Sehen	Bücher, Skizzen, Bilder, Lernposter, Mindmaps, Filme, Lernkarteien, anderen zuschauen	
Kommunikativ – Lernen durch Gespräche	Dialoge, Diskussionen, Lerngruppen, Frage-Antwort-Spiele	
Motorisch – Lernen durch Aktivität	(rhythmische) Bewegungen, Erproben, Nachmachen, Gruppenaktivitäten, Rollenspiele	

Lernvoraussetzung Wahrnehmung

Wahrnehmung ist eine Grundvoraussetzung für das Lernen. Der Lernstoff muss bewusst und gezielt aufgenommen werden. Was nicht wahrgenommen wird, kann nicht gelernt werden, was unklar wahrgenommen wird, führt möglicherweise zu einem falschen Verständnis des Lernstoffs. Sie können Ihre Wahrnehmung und damit auch Ihr Gedächtnis verbessern, wenn drei Einzelfähigkeiten trainiert werden:

Fähigkeiten	Maßnahmen
Aufmerksam sein	Richten Sie Ihre volle Aufmerksamkeit auf das, was Sie lernen wollen. Üben Sie dieses in Alltagssituationen, z.B. bei Gesprächen, oder tauschen Sie sich mit anderen, z.B. nach einer Unterrichtsstunde, darüber aus, was Sie jeweils verstanden haben. Lesen Sie Texte konzentriert, stellen Sie eine Frage in den Vordergrund, filtern Sie neue oder bekannte Informationen heraus und schreiben Sie sie auf. Geben Sie eventuell Gelesenes aktiv und mit eigenen Worten laut wieder.
Assoziieren	Bilden Sie so oft wie möglich Assoziationen, suchen Sie die Verbindungen zu anderen Themen. Dabei kann Neues mit bereits Bekanntem verbunden werden. Anknüpfungspunkte können entweder Ähnlichkeiten (Analogien) oder Unterschiede (Differenzen) sein.
Visualisieren	Verbessern Sie Ihre Vorstellungskraft und entwickeln Sie innere Bilder zu allem, was Sie lesen oder hören. Ein solches bildhaftes Denken steigert die Merkfähigkeit und kann durch entsprechende Übung gelernt werden. Auch das Aufschreiben (Text erstellen), bildliche Festhalten von Themen und Zusammenhängen (Mindmap), Zeichnen von Schaubildern (z.B. als Resümee) sind Formen des Visualisierens. Hierbei setzen zugleich Verarbeitungsprozesse ein, die den Merk- und Erinnerungsprozess unterstützen.

Lernvoraussetzung Konzentration

Die Fähigkeit, sich konzentrieren zu können, ist eine wichtige Voraussetzung für ein gutes Gedächtnis und das Lernen von neuen Inhalten. Konzentration umfasst
- die Fähigkeit, eine Aufgabe über einen bestimmten Zeitraum hinweg effektiv ausführen zu können,
- sorgfältiges und genaues Wahrnehmen, Beobachten und Zuhören,
- die Lenkung der Aufmerksamkeit auf einen einzelnen Punkt, ohne sich von äußeren Einflüssen ablenken zu lassen,
- die Ausdauer, bei einer langweiligen, aber notwendigen Sache zu bleiben oder so lange an einer Aufgabe weiterzuarbeiten, bis man die Lösung gefunden hat – auch wenn man ihr nicht sofort auf die Spur kommt.

Die Ursachen für eine zeitweilige **Beeinträchtigung der individuellen Konzentrationsfähigkeit** können vielfältig sein.

Störung der Konzentration	Möglichkeiten der Einflussnahme
Reizüberlastung durch Störungen	▪ Externe Störungen (Telefon, Musik, soziale Medien) in Zeiten intensiven Arbeitens ausblenden ▪ Arbeitsplatz wechseln: z.B. in die Bibliothek gehen, in den Garten gehen, sich bei Freunden oder Eltern zurückziehen
Arbeitsüberlastung und Überforderung durch zu viele Aufgaben, Zeitmangel, zu hohe Erwartungen	▪ Zeitmanagement an die tatsächlichen Zeitressourcen anpassen ▪ Eine Aufgaben nach der anderen angehen, kein „Multitasking" ▪ Pausen machen, nicht jede Konzentrationsschwankung als Störung auffassen ▪ Arbeitsplatz abends immer aufräumen
Körperliches Unwohlsein durch Krankheit, Bewegungsmangel, Schlafmangel, ungesunde Ernährung	▪ Nicht bis in die Nacht arbeiten, Schlaf ist eine Grundvoraussetzung für geistige Leistungsfähigkeit ▪ Tägliche Bewegung auch in Hochphasen des Lernens und Arbeitens ▪ Gesunde Ernährung, mehrere kleine Mahlzeiten, auf Fast Food verzichten, viel trinken ▪ Bei Krankheit Arbeitspausen einlegen
Psychisches Unwohlsein durch Stress, Angst, Frustration	▪ Positive Denk- und Verhaltensweisen entwickeln ▪ Zukunftspläne schmieden ▪ An die eigenen Fähigkeiten glauben, bisherige Erfolge erinnern ▪ Mit leichten Aufgaben beginnen, um in Arbeitsstimmung zu kommen
Monotonie, Langeweile und Unterforderung	▪ Abwechslung in den Lernablauf bringen, Reihenfolgen umkehren, neue Aspekte hinzunehmen, für sich selbst Tests oder Prüfungsfragen erstellen

Pausen gestalten

Pausen sind wichtig, um die Arbeitsleistung und -fähigkeit zu erhalten. Zu lange oder ungünstig gestaltete Pausen lenken aber ab und stören den Arbeitsfluss.

Der Arbeitstag kann z.B. auch nach vier Stunden beendet werden. Dann können die Zwischenpausen etwas verkürzt werden. Die folgende Empfehlung gibt eine allgemeine Orientierung.

Vorgang	Maßnahmen
Alle paar Minuten: Das Gehirn schaltet von selbst ein paar Sekunden ab, um das Gelernte zu speichern. Das ist keine Störung der Konzentration, sondern ein Verarbeitungsvorgang.	▪ Einen Augenblick aus dem Fenster sehen oder die Augen schließen ▪ Das Gelernte nachwirken lassen
Nach 20 bis 30 Minuten: Das Gehirn benötigt eine etwas längere Auszeit von zwei bis drei Minuten.	▪ Vom Schreibtisch aufstehen, etwas trinken, das Fenster kurz öffnen ▪ Keine anderen Aktivitäten aufnehmen, die den Verarbeitungsprozess des Gehirns überlagern und zu einer Unterbrechung führen würden
Nach zwei Stunden: Jetzt sollte die erste richtige Pause von 15 bis 20 Minuten eingelegt werden.	▪ Eine Bewegungspause außerhalb des Arbeitsraumes, eine leichte Mahlzeit einnehmen ▪ Keine Telefonate führen, kein Fernsehen oder andere Aktivitäten, die die Entspannung und Verarbeitungsleistung des Gehirns stören würden ▪ Diszipliniert wieder an den Schreibtisch zurückkehren
Nach vier Stunden: Nun wird es Zeit für eine längere Pause von ca. einer Stunde mit Freizeitaktivitäten.	▪ Eine andere, entlastende Tätigkeit aufnehmen, eine Mahlzeit zubereiten ▪ Keine kognitiv fordernden Aktivitäten, sondern anregende, Abwechslung bringende Dinge tun (auch z.B. Haushalt)
Nach acht Stunden: Beenden Sie den Arbeitstag.	▪ Die aktive Freizeitgestaltung aufnehmen (Sport, Hobby, Treffen mit anderen)

Lernvoraussetzung Motivation

Sich für ein Lernvorhaben zu motivieren, ist oft ein Zusammenspiel verschiedener Faktoren. Denn besonders wenn es darum geht, ein mittelfristiges Ziel zu erreichen, brauchen Sie eine gute Portion Motivation, um Durststrecken auf dem Weg zum Ziel zu überwinden.

Um Motivation aufzubauen und zu erhalten, ist Folgendes sinnvoll:
▪ aktivierende und realistische Ziele
▪ genaue Planungen, wie die Ziele erreicht werden können
▪ die Reflexion der mit dem Lernen verbundenen Emotionen

Die Begeisterung und Motivation für ein attraktives Ziel ist der Motor für erfolgreiches Lernen. Lernen für etwas, das Sie für uninteressant oder nicht für sinnvoll halten, ist dagegen eine bleierne Angelegenheit, für die es schwerfällt, Energie aufzubringen. Lernziele müssen daher mit Ihren persönlichen Einstellungen, Interessen und Vorstellungen im Einklang stehen.

Die Ziele sollten so gesteckt sein, dass sie auch erreichbar sind. Eine angestrebte Bewertung mit „sehr gut" kann völlig fern von der eigenen Leistungsfähigkeit liegen; eine Facharbeit in einer Woche komplett zu verfassen, kann die Tatsache ausblenden, dass ein Tag nur 24 Stunden hat. Ein größeres Ziel sollte in Etappen aufgeteilt werden, die eine realistische Zeitplanung ermöglichen. Zugleich sollten Ziele handlungsorientiert verfasst sein (➜ S. 32).

Wenn Sie mit dem Lernen negative Assoziationen verbinden (z.B. Verlust von Freizeit, unnötige Anstrengung für zu wenig Erfolg, Konfrontation mit eigenen Misserfolgen, Fehlen der eigenen Fähigkeiten), kann das Lernen nicht so gut gelingen. Die Aussicht auf Erfolg erleichtert das Lernen. Hier für sind positive Ziele hilfreich, um Motivation zu schaffen und den beschwerlichen Weg zu bewältigen.

Es gibt zwei verschiedene Motivationsformen:
- intrinsische Motivation (entsteht aus innerem Antrieb, z.B. durch den Wunsch nach Selbstverwirklichung, Unabhängigkeit oder durch Neugier)
- extrinsische Motivation (wird durch äußere Faktoren hervorgerufen, z.B. gute Noten, Lob, Annerkennung)

Eine weitere wichtige Voraussetzung zum Lernen und Erreichen gesetzter Ziele ist das Vertrauen auf die eigenen Fähigkeiten und darauf, dass die Situation mit passendem Einsatz gelöst oder bestanden werden kann. Dazu ist es wichtig, ein realistisches Bild von sich selbst zu haben und seine eigenen Kompetenzen einschätzen zu können. Hierbei sind gute Lernpartner hilfreich und wichtig und auch der Blick zurück auf das, was man bereits erreicht hat.

Motivieren Sie sich für das nächste Lernvorhaben! 🖊

- Meine Zwischenpausen an einem Lerntag oder bei einem Arbeitsvorhaben gestalte ich am liebsten so:

- Nach einem Lerntag oder Arbeitsvorhaben kann ich mich hiermit belohnen:

- Nach einem Lerntag oder Arbeitsvorhaben kann ich mich dadurch entspannen und erholen:

- Diese Personen können mich in meinem Vorhaben unterstützen und mir bei folgenden Dingen helfen:

- Nach der Klausur oder Prüfung unternehme ich mit Freunden oder der Familie zum Abschluss:

Selbstorganisiert Lernen (SOL)

Die Fachschule unterscheidet sich möglicherweise in ihren Lernmethoden deutlich von Ihren bisherigen Lernerfahrungen. Sie werden Phasen des „Frontalunterrichts" erleben, aber auch Phasen, in denen Sie selbstgesteuert lernen können. Hier werden Ihnen die zu lernenden Inhalte nicht vorgegeben, sondern Sie können entscheiden, welche Aspekte eines Themas Sie vertiefen wollen und auch, mit welchen Methoden Sie das Wissen erwerben wollen.

Selbstgesteuert lernen heißt für Sie, selbst die Initiative zu ergreifen, Ihre eigenen Lernbedürfnisse zu erkennen und Lernziele zu formulieren. Dabei müssen Sie sich und Ihre Ressourcen organisieren, eine passende Lernstrategie auswählen und das eigene Lernen überprüfen.

Im Laufe Ihres schulischen Lebens haben Sie schon einige unterschiedliche Lernstrategien und Unterrichtsmethoden von Lehrkräften erlebt. Nicht jede Strategie hat Sie angesprochen oder zum gewünschten Erfolg geführt. Deshalb ist es sinnvoll, dass Sie sich über Ihre eigenen Lernstrategien bewusst werden. Damit Lernerfolge sich schneller und andauernder einstellen, sollten Sie unterschiedliche Aufnahmekanäle benutzen.

- Welche Lernstrategien nutzen Sie bereits?

- Wie gut gelingt Ihnen der Wissenserwerb mit diesen Methoden?

- Wie bereiten Sie sich auf eine Klausur vor? Beschreiben Sie, welche Lernschritte Sie unternehmen.

- Wie lange behalten Sie das Wissen, das Sie für die Klausur gelernt haben? Schätzen Sie!

Am folgenden Beispiel – selbstorganisiert Lernen zum Thema „Familie und Familienstrukturen" – können Sie erkennen, mit welchen Methoden Sie ein Thema erfassen und Ihr Lernen überprüfen können. 🔓

Fachkompetenz Ich kann ...	Tätigkeitsbeschreibung Ich habe ...	Nachweis Ich habe ...	Erledigt am
... meine Wünsche und Ängste in Bezug auf den Umgang mit Familien und Eltern formulieren.	... über meine eigenen Erfahrungen in meiner Familie nachgedacht.	... einen kurzen Text geschrieben.	
... unterschiedliche Familienformen erklären und kenne die aktuelle Familienpolitik.	... einen Fachtext gelesen und mich mit den Wahlprogrammen verschiedener Parteien auseinandergesetzt.	... 10 Thesen für eine Podiumsdiskussion formuliert.	
... den Begriff Bindung erklären und Bindungstypen unterscheiden und definieren.	... einen Text gelesen oder einen Lehrvortrag gehört.	... die Begriffe mit eigenen Worten formuliert.	
... Eltern Informationen über den Tagesablauf ihres Kindes in der Einrichtung geben.	... im Praktikum an einer Gesprächssituation mit Eltern und Fachkräften teilgenommen.	... einen Bericht verfasst.	
... eine schriftliche Information an die Eltern verfassen.	... mir Beispiele aus der Einrichtung angesehen.	... ein Informationsschreiben verfasst.	
... die Grundsätze eines Familienzentrums darstellen.	... mich zum Beispiel unter www.familienzentrum.nrw.de kundig gemacht.	... einen Kurzvortrag gehalten.	

Mit diesen vielfältigen Methoden ist es leichter, Wissen zu erwerben und auf Dauer zu behalten. Nennen Sie zwei Methoden, mit denen Sie sich inhaltlich näher auseinandersetzen wollen, und begründen Sie, warum!

Methode 1

_____

_____

_____

_____

Methode 2

_____

_____

_____

_____

Das Wissen über eigene Lernmethoden kann Ihnen auch im Praktikum und Beruf eine Hilfe sein. In der Hausaufgabenbetreuung der Ganztagsgrundschule oder auch im Jugendtreff ist es gut zu wissen, wie Lernen gefördert werden kann und welche unterschiedlichen Methoden Abwechslung und neue Motivation bei Kindern und Jugendlichen hervorrufen können.

3.5   Wissenschaftlich arbeiten und Inhalte präsentieren

Während Ihrer Ausbildung werden Sie immer wieder Hausarbeiten oder Referate verfassen. Um diese systematisch und erfolgreich zu bewältigen, sollten Sie einiges im Vorfeld beachten. Auch für das Präsentieren Ihrer Arbeit vor Ihrer Klasse finden Sie im Folgenden umfangreiche Tipps.

Literaturrecherche

Die systematische Literaturrecherche folgt, nachdem Sie für Ihre Hausarbeit, Ihr Referat oder Ihre Planung für ein Bildungsangebot die Themenwahl und die Grobgliederung erarbeitet haben. Die Suche nach wissenschaftlichen Quellen (z. B. einem Artikel in einer Fachzeitschrift oder einem einschlägigen Buch) führt in der Regel in die Mediothek der Schule, in die nächste Bibliothek und auch ins Internet.

Aber Vorsicht! Die Richtigkeit und Glaubwürdigkeit von Quellen ist stets kritisch zu hinterfragen – besonders im Internet.

Die ausgewählte Literatur unterstützt die Strukturierung Ihrer Arbeit und hilft Ihnen, eine wissenschaftliche Fragestellung zu diskutieren und u. U. zu beantworten. Durch umfassende Kenntnisse über ein Thema, z. B. in einem Bildungsangebot, ist es auch möglich, neue und eigene Lösungsansätze zu erarbeiten und Ergebnisse zu untermauern. Die Auswahl und Eingrenzung themenorientierter Literatur soll außerdem helfen, bei der Erstellung der schriftlichen Arbeit nicht den Überblick zu verlieren.

> Bei der Literaturrecherche müssen Sie zwischen Primär- und Sekundärliteratur unterscheiden. Bei Primärliteratur handelt es sich um die Originalquellen, z. B. Schriften von Maria Montessori. Unter Sekundärliteratur fallen alle Werke, die Informationen über Originalquellen liefern, z. B. Nachschlagewerke oder Interpretationen.

Strukturierung der Literaturrecherche
Es ist wichtig, die Literaturrecherche zeitlich zu planen und zu strukturieren. Die Suche nach geeigneter Literatur zu einem Thema macht häufig sehr viel Spaß. Immer wieder werden dabei auch Querverweise gefunden, denen nachgegangen werden kann. Um sich nicht in der Literaturrecherche „zu verlieren", ist es wichtig, nicht zu viel Zeit dafür einzuplanen und sich einen verbindlichen Anfangs- und Endtermin für die Recherche zu setzen. Wichtig: Begrenzen Sie Ihre Literaturauswahl!

Beispielrechnung als Orientierungswert **Hausarbeit (4–6 Wochen)**		
Literaturrecherche	Literaturauswertung	Schreiben der Arbeit
1 Woche	1–2 Wochen	2–3 Wochen

Unter dem Begriff der Literaturrecherche verbergen sich drei Arbeitsschritte:
1. Schritt: Literatursuche
2. Schritt: Literaturauswahl
3. Schritt: Literaturbeschaffung

Vorgehensweise

- Informieren Sie sich über die Öffnungszeiten und die Möglichkeiten der Ausleihe bei Bibliotheken. Bestellen Sie ausgeliehene Fachliteratur rechtzeitig.
- Verwenden Sie (wenn gewünscht) auch fremdsprachige Forschungsliteratur.
- Nutzen Sie bei der Literaturrecherche die Schlagwortsuche und die Suche nach sogenannten Schlüsselbegriffen.
- Notieren Sie sich auf allen Kopien die Literaturangaben (bzw. kopieren Sie sich die Titelseite), damit Sie

Wo sind die nächsten Bibliotheken?
Wann haben diese geöffnet?

Adresse _____

_____

Öffnungszeiten _____

_____

diese Textauszüge auch später zuordnen können, und erstellen eine Literaturliste. Es gibt nichts Schlimmeres, als wenn ein wichtiger Gedanke in einer schriftlichen Arbeit aufgenommen werden soll und die Quelle nicht zurückzuverfolgen ist. Für wissenschaftliche Arbeiten ist dieser Gedanke dann wertlos. Bücher, gespickt mit selbstklebenden Zetteln, und das Notieren der Literaturangabe helfen bei der Orientierung und fördern das schnellere Arbeiten.
- Halten Sie am Ende der Literaturrecherche Rücksprache mit Ihrer zuständigen Lehrkraft und legen Sie eine Literaturliste vor. Nutzen Sie die Beratung und Tipps Ihrer Lehrkraft.
- Setzen Sie sich einen verbindlichen Endtermin für die Literaturrecherche.

Beispiel ─────────────────────────────────────

Themenfindung Familienformen

Familie früher und heute – Generationen

Bürgerliche Familie – Postmoderne Familie

Kernfamilie – Stieffamilie

Eineinelternfamilie – Pflegefamilie

Eheähnliche Gemeinschaft – Patchworkfamilie

Großfamilie – Adoption

Qualität familiärer Bindung – Trennung und Scheidung

─────────────────────────────────────

An obigem Beispiel wird deutlich, dass das Thema noch nicht genug eingegrenzt ist.
Finden Sie eine konkrete Aufgabenstellung!

_____

_____

_____

_____

_____

_____

Zitierweisen und Literaturverzeichnis

Ein Referat, eine Facharbeit oder eine Planung für ein Bildungsangebot bestehen nicht nur aus eigenen Ideen und Formulierungen, sondern geben auch Gedanken und Ausarbeitungen aus anderen Quellen wieder. Es ist z.B. wichtig, bereits existierende Theorien zu vergleichen und weiterzuentwickeln oder bestehende Definitionen zu benennen und Argumentationshilfen für die eigenen Ausführungen zu finden. Für Bildungsangebote und die konzeptionelle Arbeit in sozialpädagogischen Einrichtungen müssen fachtheoretische Inhalte und Wissen auf die Zielgruppe abgestimmt werden.

Die Qualität einer Arbeit hängt auch von dem Zusammenspiel eigener Ideen und Formulierungen und den Gedanken anderer Autoren ab. Das heißt, dass jeder Gedanke, der nicht vom Autor der Arbeit stammt, sorgfältig geprüft und kenntlich gemacht werden muss. Eine Aneinanderreihung von wörtlichen Zitaten allein entspricht nicht den Regeln wissenschaftlichen Arbeitens.

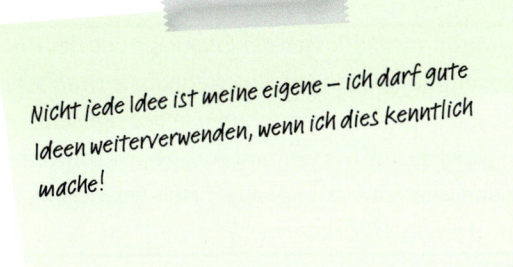

Nicht jede Idee ist meine eigene – ich darf gute Ideen weiterverwenden, wenn ich dies kenntlich mache!

Übernahmen müssen genau belegt werden, da eine Übernahme fremder Gedanken und Textbausteine ohne Kennzeichnung als Täuschungsversuch gewertet werden kann. Dabei ist es unerheblich, ob ein fremder Autor direkt (wörtliches Zitat) oder indirekt (sinngemäßes Zitat) zitiert wird.

Es gibt verschiedene **Zitiertechniken**: den Fußnoten-Modus und die amerikanische Zitierweise. Wichtig ist, dass innerhalb einer Arbeit eine Technik durchgehend verwendet wird. Beim Fußnoten-Modus wird hinter dem Zitat eine Fußnote eingefügt. In der Fußnote wird dann die Quelle angegeben. Bei der amerikanischen Zitierweise gibt man innerhalb einer Klammer direkt nach dem Zitat die Kurzquelle an (Autor, Jahr, Seitenangabe).

Erkundigen Sie sich bei Ihrer Lehrkraft, ob es verbindliche Zitierweisen gibt!

Zitierfähig sind diejenigen Quellen, die jederzeit von Dritten überprüft werden können. Publizierte Bücher und Zeitschriftenaufsätze sind in jedem Fall zitierfähig. Des Weiteren sollte berücksichtigt werden, dass die Quelle seriös und aktuell ist.

Viele Publikationen sind heute online verfügbar. Internetquellen sind aber problematisch, da sie oft einem schnellen Wandel unterworfen sind und schon nach wenigen Stunden den zitierten Inhalt verlieren können. Das trifft insbesondere auf Onlinelexika wie Wikipedia zu. Diese sollten nur als persönlicher Recherche-Start verwendet werden und nicht für Zitate. Um eine langfristige Auffindbarkeit und Zitierfähigkeit gewährleisten zu können, werden immer mehr Onlinetexte durch dauerhafte digitale Identifikatoren, wie z.B. DOI und URN, gekennzeichnet. Diese sind vergleichbar mit der ISBN bei Büchern.

Direkte Zitate (wörtliche Zitate)

In schriftlichen Arbeiten ist es sinnvoll, mit wörtlichen Zitaten grundsätzlich sparsam umzugehen und lieber eigene Formulierungen zu verwenden. Wörtliche Zitate dürfen nicht zu lang sein und müssen in Bezug zum Text stehen. Eine wörtliche Übernahme einer Aussage wird in Anführungszeichen gesetzt. Ausgelassene Worte kennzeichnet man mit [...], ebenso Hinzufügungen und Hervorhebungen des Verfassers. Wörtliche Zitate können unmittelbar im Anschluss daran mit der Quelle belegt oder mit einer Fußnote versehen werden. Beachten Sie: Wörtliche Zitate müssen auch immer genau übernommen werden – Sie dürfen z.B. nicht die Rechtschreibung anpassen.

Beispiel
„Wenn von Einflüssen der Erbanlage und der Umwelt auf die [...] Entwicklung die Rede ist, dann ist immer [auch] die Frage gemeint, zu welchen Anteilen vorfindbare Unterschiede zwischen Kindern [...] durch Unterschiede in der genetischen Ausstattung und [...] Umwelterfahrungen bedingt sind." (Büttner 2013)
Oder als Vollbeleg: Büttner, Gerhard: Anlage und Umwelt – ihre Bedeutung für die kindliche Entwicklung. www.familienhandbuch.de/kindliche-entwicklung/allgemeine-entwicklung/anlage-und-umwelt-ihre-bedeutung-fur-die-kindliche-entwicklung, Seitenaufruf am 16.10.2013

Indirekte Zitate (Sinnzitate)

Eine Übernahme einer Aussage, bei der der genaue Wortlaut nicht relevant ist, wird als Sinnzitat bezeichnet. Es wird durch „vgl.", „in Anlehnung an" oder „s." gekennzeichnet. Die Quelle kann dabei vor oder wie oben nach dem Zitat belegt werden oder am Ende des entsprechenden Abschnitts.

Beispiel
Heute geht man bei der Ausgestaltung menschlicher Merkmale von der Beteiligung von Anlage und Umwelt als Einflussfaktoren aus (vgl. Büttner 2013).

Literaturverzeichnis

Jede benutzte Quelle wird im Literaturverzeichnis mit einem Vollbeleg aufgeführt. Er umfasst Verfassername, Titel und Untertitel, ggf. Herausgeber oder Zeitschrift, benutzte Auflage, Seitenzahl, Erscheinungsort und Erscheinungsjahr, evtl. auch den Verlag. Das Literaturverzeichnis wird alphabetisch geordnet. Fehlen bibliographische Angaben, werden sie als fehlend vermerkt; z.B. „o. V." (ohne Verfasser), „o. O." (ohne Ortsangabe), „o. J." (ohne Jahresangabe). Die Reihenfolge der Angaben kann unterschiedlich sein. Fragen Sie nach Vorgaben.

Bei Zitaten aus dem Internet müssen wie oben angegeben folgende Angaben gemacht werden: Verfassername, Organisation, Institution, Erscheinungsjahr, Titel (und Untertitel), Internetadresse und Datum des Seitenaufrufs.

Notieren Sie hier einen Eintrag für ein Literaturverzeichnis!!

Erfolgreich präsentieren

Während Ihrer Ausbildung an der Fachschule werden Sie immer wieder die Aufgabe haben, sich selbst und Inhalte zu präsentieren. Dies kann das Präsentieren der Ergebnisse einer Gruppenarbeit sein, ein Referat, das Sie halten wollen, oder auch die Präsentation von Ergebnissen der Fach- oder Projektarbeiten.

Je besser Sie sich und den Inhalt präsentieren können, desto interessanter wird der Vortrag für den Zuhörer!

Sie haben bereits in Ihrer Schulzeit Erfahrungen mit Präsentationen gemacht. Ihre Erfahrungen waren sicher unterschiedlich – manche Ihrer Präsentationen waren sehr gelungen, andere wiederum haben die Zuhörer nicht „von den Stühlen gerissen". Trotzdem ist jede Präsentation eine gute Möglichkeit, Ihr Wissen und Können unter Beweis zu stellen.

Sie können von gelungenen Präsentationen auch in der beruflichen Praxis profitieren. Ein Elterngespräch oder ein Vortrag in der Dienstbesprechung können durch unterschiedliche Methoden zielorientiert vorbereitet werden. Eine klare Struktur kann beispielsweise helfen, die wesentlichen Entwicklungen eines Kindes im Elterngespräch darzustellen und die Eltern professionell zu begleiten.

Nehmen Sie sich Zeit und beantworten Sie die folgenden Fragen. Mit einigen einfachen Tricks wird Ihnen das Präsentieren noch besser gelingen und Sie noch erfolgreicher machen.

■ *Was gelingt Ihnen bereits gut, wenn Sie einen Vortrag halten?*

■ *Wie haben Sie sich in der Regel auf einen Vortrag vorbereitet?*

■ *Was würden Sie gern verbessern?*

Beginnen Sie mit der Planung und der Kontrolle des Inhaltes und der Voraussetzungen. Benutzen Sie die folgende Checkliste!

Inhalte einer Präsentation	
Wer ist Ihre Zielgruppe? Sind dies die anderen Lernenden oder Lehrkräfte?	☐
Was sollen die Zuhörer aus Ihrem Vortrag mitnehmen?	☐
Haben Sie die Termine für die fachpraktische Ausbildung (Praxisbesuche) mit den Lehrkräften frühzeitig besprochen?	☐
Welche technische Ausstattung steht Ihnen zur Verfügung und funktioniert diese auch?	☐
Haben Sie eine Einleitung, einen Hauptteil und einen Schluss geplant?	☐

Für die Einleitung können Sie ein Zitat verwenden, auf einen aktuellen Anlass Bezug nehmen oder auch eine Gemeinsamkeit bzw. einen Unterschied zwischen Ihnen und den Zuhörern benennen.

Beispiel
„In der aktuellen Ausgabe der Fachzeitschrift steht auf der ersten Seite ..." *oder* „Heute morgen in den Nachrichten wurde über die Geburtenzahl in Deutschland gesprochen..." *oder* „Wir alle spielen gern Gesellschaftsspiele und deshalb halte ich heute einen Vortrag über das Spiel des Jahres".

Bauen Sie den Hauptteil sinnvoll und logisch auf. Die Zuhörer sollten von Ihnen eine Gliederung erhalten, z.B. durch ein Handout oder auf einem Whiteboard u. Ä. Dies hilft Ihnen, eine Struktur zu finden, und die Zuhörer können den Verlauf des Vortrages nachvollziehen.

Im Hauptteil sollten Sie Antworten auf die W-Fragen liefern: „Was, wann, wie, warum, womit, wozu?"

Der Schluss rundet Ihren Vortrag ab. Auch hier haben Sie wie beim Einstieg unterschiedliche Gestaltungsmöglichkeiten. Sie können nochmals auf eine wesentliche Aussage Ihres Vortrages oder auf weiterführende Studien oder Literatur verweisen. Es ist auch möglich, Ihre persönliche Meinung zum Thema darzustellen. Manchmal bietet sich auch ein passendes Zitat als Abschluss an. Sie können auch einen Appell an Ihr Publikum richten.

Beispiel
„Darum ist es wichtig, dass wir alle uns mit dem Thema der Armut bei Kindern beschäftigen."

Sie haben am Anfang die Frage beantwortet, was Sie schon gut können. Möglicherweise haben Sie bereits eine gute Stimme und nehmen Blickkontakt zu den Zuhören auf. Überprüfen Sie, ob Sie die folgenden Tricks schon beherrschen oder anwenden.

Tipps und Tricks für Präsentationen

Ich habe einen festen Standpunkt während des Vortrages und stehe sicher mit beiden Beinen auf dem Boden. ☐

Ich nehme Blickkontakt zu den Zuhörern auf. ☐

Ich bin für die Zuhörer gut sichtbar und verstecke mich nicht hinter einem Beamer o. Ä. ☐

Ich spiele nicht mit Stiften oder anderen Gegenständen während des Vortrages. ☐

Ich spreche möglichst frei und lese nicht alles ab. ☐

Ich spreche langsam, laut und deutlich und nutze meine Stimme als Instrument, um Spannung in den Vortrag zu bringen. ☐

Ich nutze meine Mimik und Gestik. ☐

Ich nutze Karteikarten mit Stichpunkten, um im Konzept zu bleiben. ☐

Ich verwende Medien sinnvoll und sparsam. ☐

Ich lese Folien und Plakate nicht vor, sondern fasse sie zusammen. ☐

Ich baue Fragen in meinen Vortrag ein, um die Zuhörer zu aktivieren. ☐

Ich kann die Fragen der Zuhörer beantworten. ☐

Ich erkläre Fremdwörter und unbekannte Inhalte. ☐

Bei Pannen oder Fehlern mache ich weiter und lasse mich nicht aus dem Konzept bringen. ☐

Ich beobachte Vorträge anderer und schaue mir gelungene Elemente ab. ☐

Ich übe meinen Vortrag zum Beispiel vor einem Freund oder dem Spiegel. ☐

Ich reflektiere meinen Vortrag und überlege, was ich gut gemacht habe und beim nächsten Mal noch verbessern könnte. ☐

Ich bitte jemanden um ein Feedback. ☐

Visualisieren

Eine erfolgreiche Präsentation sollte gut visualisiert sein. Sie kennen unterschiedliche Medien, mit denen Inhalte visualisiert werden können. Die Folie auf dem Overheadprojektor, das Plakat mit Stichworten, die PowerPoint-Präsentation oder auch ein Kurzfilm dienen der Visualisierung von Inhalten.

Visualisieren heißt nicht mehr, aber auch nicht weniger als optisch etwas zu veranschaulichen oder darzustellen. Der Zuhörer soll sich ein Bild vom Inhalt Ihrer Präsentation machen können. Dabei sollen Sie den Zuhörer aber nicht mit zu vielen Informationen und Medien verwirren.

Ziel einer Visualisierung ist es,
- die Zuhörer aufmerksam und konzentriert werden zu lassen,
- den eigenen Redeanteil zu verkürzen,
- den Zuhörern eine Orientierung im Thema zu geben,
- wesentliche Aussagen zu verdeutlichen,
- den Zuhörern neben dem Zuhören einen weiteren Lernkanal zu ermöglichen,
- Gesagtes zu erweitern und zu ergänzen.

■ Welche Methoden benutzen Sie zur Visualisierung?

_____

_____

■ Wann empfinden Sie eine Visualisierung als gelungen? Benennen Sie möglichst
mehrere Kriterien!

_____

_____

Es war eine ganze Zeit lang modern, Präsentationen möglichst bunt und interaktiv zu gestalten. Häufig gab es animierte PowerPoint-Präsentationen oder viele bunte Folien, auf denen der Inhalt der Präsentation wiederholt wurde.

Mittlerweile gilt der Grundsatz „Weniger ist mehr!" und Präsentationen werden immer reduzierter visualisiert. Im Mittelpunkt sollen der Inhalt und der Vortragende stehen.

Für die Gestaltung einer Präsentation gelten deshalb einige **Grundregeln, die Sie beachten sollten**.

Grundregeln bei der Gestaltung einer Präsentation	
Fünf Informationen pro Bild reichen aus.	☐
Eine Grafik, ein Bild oder ein Symbol sagen manchmal mehr aus als viele Worte.	☐
Verwenden Sie einen einheitlichen Farbcode, z. B. Überschriften immer in Grün, Stichworte immer in Schwarz.	☐
Wählen Sie einen neutralen und hellen Hintergrund für Ihre Folie oder Ihr Plakat. Starke Kontraste erhöhen die Lesbarkeit – eine dunkle Schrift auf einem hellen Grund ist sinnvoll.	☐
Vermeiden Sie unruhige Hintergründe, besonders bei PowerPoint-Präsentationen.	☐
Bei Plakaten sollten Sie lieber Druckschrift als Großbuchstaben verwenden – aneinandergereihte GROSSBUCHSTABEN sind schlechter lesbar als eine gute Druckschrift.	☐
Vermeiden Sie zu lange Wörter wie zum Beispiel Vogelnestbauverhalten – einfacher zu lesen wäre „Nestbau des Vogels".	☐
Schreiben Sie nie zu klein. Eine 24-Punkt-Größe ist gut erkennbar, besonders wenn sie fett ist.	☐
Bei PowerPoint-Präsentationen sollten Sie klare Schrifttypen wie Arial verwenden. Verzierte Schriften (mit Serifen) wie beispielsweise Times New Roman erschweren die Lesbarkeit der Stichworte.	☐
Wählen Sie bei allen Methoden immer das Querformat, so können Sie die Projektionsfläche optimal ausnutzen und das Format ist augenfreundlicher.	☐
Der Einbau eines Kurzfilmes oder eines akustischen Elementes kann einen Vortrag beleben. Dieses Element sollte jedoch nicht länger als 90 Sekunden sein und zur Verdeutlichung des vorgetragenen Inhaltes dienen.	☐

3.6 Reflexion des beruflichen Handelns

In Ihrer schulischen und praktischen Ausbildung wird Ihnen die Reflexion immer wieder begegnen. Reflexion ist das gezielte Nachdenken über eine Situation oder einen Prozess, d. h. Sie betrachten eine Situation oder einen Prozess von verschiedenen Seiten, um sie besser zu verstehen und aus ihnen zu lernen. Dabei sind die eigenen Gefühle, Verhaltensweisen und Bewertungen und deren Wirkungen auf andere Gegenstand der Reflexion.

Reflexion ist ein Qualitätsmerkmal der sozialen und pädagogischen Arbeit. Selbstreflexion ist eine Selbstkontrolle des eigenen beruflichen Handelns. Mit ihr überprüfen Sie im Nachhinein, ob Ihr Handeln professionell motiviert und begründet ist. Selbstreflexion ist eine fachliche Grundhaltung. Sie dient auch dem kritischen Hinterfragen von eigene Theorien, Vorurteilen und Routinen. Damit hilft sie Ihnen auch, Ihr zukünftiges pädagogisches Handeln bewusst zu gestalten.

Der personenzentrierte Ansatz als Basis der Beziehungsgestaltung und Selbstreflexion

In jeder Phase einer professionellen Beziehung kann der personenzentrierte Ansatz eine allgemeine Richtschnur für die Kommunikation und das Handeln in Beziehungen bieten. Der personenzentrierte Ansatz geht auf Carl Rogers zurück. Er formuliert eine Grundhaltung für einen respektvollen Umgang und einen gleichberechtigten Dialog. Die Begriffe Kongruenz, Empathie und Akzeptanz haben eine große Bedeutung für das praktische Handeln in der humanistischen Psychologie und Pädagogik. Auch für die Reflexion des beruflichen Handelns bietet der personenzentrierte Ansatz eine gute Basis.

Kongruenz/Echtheit	Empathie/Einfühlungsvermögen	Akzeptanz/Wertschätzung
Andere die eigene Aufregung, Freude, Angst etc. spüren lassen	Die Stimmung des anderen erkennen und deren Bedeutung für ihn aus seiner Sicht erfassen	Anderen aufgeschlossen und ohne einschränkende Vorannahmen begegnen
Widersprüche zwischen innerem Erleben (Gefühlen) sowie äußerem Verhalten erfassen	Die Welt des anderen mit seinen Augen sehen und ohne Wertung auf dessen Anliegen eingehen	Von Kindern oder Jugendlichen keine bestimmte Reaktion auf sich selbst erwarten oder diese erzwingen
Im Kontakt mit anderen keine Fassade aufbauen, sich nicht hinter einer Rolle oder Maske verstecken	Die heitere oder betrübte Stimmung des anderen in der eigenen Stimme oder Wortwahl aufgreifen	Sich anderen zuwenden, ohne eine persönliche Belohnung zu erwarten oder Bedingungen zu stellen
In wichtigen oder belastenden Gesprächen dem Gesprächspartner die eigenen Gefühle nicht verbergen	Die Empfindungen des anderen nicht ignorieren oder durch Floskeln „wegreden"	Nicht jedem Verhalten anderer zustimmen
Die eigene Befindlichkeit ehrlich, aber kurz und sachlich mitteilen und nicht zum Hauptthema des professionellen Kontakts machen	Die Gefühle und Wünsche des anderen nicht zu den eigenen machen	Generelle Wertschätzung für jeden Menschen und pädagogische Reaktion auf ein situatives Verhalten trennen

Der personenzentrierte Ansatz schildert eine Grundhaltung, die sich in konkreten Handlungen entfalten muss. Im pädagogischen Handeln sind viele Situationen nicht vorher planbar. Eine Grundhaltung ermöglicht Ihnen ein flexibles Verhaltensrepertoire in offenen oder neuen Situationen.

Reflektieren Sie, wie Sie die mit dem personenzentrierten Ansatz verknüpften Kompetenzen in Ihrer fachpraktischen Ausbildung zum Einsatz bringen können.

Bei welchen Personen und in welchen Situationen fällt es mir leicht, ... ✊

... kongruent zu sein?	
... empathisch zu sein?	
... Akzeptanz zu zeigen?	

In folgenden Situationen möchte ich mich darum bemühen, ... ✊

... häufiger	
... seltener	

Im Kontakt zu folgenden Personen möchte ich mich darum bemühen, ... ✊

... häufiger	
... seltener	

Reflexion von Kommunikation und Beziehungen

Die Fähigkeit und Bereitschaft zur Reflexion sind Grundlagen für die professionelle Beziehungsgestaltung zu Menschen. Die Reflexion ist ein gedanklicher und kommunikativer Vorgang, in dem ein Ereignis im Nachhinein anhand unterschiedlicher Kriterien und Methoden bearbeitet wird. Darauf aufbauend werden dann Schlussfolgerungen gezogen und neue Planungen initiiert. Hierzu gehört die Fähigkeit, gedanklich über unterschiedliche Zeitebenen (Vergangenheit – Gegenwart – Zukunft) hinauszugehen. Den eigenen Anteil bei einer gelungenen oder schwierigen Kommunikation oder Beziehung zu reflektieren, ist eine Grundlage für das Verstehen der Ursachen und Wirkungen. Gleichzeitig schafft sie eine Voraussetzung, um eventuelle Veränderungen vornehmen zu können.

Beziehung und Kommunikation sind in der sozialpädagogischen Praxis eine Grundlage der gesamten Arbeit, sie benötigen besondere Beachtung und Reflexion. In pädagogischen Beziehungen ist die Selbsterkenntnis von großer Bedeutung.

Die Notwendigkeit, sich in Ausbildungsprozessen mit sich selbst auseinanderzusetzen, ist eine Chance, persönlich zu reifen. Personenzentriert zu arbeiten, bedeutet nicht nur, wertschätzend, fürsorglich und empathisch mit anderen umzugehen, sondern auch mit sich selbst. Im Berufsleben trägt Reflexion dazu bei, die personenzentrierte Haltung zu bewahren, die an sie geknüpften Kompetenzen zu stärken und auszubauen, eigene Überforderungen rechtzeitig wahrzunehmen und Grenzen zu ziehen.

Pädagogische Beziehungen schließen immer eine Dimension der Macht und Einflussnahme ein. Es ist die Verantwortung und Aufgabe der Fachkräfte, die zunächst nicht wahrnehmbaren Bereiche des eigenen Handelns und seiner Wirkungen zu beleuchten und individuell zu reflektieren. Dazu sind fortlaufende Selbstbeobachtung und Selbstreflexion, aber auch regelmäßige Teamgespräche, Feedbacktechniken sowie Fort- und Weiterbildungen notwendig. Auf diese Weise werden Echtheit, Wertschätzung und Empathie aufgebaut, erhalten und erweitert. Diese können sich nicht ohne Input aufbauen oder regenerieren. Sie bedürfen einer ständigen Pflege, da sie sich durch berufliche Belastungen und Routinen „abnutzen".

Eine Reflexionshilfe für die eigenen beabsichtigten und unbeabsichtigten Verhaltensweisen und deren Wirkungen auf andere stellt das sogenannte JOHARI-Fenster dar. Das JOHARI-Fenster wurde erstmals 1955 in der amerikanischen Fachliteratur über Gruppendynamik von Josef Luft und Harry Inham dargestellt.

Aktionen und Reaktionen, die von mir ausgehen und
die ich selber ...

	... wahrnehme	... nicht wahrnehme
... wahrnehmen	I aus dem Bereich meiner gewollten und sichtbaren Verhaltensweisen und Wirkungen – öffentlich –	II aus dem Bereich meiner unbeabsichtigten Verhaltensweisen und Wirkungen – „blinder Fleck" –
... nicht wahrnehmen	III aus dem Bereich meiner verdeckten und nicht sichtbaren Verhaltensabsichten – geheim –	IV aus dem Bereich meiner mir nicht bekannten Beweggründe und Energien – unbewusst –

Aktionen und Reaktionen, die von mir ausgehen und die andere ...

Reflexionsarbeit verbessert und erweitert die subjektive Wahrnehmung. Der Bereich der öffentlichen und durch die Person sowie die soziale Umgebung wahrnehmbaren Verhaltensweisen erweitert sich und reduziert den „geheimen Bereich" und den „blinden Fleck". Reflexionsarbeit beleuchtet die zunächst nicht wahrnehmbaren und unbewussten Beweggründe für unser Handeln. Einzelne unbewusste Haltungen und unbeabsichtigte Wirkungen des Verhaltens werden durch Reflexion deutlich.

Das JOHARI-Modell soll helfen, eigene Erfahrungen zu erkennen und über diese sprechen zu können. Jeder Mensch lebt zunächst im Bereich seiner eigenen Erfahrungen und Erlebnisse und kann zu diesen nicht automatisch eine Distanz schaffen. Diese ist jedoch notwendig, um zu den Erfahrungen einen beabsichtigten emotionalen und kognitiven Abstand herzustellen. Es soll eine Metaperspektive geschaffen werden, aus der heraus Verhalten und Wirkung betrachtet und analysiert werden können.

Über Erfahrungen sprechen zu können, erfordert die rückblickende Auseinandersetzung mit ihnen, die Kenntnis von gewollten Absichten und erzeugten Wirkungen.

Reflexion von Ausbildungsabschnitten

Ihre Ausbildung besteht aus vielen aufeinander aufbauenden Ausbildungsabschnitten: Lernsituationen, Praxisphasen, Schul(halb)jahre, Projekte, Gruppenarbeiten, Selbstlernphasen usw. Immer wieder beginnen und beenden Sie Aufgaben, Situationen und auch Beziehungen. Jeder dieser Abschnitte ist ein Baustein Ihrer Kompetenzentwicklung und die Basis für weitere Ausbildungsschritte. Dadurch gibt es zahlreiche Anregungen, den Anfang, Verlauf und die Ergebnisse dieser Ausbildungsabschnitte zu reflektieren.

Folgende Auswertungsfragen können Ihren Reflexionsprozess unterstützen. Die Fragen können Sie sowohl für fachpraktische als auch schulische Auswertungsprozesse anwenden. Benennen Sie zu Beginn der Reflexion genau, welchen Ausbildungsabschnitt Sie für sich oder im Austausch mit anderen auswerten wollen, z.B.: Reflexion der Lernsituation „Entwicklung und Förderung der Musikalität", Reflexion der Gruppenarbeit zum Thema „Elterngespräche planen und führen" oder Reflexion der Einarbeitungsphase in der Praxisstelle.

Es ist hilfreich, diese Reflexionsfragen nicht nur im Kopf zu durchdenken, sondern auch schriftlich zu verfassen. Die konkrete Formulierung verfeinert die Auseinandersetzung und macht die gewonnenen Erkenntnisse anschaulicher. Im Teil 3 finden Sie weitere Reflexionsfragen zur ausführlichen Bearbeitung.

Fragen zur Unterstützung des Reflexionsprozesses

Welche Erwartungen hatten Sie zu Beginn des Ausbildungsabschnittes in Bezug auf …
- … sich selbst, Ihre Interessen und Ihre Ziele?
- … die Erwartungen anderer?
- … Ihre Mitwirkung oder Einflussnahme?
- … die Zusammenarbeit?

Welche bedeutsamen Ereignisse gab es in diesem Ausbildungsabschnitt für Sie selbst und für andere? Wie kam es zu diesen ausschlaggebenden Ereignissen, wer oder was hat dazu beigetragen? Erläutern Sie diese kurz und gehen Sie auf deren Auswirkungen für Ihr zukünftiges Handeln ein!

Was ist Ihnen gut gelungen, was misslungen? Mit welchen Ereignissen und Ergebnissen können Sie zufrieden sein? Was sollte unbedingt verbessert werden? Auf welche Weise haben Sie sich eingebracht, was war Ihr Anteil am Gesamtgeschehen?

Welche neuen Erkenntnisse haben Sie gewonnen in Bezug auf …
- … sich selbst, Ihre fachlichen Fähigkeiten, Vorlieben oder Schwächen?
- … Ihren Umgang mit Feedback und Kritik?
- … Ihre Zusammenarbeit mit anderen?
- … Ihr Lernhandeln und Ihren Lernprozess?
- … Ihren fachtheoretischen und fachpraktischen Ausbildungsstand?

Was hat Ihren Lern- und Handlungsprozess beeinflusst? Was war hinderlich, was förderlich? Wie können Sie diese Einflüsse gestalten?

Welche Schlüsse ziehen Sie für Ihre zukünftigen Ausbildungsschritte in Bezug auf …
- … das eigene Lern- und Praxishandeln?
- … die Zusammenarbeit mit anderen?
- … den Umgang mit Feedback und Kritik?
- … den Umgang mit Erwartungen?

2 Weiter geht's – Kompetenzen im Lernfeld erwerben

Einführung in den Teil 2

Liebe Lernenden,

auf Sie warten in diesem Kapitel Fragen und Aufgaben sowie vielfältige Methoden, die dazu beitragen, dass Sie sich als Lernende mit den Inhalten, Aufgaben und Kompetenzen des länderübergreifenden Lehrplans für die Erzieherausbildung intensiv auseinandersetzen können.

Beachten Sie den Lehrplan Ihres Bundeslandes und erfragen Sie am Lernort Schule die bisherige Umsetzung des neuen länderübergreifenden Lehrplans in Ihrem Bundesland.

Ziel ist es, Ihre Handlungskompetenzen für die unterschiedlichen Arbeitsfelder und die vielfältigen Zielgruppen während Ihrer Ausbildung am Lernort Schule und am Lernort Praxis zu stärken. Die nachfolgenden Kapitel bieten Ihnen Impulse und methodische Ideen für Ihre individuelle Weiterentwicklung. Als Lernende können Sie so aktiv Ihre Kompetenzentwicklung vorantreiben und dokumentieren.

Neben dem Lehrwerk „Erzieherinnen + Erzieher" wird das Ausbildungsbegleitheft, orientiert an den fachrichtungsbezogenen Lernfeldern, Sie dabei praxisnah durch Ihre Ausbildung begleiten.

Lernfeld 1   Berufliche Identität und professionelle Perspektiven weiterentwickeln
Lernfeld 2   Pädagogische Beziehungen gestalten und mit Gruppen pädagogisch arbeiten
Lernfeld 3   Lebenswelten und Diversität wahrnehmen, verstehen und Inklusion fördern
Lernfeld 4   Sozialpädagogische Bildungsarbeit in den Bildungsbereichen professionell gestalten
Lernfeld 5   Erziehungs- und Bildungspartnerschaften mit Eltern und Bezugspersonen gestalten sowie Übergänge unterstützen
Lernfeld 6   Institution und Team entwickeln sowie in Netzwerken kooperieren

Im Ausbildungsbegleitheft werden 10 Bildungsbereiche benannt (siehe Lernfeld 4). Die Bildungspläne der einzelnen Bundesländer variieren in ihrer Anzahl und Bezeichnung ein wenig. Sie müssen mit dem Bildungsplan Ihres Bundeslandes vertraut sein.

Sie finden für jedes dieser Lernfelder
- einen Überblick über die Lernfeldinhalte – ein sogenannter **Advanced Organizer**,
- **zentrale Aufgaben** des Lernfeldes,
- **eine Kann-Liste** der Kompetenzen des Lernfeldes (Wissen und Fertigkeiten),
- **Fragen und Aufgaben** zu den Inhalten und Kompetenzen des Lernfeldes,
- Hinweise zur Gestaltung eines **individuellen Ausbildungsplans**,
- exemplarische **Methoden** für das selbstorganisierte Lernen im Lernfeld,
- **Reflexionsmethoden** zur Überprüfung der eigenen Kompetenzentwicklung.

Der Lehrplan beschreibt neben der **Fachkompetenz** (Wissen und Fertigkeiten) auch die **professionelle Haltung** von Fachkräften mit den Kategorien Selbstständigkeit und Sozialkompetenz. Diese personalen Eigenschaften werden Sie in der Ausbildung weiterentwickeln und verändern können. Berücksichtigen Sie in allen Aufgaben auch Ihre professionelle Haltung.

Sie können viele Seiten nutzen, um sich Notizen zu machen, Fragen zu beantworten oder Kann-Listen auszufüllen. Im Downloadbereich 🔵 gibt es weitere Vordrucke, die Sie mehrfach zu unterschiedlichen Ausbildungszeiten nutzen oder an Ihre Ausbildungssituation anpassen können.

Heften Sie zusätzliche Vordrucke, Mindmaps etc. und auch weitere ausbildungsrelevante Dokumente (z. B. Ihren Übungsleiterschein, Nachweis über den Erste-Hilfe-Kurs) im hinteren Teil des Ausbildungsbegleitheftes ab.

Vielleicht wollen Sie sich ein eigenes Glossar mit wichtigen Fachbegriffen im hinteren Teil des Ausbildungsbegleitheftes anlegen.

	Für das selbstorganisierte Lernen bieten sich folgende Schritte an:
1. Schritt	Überblick über die Inhalte des Lernfeldes mithilfe des Advanced Organizers verschaffen
2. Schritt	Zentrale Aufgaben des Lernfeldes lesen und Fragen beantworten – Schwerpunkte setzen
3. Schritt	Kann-Listen ausfüllen: Die Kann-Listen geben Ihnen einen Überblick über die zu erwerbenden Kompetenzen des Lernfeldes. Sie dienen zur Vorbereitung des individuellen Ausbildungsplans. Mithilfe der Kann-Listen schätzen Sie Ihr bisheriges Wissen und Ihre bisherigen Fähigkeiten und Fertigkeiten ein. Sie werden feststellen, dass sich im Laufe der Ausbildung Ihre Selbsteinschätzung beim wiederholten Ankreuzen der Kann-Listen verändert und Kompetenzentwicklung „sichtbar" wird. Einige Kompetenzen doppeln sich. Beachten Sie in diesem Fall bei der Selbsteinschätzung noch stärker das Thema des Lernfeldes. In den Kann-Listen im Downloadbereich dokumentieren Sie für Ihre Kompetenzentwicklung wichtige Beispiele von Tätigkeitsbeschreibungen, Tätigkeitsnachweisen bzw. Leistungsnachweisen während der gesamten Ausbildung. Diese Liste dient als Nachweis der eigenen Weiterentwicklung. Sie bietet die zusätzliche Möglichkeit, Lernfeldnoten für Leistungsnachweise einzutragen. In den Kann-Listen wird von der Zielgruppe gesprochen. Dazu zählen Kinder, Jugendliche und junge Erwachsene. Beispiele für Nachweise: Referate, Klassenarbeiten, Aufgaben des selbstorganisierten Lernens (SOL), Praxisaufgaben, Entwicklungsgespräche, Facharbeiten, Praxisbesuche, Exkursionen, Studienfahrten, eigene Verantwortungsbereiche in der Praxis, Projektarbeit, Kolloquium …
4. Schritt:	Fragen und Aufgaben des Lernfeldes bearbeiten und sich mit anderen Lernenden austauschen.
5. Schritt	Entwicklung des individuellen Ausbildungsplans: Im individuellen Ausbildungsplan legen Sie in Absprache mit den Lehrkräften und Praxisanleitungen fest, welche Kompetenzen Sie in bestimmten Ausbildungsphasen und für bestimmte Arbeitsfelder erwerben möchten bzw. sollen. Die Kompetenzen müssen von Ihnen im individuellen Ausbildungsplan konkretisiert dargestellt werden. In den sechs individuellen Ausbildungsplänen finden Sie Formulierungshilfen und Hinweise auf Querschnittsaufgaben und die personalen Kompetenzen. Zur besseren Anschaulichkeit finden Sie im Ausbildungsheft für jedes Lernfeld Beispiele für einen individuellen Ausbildungsplan. Mischen Sie in Ihrer persönlichen Planung die Kompetenzen der Lernfelder. Im Downloadbereich finden Sie eine Blanko-Tabelle für Ihre Ausbildungspläne.
6. Schritt	Methoden auswählen und bearbeiten: Die Methoden der Lernfelder bieten Ihnen in unterschiedlichen Schwierigkeitsstufen Möglichkeiten zur Auseinandersetzung mit den Lernfeldinhalten. Mit welcher Methode wollen Sie beginnen?
7. Schritt	Reflexion bearbeiten: Das Reflektieren ist für den Beruf des Erziehers sehr wichtig. Ziehen Sie am Ende einer Lernsituation, einer Praktikumsphase oder am Ende eines Schuljahres ein Fazit: Worauf sind Sie stolz? Wie geht es weiter? Nutzen Sie die Reflexionsmethoden.

Doppelte Vermittlungspraxis

Im Methodenteil des Ausbildungsbegleitheftes finden Sie Hinweise, die als doppelte Vermittlungspraxis gekennzeichnet sind.

●● DOPPELTE VERMITTLUNGSPRAXIS

Aber was ist das eigentlich?

Im Ausbildungsbegleitheft sprechen wir immer dann von der doppelten Vermittlungspraxis, wenn Sie durch die eigene Durchführung einer Methode im Lernfeld die Methode erlernen, um sie dann auch mit Kindern, Jugendlichen oder jungen Erwachsenen durchführen zu können. Das konkretpraktische Tun bei der Durchführung einer Methode nimmt in der Regel schon viel Raum ein. Sie können so aber viel besser über eine Methode oder Lernform und die Praxistauglichkeit reflektieren, d. h. die eigenen Erfahrungen und Ergebnisse beschreiben und Vor- und Nachteile der Methode und wichtige Voraussetzungen zum Gelingen der Methode in der Berufspraxis benennen. Achten Sie auch darauf, wie Ihre Lehrkräfte oder die Fachkräfte in der Praxis die Methoden einführen und moderieren.

Erst wenn ich verstanden wurde, kann ich andere verstehen!

Sie erwerben im Laufe Ihrer Ausbildung immer mehr die Fähigkeit, Methoden sinnvoll und zielgruppenorientiert auszuwählen und pädagogische Prozesse mithilfe von Methoden zu gestalten. Legen Sie sich eine Methoden-Kartei an, die im Laufe Ihrer Ausbildung mitwächst. Sie werden im Unterricht und auch am Lernort Praxis vielfältige Methoden kennenlernen. Finden Sie für Ihre Methodenkartei sinnvolle Kriterien, wie im folgenden Beispiel.

Methode:

Ziel:

Dauer:

Alter der Zielgruppe:

Anzahl der Teilnehmer:

Einzelarbeit, Partnerarbeit, Gruppenarbeit:

Bemerkungen:

Querschnittsaufgaben

Im länderübergreifenden Lehrplan Erzieherin/Erzieher wird neben den personalen Kompetenzen und den Fachkompetenzen auch von Querschnittsaufgaben gesprochen. Diese Aufgaben erhalten durch den gesellschaftlichen Wandel immer mehr Bedeutung in der Kinder- und Jugendhilfe. Sie sind für alle Arbeitsfelder und Zielgruppen von großer Wichtigkeit. Machen Sie sich an beiden Lernorten mit den Querschnittsaufgaben vertraut und betrachten Sie diese ebenfalls als Herausforderung in der eigenen Ausbildung.

112

Partizipation
Im Sinne der Vermittlung einer Haltung, die auf eine Beteiligung von Kindern, Jugendlichen und jungen Erwachsenen entsprechend ihrem Entwicklungsstand an allen sie betreffenden Entscheidungen des öffentlichen Lebens abzielt, mit dem Ziel einer demokratischen Teilhabe an der Gesellschaft.

Inklusion
Das Konzept der Inklusion im Sinne des Verstehens von Verschiedenheit (Heterogenität) als Selbstverständlichkeit und Chance. Inklusion berücksichtigt zahlreiche Dimensionen von Heterogenität: geistige oder körperliche Möglichkeiten und Einschränkungen, soziale Herkunft, Geschlechterrollen, kulturelle, sprachliche und ethnische Hintergründe, sexuelle Orientierung, politische oder religiöse Überzeugung. Diversität bildet den Ausgangspunkt für die Planung pädagogischer Prozesse.

Prävention
Prävention im Sinne einer sozialpädagogischen Ressourcenorientierung, um die Kinder, Jugendlichen und jungen Erwachsenen der unterschiedlichen Zielgruppen bei der Bewältigung von Lebensphasen und Übergängen zu unterstützen und ihre Fähigkeit, erfolgreich mit belastenden Situationen umzugehen (Resilienz) zu stärken.
Dabei sind Erzieherinnen und Erzieher in allen Aufgabenfeldern dem Schutz des Kindeswohls verpflichtet.

Sprachbildung
Sprachliche Bildung im Sinne einer kontinuierlichen Begleitung und Unterstützung der Sprachentwicklung mit dem Ziel, Kinder, Jugendliche und junge Erwachsene zu einer weitreichenden sprachlichen Kompetenz zu führen, die sie befähigt, sich angemessen und facettenreich ausdrücken zu können und vielfältigen Verstehensanforderungen gerecht zu werden.

Wertevermittlung
In einer pluralistischen Gesellschaft ist Wertevielfalt Herausforderung und Chance sozialpädagogischen Handelns. Sozialpädagogische Fachkräfte sind sich dessen bewusst, welche Wertvorstellungen das Leben und das Zusammenleben in unserer Gesellschaft bestimmen und in welcher Beziehung diese zu religiösen und weltanschaulichen Orientierungen stehen. Sie sind fähig, junge Menschen bei der Entwicklung persönlicher Werthaltungen zu begleiten, sie als Subjekte ihres eigenen Werdens ernst zu nehmen und dabei zu unterstützen, eine Balance zwischen Autonomie und sozialer Mitverantwortung zu finden. Bei aller Unterschiedlichkeit müssen sich Wertvorstellungen immer an der Würde des Menschen messen lassen, wie das im Grundgesetz der Bundesrepublik Deutschland und in den Verfassungen der Länder niedergelegt ist.

Vermittlung von Medienkompetenz
Medienkompetenz bezeichnet die Fähigkeit, Medien und ihre Inhalte den eigenen Zielen und Bedürfnissen entsprechend zu nutzen. Als Medien werden von Kindern, Jugendlichen und jungen Erwachsenen sowohl neue Medien wie Internet und Handy wie auch traditionelle Medien wie Bilderbücher genutzt. Sie sind ein wesentlicher Teil ihrer Erfahrungswelt. Sozialpädagogische Fachkräfte unterstützen Kinder, Jugendliche und junge Erwachsene bei der Entwicklung ihrer Medienkompetenz. Medienkompetenz umfasst vier Dimensionen: Medienkunde, Medienkritik, Mediennutzung und Mediengestaltung.
Mit Medienkunde ist das Wissen über die heutigen Mediensysteme gemeint. Medienkritik bedeutet ihre analytische Erfassung, kritische Reflexion und ethische Bewertung. Mediennutzung meint ihre rezeptive und interaktive Nutzung, Mediengestaltung ihre innovative Veränderung und kreative Gestaltung.

(Länderübergreifender Lehrplan Erzieherin/Erzieher, S. 4–5, www.boefae.de/wp-content/uploads/2012/11/laenderuebergr-Lehrplan-Endversion.pdf)

Biografiearbeit, Berufswahlmotive,
Methoden der Selbstreflexion

Arbeitsfelder und Trägerschaften
der Kinder- und Jugendhilfe

Erwartungen und Anforderungen an die Berufsrolle im
gesellschaftlichen und rechtlichen Kontext, Querschnittsaufgaben der sozialpädagogischen Arbeit

Anforderungen, Organisation und
Lernorte der Ausbildung

Lernort Praxis und Lernort Schule

Berufsperspektiven,
Fort- und Weiterbildung

Selbstmanagement und
Gesundheitsprävention im Beruf

Lernfeld ❶

Berufliche Identität und professionelle Perspektiven weiter entwickeln

Arbeitsrechtliche
und tarifrechtliche
Grundlagen

Berufsverbände und
Gewerkschaften

Lern- und Arbeitstechniken

Selbstorganisiertes Lernen (SOL)

Bildungs-, Erziehungs- und Betreuungsauftrag
der Kinder- und Jugendhilfe im gesellschaftlichen
Wandel

Geschichte der Professionalisierung
des Berufsfeldes

1.2   Zentrale Aufgaben der Ausbildung im Lernfeld 1

Sie haben sich für einen Beruf entschieden, in dem es wichtig ist, sich mit der eigenen Berufsrolle kritisch auseinanderzusetzen und sie ständig zu reflektieren und weiterzuentwickeln. An Erzieher in allen Arbeitsfeldern der Kinder- und Jugendhilfe werden vielfältige Anforderungen und Erwartungen gestellt, wie die Bereitschaft, sich neuen beruflichen Anforderungen zu stellen, sich weiterzuentwickeln und sich Strategien zur Gesunderhaltung im Beruf und zum Selbstmanagement anzueignen.

- Ich setze mich in diesem Lernfeld mit meinen Berufswahlmotiven und meiner zukünftigen Berufsrolle aktiv auseinander.
- Ich analysiere die Geschichte der Professionalisierung des Berufs.
- Ich erfasse den gesetzlichen Bildungs-, Erziehungs- und Betreuungsauftrag und entwickle ein erstes professionelles Verständnis für meine eigene Berufsrolle.
- Ich vergleiche meine Vorstellungen von der Ausbildung und dem Beruf der Erzieherin mit den gesellschaftlichen Anforderungen.
- Ich erfasse die Ausbildung als prozesshaften Erwerb beruflicher Handlungskompetenzen, der an verschiedenen Lernorten stattfindet und Selbstmanagement erfordert.
- Ich untersuche und reflektiere die Anforderungen der praktischen Ausbildung in sozialpädagogischen Einrichtungen und meine Rolle als Praktikantin.
- Ich erarbeite mir für den Berufseinstieg, die Berufsausübung und die Entwicklung beruflicher Perspektiven vertiefte Kenntnisse des Arbeitsrechts, der Tarifordnung sowie der Rolle und der Arbeit beruflicher Interessenvertretungen.
- Ich entwickle Strategien der Gesundheitsprävention im Beruf.
- Ich entwickle berufliche Perspektiven und eigne mir im Sinne lebenslangen Lernens Wissen über Fort- und Weiterbildungen an.

- Benennen Sie zu jeder Aufgabe mindestens drei berufliche Handlungsweisen, die anschaulich darstellen, dass Erzieher über Kompetenzen verfügen, diese Aufgaben bewältigen zu können.
- Was müssen Sie können und wissen, um die Aufgaben aus dem Lernfeld umsetzen zu können?
- Wie und wo können Sie sich dieses Wissen aneignen und die benötigten Fähigkeiten erwerben?
- Was werden Sie vermutlich in der Schule lernen? Welche Möglichkeiten des Lernens bietet der Lernort Praxis? Was können Sie sich im Selbststudium aneignen?
- Womit wollen Sie beginnen? Notieren Sie zu allen Fragen Ihre Antworten und heften diese ab.

Mit der folgenden Kann-Liste können Sie Ihr bisheriges Wissen und Ihre bisher erworbenen Fähigkeiten und Fertigkeiten im Hinblick auf das Lernfeld 1 einschätzen. So erhalten Sie einen systematischen Überblick und können sich im nächsten Schritt realistische Aufgaben und Ziele setzen. Diese Form der Überprüfung ermöglicht die Ermittlung eines Ist-Zustandes („Hier stehe ich"), von dem aus ein realistischer Soll-Zustand („Hier will ich hin") festgelegt wird. Dieses Verfahren der Selbstevaluation (Selbsteinschätzung) wird im Rahmen der Qualitätsentwicklung häufig angewendet.

1.3   Ich kann's – „Kann-Liste" für die Kompetenzentwicklung im Lernfeld 1

Fachkompetenz (Wissen und Fertigkeiten)	Nein	Zum Teil	Größten-teils	Ja
Ich verfüge über …				
Wissen über die Geschichte der Professionalisierung des Berufsfeldes.	☐	☐	☐	☐
Wissen über Arbeitsfelder der Kinder- und Jugendhilfe und ihre Anforderungen.	☐	☐	☐	☐
Wissen über den gesetzlichen Auftrag und die Struktur der Kinder- und Jugendhilfe.	☐	☐	☐	☐
Wissen über die Bedeutung und Möglichkeiten der Realisierung der Querschnittsaufgaben der sozialpädagogischen Arbeit im pädagogischen Alltag.	☐	☐	☐	☐
Wissen über Anforderungen, Konzept, Querschnittsaufgaben, Organisation und Lernorte der Ausbildung.	☐	☐	☐	☐
Wissen zu Lern- und Arbeitstechniken sowie zu Möglichkeiten der Fort- und Weiterbildung.	☐	☐	☐	☐
Wissen von Strategien des Selbstmanagements und der Gesundheitsprävention in Ausbildung und Beruf.	☐	☐	☐	☐
Kenntnisse der arbeits-, tarif- und vertragsrechtlichen Rahmenbedingungen der sozialpädagogischen Tätigkeit.	☐	☐	☐	☐
Ich verfüge über Fertigkeiten, …				
meine Berufsmotivation vor dem Hintergrund der eigenen Biografie zu analysieren.	☐	☐	☐	☐
Erwartungen und Anforderungen an die pädagogische Arbeit von Erzieherinnen in Arbeitsfeldern der Kinder- und Jugendhilfe wahrzunehmen, zu reflektieren und Konsequenzen für mein pädagogisches Handeln zu ziehen.	☐	☐	☐	☐
die Berufsrolle zu reflektieren und eigene Erwartungen und Anforderungen zu entwickeln.	☐	☐	☐	☐
Sprache als Medium sozialpädagogischen Handelns wahrzunehmen und einzusetzen.	☐	☐	☐	☐
Verantwortung und Initiative für die eigene Ausbildung zu übernehmen und sie partizipativ mit allen Beteiligten an den Lernorten Schule und Praxis zu gestalten.	☐	☐	☐	☐
Lern- und Arbeitstechniken weiterzuentwickeln und Medien zu nutzen.	☐	☐	☐	☐
Strategien des Selbstmanagements für die Ausbildung und den Beruf zu entwickeln.	☐	☐	☐	☐
meine Rechte und Pflichten als Mitarbeiter in sozialpädagogischen Einrichtungen verantwortlich wahrzunehmen und mich für die Vertretung meiner beruflichen Interessen einzusetzen.	☐	☐	☐	☐

Im Downloadbereich 🌐 finden Sie diese Kann-Liste wieder. Das Lernfeld wird Ihnen in der Ausbildung immer wieder in unterschiedlichen Ausbildungsphasen begegnen. Nutzen Sie zur Überprüfung der eigenen Weiterentwicklung immer wieder diese Checkliste. Sie werden merken, wie sich Ihre Kreuze verändern. Außerdem gibt es im Downloadbereich die Möglichkeit, Tätigkeitsnachweise in die Kann-Listen einzutragen, um die eigene Entwicklung auch mithilfe von Dokumenten etc. zu belegen.

Fachkompetenz (Wissen und Fertigkeiten)	Wichtige Tätigkeitsbeschreibungen bzw. Tätig-keitsnachweise	Erledigt? Schuljahr?	Benotung
Ich verfüge über vertieftes Wissen über die Geschichte der Professionalisierung des Berufsfeldes.	Bsp.: Referat „Entstehung des ersten Kindergartens – von der Kindergärtnerin zur Erzieherin"	30.09.2015 1. Ausbildungsjahr	
Ich verfüge über Fertigkeiten, Lern- und Arbeitstechniken weiterzuentwickeln und Medien zu nutzen.	Bsp.: Teilnahme am Workshop „Visualisieren, Präsentieren, Moderieren"	11.01.–15.01.2016: 1. Ausbildungsjahr	

1.4 Fragen und Aufgaben zum Lernfeld 1

Die folgenden Fragen und Aufgaben helfen Ihnen, sich strukturiert mit den Inhalten und Aufgaben von **Lernfeld 1** auseinanderzusetzen. Bei der Bearbeitung wird Ihnen deutlich, dass Sie Verantwortung für Ihre eigene Ausbildung übernehmen.

1 Informieren Sie sich bei den zuständigen Lehrkräften der Fachschule über Unterrichtsinhalte, Praxisaufgaben, verbindliche und von der Fachschule festgelegte Teilleistungen und die Organisation von Lernfeld 1. Legen Sie sich eine Übersicht wie im folgenden Beispiel an. Es ist wichtig, dass Sie Ihre direkten Ansprechpartner kennen und die Leistungsbewertung für Sie transparent ist. 🖐

Lernfeld 1 Gesamtstunden max. 160–200 Stunden	In welchen Ausbildungsphasen wird das Lernfeld 1 unterrichtet? von–bis	Von wem wird das Lernfeld 1 in der Fachschule unterrichtet?	Zu welchen Lernsituationen zählt das Lernfeld 1? Welche weiteren Lernfelder zählen zu der Lernsituation?	Aus welchen Teilleistungen setzt sich die Note im Lernfeld 1 in den einzelnen Phasen zusammen? Prozentangaben % E = Einzelarbeit G = Gruppenarbeit	Welche Praxisaufgaben sind zur Bearbeitung der Inhalte und Aufgaben des Lernfeldes 1 festgesetzt?
LF 1 (80 Stunden)	1.–20. Schulwoche im ersten Ausbildungsjahr	Herr Taskur Frau Schmidke	„Ein kleiner Schritt in die Einrichtung, ein großer Schritt in die Zukunft" Kompetenzprofil eines Erziehers Lernfeld 2 Lernfeld 4	Präsentation Anleitertreffen 10 % G Referat Arbeitsfelder 20 % G Klausur Kompetenzprofil Erzieher 20 % E Ergebnis Biografiearbeit 20 % E Selbstorganisiertes Lernen 10 % E Sonstige Mitarbeit 20 % E	Aushang für die Einrichtung Individueller Ausbildungsplan Erster Praxisbesuch ... ...
LF 1	von–bis				

2 Informieren Sie Ihre Ansprechpartner am Lernort Praxis über die bisher im Unterricht vermittelten Inhalte und schulischen Arbeitsaufträge aus dem Lernfeld 1. Es ist wichtig, dass Sie dazu beitragen, dass die „Verzahnung" beider Lernorte gelingt. Überlegen Sie sich vor dem Gespräch mit Ihrer Praxisanleitung, über welche Aspekte Sie informieren wollen. Was wollen Sie vom Lernort Praxis zum Lernfeld 1 erfahren?

3 Konkretisieren Sie die Inhalte und Aufgaben des Lernfeldes 1 und halten Sie diese Ergebnisse in einer Mindmap (DIN A5) fest. Nutzen Sie den Advanced Organizer als Grundgerüst für die Mindmap. Ergänzen Sie Ihre Mindmap mit Inhalten aus dem Lehrwerk „Erzieherinnen + Erzieher". Vielleicht bietet sich Ihnen auch die Möglichkeit, sich mit anderen Lernenden über die unterschiedlichen Mindmaps auszutauschen. Die Mindmap wird sich im Laufe Ihrer Ausbildung durch Praktika und Unterricht in der Fachschule weiter konkretisieren.

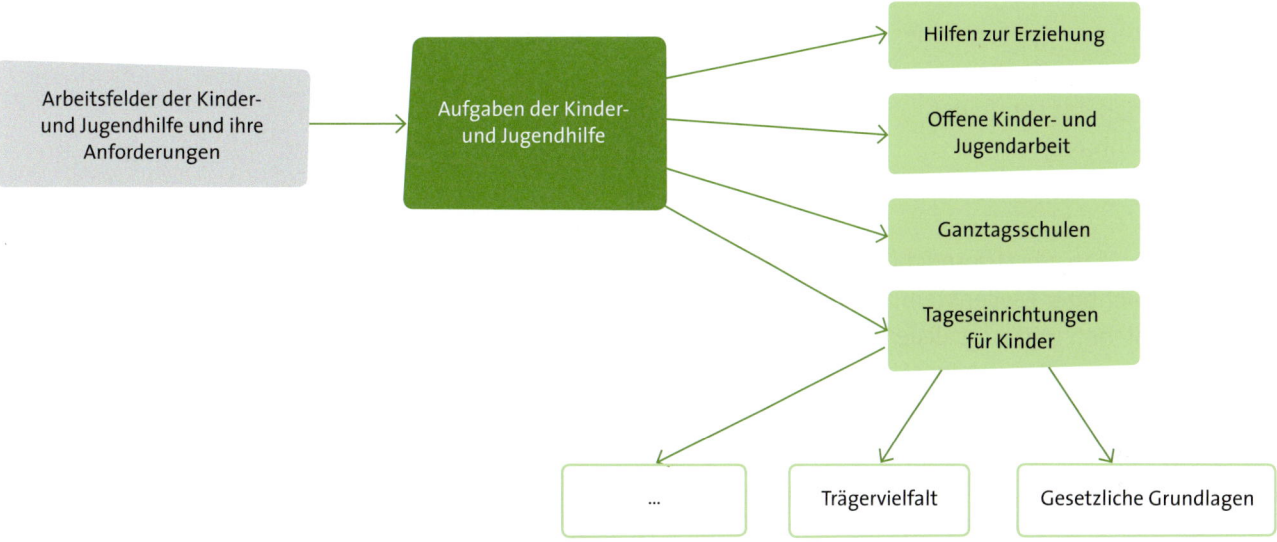

4 Welches Wissen und welche Fertigkeiten bringen Sie zur Bearbeitung der zentralen Aufgaben im Lernfeld 1 schon mit (Zusammenfassung der Kann-Liste)?

_____

_____

_____

5 Was möchten Sie dazulernen? Welche zentrale Aufgabe aus dem Lernfeld 1 wählen Sie aus eigener Initiative als Erstes aus? Wie begründen Sie Ihre Auswahl?

_____

_____

_____

6 Entwickeln Sie konkrete Umsetzungsschritte, um die zentrale Aufgabe lösen zu können? Welche Fachkompetenzen, Fertigkeiten und personalen Kompetenzen benötigen Sie dafür? Wie können Sie Ihren eigenen Kompetenzerwerb für Lehrkräfte und Praxisanleitungen nachvollziehbar darstellen und Bedeutsames dokumentieren?

_____

_____

1.5   Individueller Ausbildungsplan für das Lernfeld 1

Menschen brauchen realistische Ziele, die sie erreichen können. Aber Ziele zu formulieren, reicht nicht aus – Sie müssen wissen, wie Sie diese Ziele erreichen bzw. umsetzen können.

Welche Kompetenzen einer Fachkraft wollen Sie erwerben bzw. vertiefen? Welche Bildungsbereiche wollen Sie sich erschließen? Planen Sie konkrete Umsetzungsschritte und berücksichtigen Sie dabei eine sinnvolle und realistische Zeitplanung. Nutzen Sie dafür u.a.
- die Kompetenzen des Lernfeldes und die personalen Kompetenzen des Lehrplans,
- die Querschnittsaufgaben,
- Ihre Mindmap des Lernfeldes,
- Unterrichtsinhalte,
- den Bildungsplan Ihres Bundeslandes.

Ein sinnvoller Plan zur Zielerreichung, den Sie mit anderen besprechen bzw. abstimmen und am Ende überprüfen, ist ein wichtiger Meilenstein auf dem Weg der eigenen Weiterentwicklung. Die Fähigkeit, Veränderungen sinnvoll zu planen und zu realisieren, benötigen pädagogische Fachkräfte im Rahmen von Qualitätsmanagementprozessen in allen Arbeitsfeldern der Kinder- und Jugendhilfe.

Setzen Sie sich Ziele und Schwerpunkte für das Praktikum und die Phasen selbstorganisierten Lernens. Entwickeln Sie Ihren eigenen tabellarischen Ausbildungsplan.

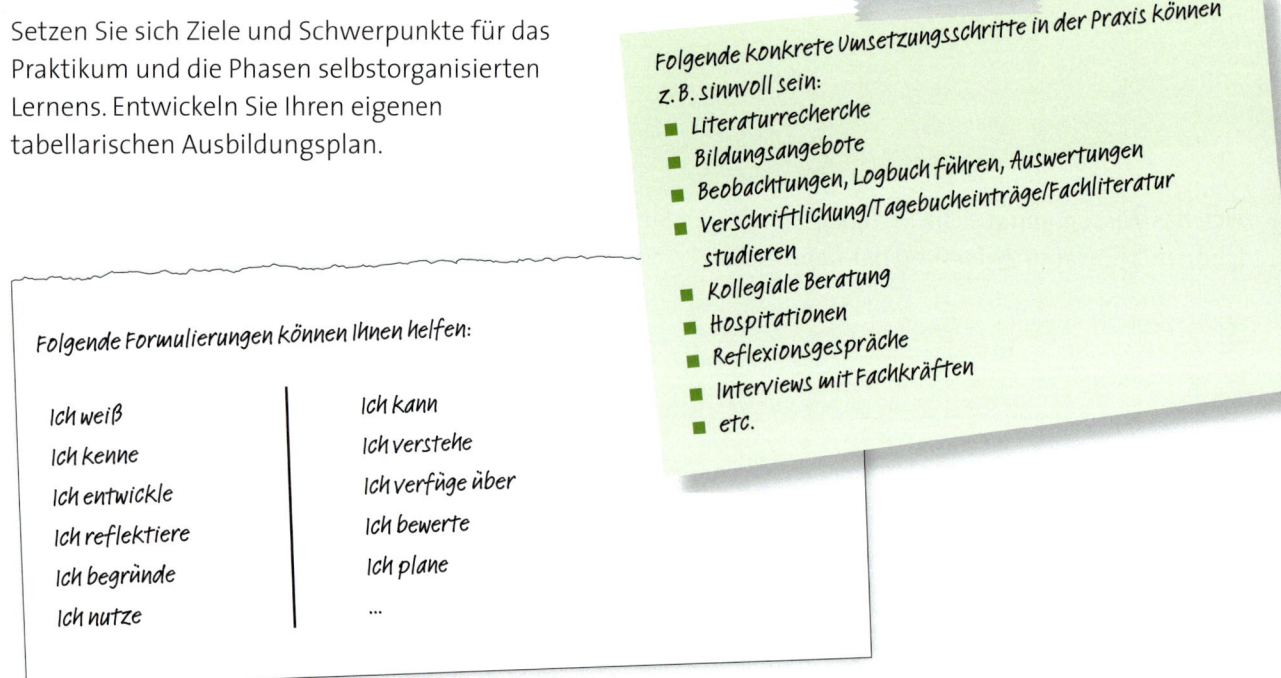

Folgende konkrete Umsetzungsschritte in der Praxis können z.B. sinnvoll sein:
- Literaturrecherche
- Bildungsangebote
- Beobachtungen, Logbuch führen, Auswertungen
- Verschriftlichung/Tagebucheinträge/Fachliteratur studieren
- Kollegiale Beratung
- Hospitationen
- Reflexionsgespräche
- Interviews mit Fachkräften
- etc.

Folgende Formulierungen können Ihnen helfen:

Ich weiß	Ich kann
Ich kenne	Ich verstehe
Ich entwickle	Ich verfüge über
Ich reflektiere	Ich bewerte
Ich begründe	Ich plane
Ich nutze	...

Dokumentieren Sie fortlaufend Ihre Entwicklungsschritte.

Kompetenzen Lernfeld 1	Indikatoren	Konkrete sinnvolle Umsetzungsschritte	Zeitplan	Benötigte Unterstützung von
Zum Beispiel:	Zum Beispiel:	Zum Beispiel:	Zum Beispiel:	Zum Beispiel:
Ich erfasse die Ausbildung als prozesshaftem Erwerb beruflicher Handlungskompetenzen, der an verschiedenen Lernorten stattfindet und Selbstmanagement erfordert.	Ich erstelle einen individuellen Ausbildungsplan und stelle diesen Plan den Lehrkräften und meiner Praxisanleitung vor.	Mindmap für das Lernfeld erstellen. Vergleich mit anderen Mindmaps. Zentrale Aufgaben für die Praxis und SOL auswählen Gesprächstermin festlegen.	Bis zum … Bis zum … Gespräch am …	Anderen Lernenden
	Ich entwickle ein sinnvolles Zeitmanagement für meine Ausbildung.	Kauf eines Jahreskalenders, Einträge in den Kalender, Erinnerungs-App im Handy nutzen, …	fortlaufend	Lehrkräften, Praxisanleitung
	Ich kenne meine Stärken im Lernfeld 1 und kann konkrete Aufgaben benennen, an denen ich arbeiten möchte.			
	Ich nutze die kollegiale Unterstützung in einer Kleingruppe von Lernenden.		Treffen mit Lerngruppe alle 14 Tage	
Ich untersuche und reflektiere die Anforderungen der praktischen Ausbildung in sozialpädagogischen Einrichtungen und meine Rolle als Praktikantin.	Ich organisiere verantwortungsvoll meinen Start in das Praktikum und kläre wichtige Rahmenbedingungen.			
	Ich führe mit meiner Praxisanleitung ein Erstgespräch mithilfe eines Gesprächsleitfadens.			
	Ich informiere mich über meine Rechte und Pflichten im Praktikum.			
	Ich reflektiere regelmäßig meine Rolle als Praktikantin.			
	Ich bringe meine Praxiserfahrungen in den Unterricht am Lernort Schule ein.			
Ich setze mich mit meinen Berufswahlmotiven und meiner zukünftigen Berufsrolle aktiv auseinander.				

1.6   Methode 1: think, pair, share

METHODE   think, pair, share – Methode des Kooperativen Lernens

■ Ziele
Auseinandersetzung mit den eigenen Berufswahlmotiven führen, eigene Berufswahlmotive mit anderen Lernenden vergleichen, Verständnis vom Kompetenzbegriff des Lehrplans erwerben, Selbstreflexion üben – einen differenzierten Blick auf die eigenen Kompetenzen richten

■ Bearbeitung
Einzel- und Partnerarbeit, Plenum

 DOPPELTE VERMITTLUNGSPRAXIS

Die Methode „think, pair, share" können Sie auch in der pädagogischen Arbeit mit Kindern, Jugendlichen oder jungen Erwachsenen zur Aktivierung aller Gruppenmitglieder nutzen. Alle bringen sich und ihre Gedanken zu einem bestimmten Thema ein. Der Austausch regt an, sich intensiver mit einem Thema zu beschäftigen.

Aufgabe 1

„**Kompetenz** bezeichnet im Deutschen Qualifikationsrahmen die Fähigkeit und Bereitschaft des Einzelnen, Kenntnisse und Fertigkeiten sowie persönliche, soziale und methodische Fähigkeiten zu nutzen und sich in beruflichen, gesellschaftlichen und privaten Situationen durchdacht sowie individuell und sozial verantwortlich zu verhalten.

Kompetenz wird in diesem Sinne als umfassende Handlungskompetenz verstanden und als Fachkompetenz – unterteilt in Wissen und Fertigkeiten – und Personale Kompetenz – unterteilt in Sozialkompetenz und Selbständigkeit – beschrieben. Methodenkompetenz ist dabei integraler Bestandteil dieser Dimensionen."
(➜ Länderübergreifender Lehrplan Erzieher/Erzieherin 2014, S. 7,
www.boefae.de/wp-content/uploads/2012/11/laenderuebergr-Lehrplan-Endversion.pdf)

Füllen Sie die Punkte 1–3 in der Matrix in Einzelarbeit aus.

❶ Begründen Sie, warum Sie sich für diese Berufsausbildung entschieden haben.

❷ Benennen Sie mindestens fünf Kompetenzen/Fähigkeiten, die Erzieher aus Ihrer Sicht für den Beruf besitzen müssen (Personalkompetenz).	❸ Zählen Sie mindestens fünf Wissensbereiche oder Fertigkeiten auf, die Erzieher wissen und anwenden müssen (Fachkompetenz).

Besprechen Sie die ausgefüllten Punkte 1–3 der Matrix mit einem anderen Lernenden Ihrer Klasse. Ergänzen Sie die Punkte 2. und 3. Ihrer Matrix um Aussagen, die Sie übernehmen wollen.

Aufgabe 2

Tauschen sich in einer Kleingruppe (max. 4 Lernende) aus. Berichten Sie sich gegenseitig von Ihren bisherigen Praktika. Wie haben Sie den Beruf des Erziehers im Praktikum wahrgenommen?

An welche Erfahrungen werden Sie beim Hören des Berichts erinnert? Welche Gefühle haben sich bei Ihnen eingestellt? Formulieren Sie spontan einen Satz, der Ihnen nach dem Austausch eingefallen ist.

Notieren Sie alle „gesammelten" Kompetenzen auf Moderationskarten und stellen Sie die wesentlichen Inhalte im Plenum vor. Die Ergebnisse der Kleingruppen werden an einer Wand mithilfe des Cluster-Verfahrens geordnet. Die unterschiedlichen Kompetenzen dienen als Oberbegriffe.

Aufgabe 3

▪ Studieren Sie in Einzelarbeit die Kompetenzdarstellungen im Lehrbuch Band 1, S. 94–97, und vergleichen Sie das Cluster-Bild mit den Aussagen aus dem Lehrplan.

▪ Entwickeln Sie im nächsten Schritt einen Brief, den Sie an Ihren besten Freund/Ihre beste Freundin richten. Erläutern Sie in diesem Brief kurz Ihre Berufswahlmotive. Ziehen Sie dafür auch Konsequenzen aus dieser Unterrichtseinheit.

▪ Benennen Sie detailliert Fach- und Personale Kompetenzen, die Sie für die Ausbildung schon mitbringen. Stellen Sie außerdem dar, was Sie noch alles lernen müssen.

Beispiel ──

Lieber Max/Liebe Mona,

in der letzten Unterrichtsstunde ist mir deutlich geworden, dass ich schon viele Kompetenzen für den Beruf des Erziehers/der Erzieherin mitbringe. Durch mein freiwilliges soziales Jahr in der Tageseinrichtung für Kinder ist mir klar geworden, dass ich diesen Beruf unbedingt erlernen will, weil ich die Entwicklung von Kindern total gerne begleiten möchte. Es ist ein wirklich verantwortungsvoller Beruf.
Die Erzieher in der Kita haben mir immer wieder bestätigt, dass ich im richtigen Berufsfeld bin, weil ich sehr geduldig mit den Kindern arbeite und sehr flexibel bin. [...] Ich brauche sicherlich noch viel mehr Wissen über kindliche Entwicklung. Oft habe ich mich gefragt, ob das Kind das oder das schon tun müsste oder noch nicht. [...]

──

Heften Sie diesen Brief in das Ausbildungsbegleitheft.
Wem möchten Sie diesen Brief zum Lesen geben?
▪ Anderen Lernenden?
▪ Der Praxisanleitung in der Einrichtung?
▪ Dem Praxislehrer beim ersten Praxisbesuch?

1.7   Methode 2: Horrorszenario

METHODE   Horrorszenario

▪ Ziele
Erwartungen und Anforderungen an die pädagogische Fachkraft wahrnehmen und reflektieren, die Berufsrolle reflektieren und eigene Erwartungen und Anforderungen entwickeln, Strategien des Selbstmanagements für die Ausbildung und den Beruf entwickeln

▪ Bearbeitung
Einzelarbeit

 DOPPELTE VERMITTLUNGSPRAXIS

Die Methode eignet sich, um mit Kindern und Jugendlichen unbekannte Situationen durchzuspielen und durch Vorstellen von Ängsten Lösungsmöglichkeiten zu finden. So kann man im Vorfeld über vorhandene Ängste sprechen und Ideen entwickeln, damit es nicht zu einem negativen Erlebnis kommt.

Das Horrorszenario

Das erste Praktikum in einer Einrichtung, die Sie noch kaum kennen, liegt vor Ihnen. Vielleicht haben Sie dort schon einen Tag hospitiert, vielleicht waren Sie aber auch nur kurz da, um Ihren Praxisstellengenehmigungszettel ausfüllen zu lassen.

Das erste Praktikum in der Ausbildung ist eine neue Herausforderung für Sie und unterschiedliche Gedanken werden Ihnen dabei durch den Kopf gehen.

Schreiben Sie spontan Ihre ersten drei Gedanken auf, wenn Sie an Ihren ersten Praktikumstag denken.

Mein erster Praktikumstag:

Entwickeln Sie nun eine Geschichte mit Ihren schlimmsten Befürchtungen, was Ihnen am ersten Praktikumstag passieren könnten. Beschränken Sie sich nicht – schreiben Sie alles auf, was Ihnen einfällt, egal wie unwirklich oder wie irreal Ihre Gedanken sind. Selbst wenn Sie vermuten, dass Sie aus Ihrem Bett von Außerirdischen entführt werden könnten!

Beginnen Sie beim Aufstehen aus dem Bett ...
Stehen Sie überhaupt auf? Wie geht es weiter? Wann, wo und wie endet Ihr Tag?

Suchen Sie sich mehrere andere Lernende aus und lesen Sie sich gegenseitig Ihre Horrorszenarien vor!
Beraten Sie sich gegenseitig, was Sie tun können, damit Ihr Horrorszenario keine Wirklichkeit wird.

Was kann ich tun, damit mein erster Praktikumstag gut gelingt?	
	☐
	☐
	☐
	☐
	☐
	☐
	☐
	☐
	☐
	☐

Und wie ist Ihr erster Praktikumstag in Wirklichkeit verlaufen?

1.8   Methode 3: Fallbeispiel/Lernsituation

METHODE   Fallbeispiel/Lernsituation

■ Ziele

Auseinandersetzung mit Lehrplaninhalten anhand eines personalisierten Falls, Übertragung des bisherigen Wissens über das Kompetenzprofil auf eine vielschichtige Praxissituation, praxisnahe Handlungsmöglichkeiten für den Fortgang entwerfen

■ Bearbeitung

Einzelarbeit

 DOPPELTE VERMITTLUNGSPRAXIS

In der Arbeit mit Kindern oder Jugendlichen ist es ebenfalls möglich, mit Fallbeispielen zu arbeiten. Schon im Elementarbereich bieten sich Geschichten mit einem offenen Ende an, damit Kinder ein Ende entwickeln. Oder Jugendliche versetzen sich in die Rolle eines Akteurs in der Geschichte. Was würde ich an seiner Stelle tun? Wie würde ich reagieren?

Beispiel

„Easy Job!"

Sie arbeiten als Praktikant in der Kita „Starke Kinder". Ihre Gruppe ist die rote Gruppe, eine Gruppe, in der auch Kinder unter drei Jahren betreut werden. Die Kinder und Fachkräfte beschließen, den schönen Junitag zu nutzen und in den nahe gelegenen Wald zu gehen. Das Anziehen aller Sachen dauert in der Gruppe eine Weile. Jonas (2;5) möchte sich seit einiger Zeit selber den Reißverschluss zumachen. Hilfe will er nicht. Nach 20 Minuten sind alle so weit. Es kann losgehen. Auf dem Weg in den Wald kommen Sie an einer Bushaltestelle vorbei. Sie hören, wie hinter Ihnen getuschelt wird: „Na, so einen ‚easy Job' mit kleinen Kindern hätte ich auch gern. Spazieren gehen und Geld verdienen, fehlt nur noch der Kaffee".

Entrüstet über so ein Bild von Ihrem Traumberuf gehen Sie weiter. Sie beobachten die Kindergruppe und stellen wieder einmal fest, wie unterschiedlich und individuell jedes der Kinder ist. Carla (14 Monate) hat gerade erst Laufen gelernt und will jetzt nur noch allein laufen. Im Kinderwagen zu sitzen, ist viel zu langweilig für sie. Ben (2;4) ist erst seit vier Wochen in der Einrichtung. Die Trennung von seinen Eltern fällt ihm schwer. Tine, seine Erzieherin in der Eingewöhnungsphase, geht mit ihm Hand in Hand. Und Oskar ist dabei – Bens wichtiger Kuschelhase. Ihre Praxisanleitung schiebt den Rollstuhl von Jenny (5;2). Jenny besucht als sogenanntes Integrationskind die Einrichtung seit 2 Jahren. Jenny hat Rheuma. In bestimmten Phasen, wenn es ihr nicht so gut geht, ist sie auf den Rollstuhl angewiesen.

Im Wald angekommen, haben die jüngeren Kinder schon begonnen, Steine zu untersuchen. Die älteren Kinder machen sich sofort daran, Stöcke zu sammeln. Die Erzieherinnen geben den Weg nicht vor. Die Kinder sind nicht das erste Mal hier unterwegs und wissen, dass sie gleich an eine kleine Brücke kommen, die über einen Bach führt. Einige der Kinder beginnen damit, die gesammelten Stöcke auf der bachaufwärts gelegenen Seite von der Brücke ins Wasser zu werfen und dann auf die andere Seite zu laufen, um dort freudig erregt auf die Ankunft der „Schiffe" zu warten. Marie (1;6) schaut fasziniert zu. Auch sie hat einen Stock gesammelt und hält ihn fest in der Hand. Als Thomas (5;9) sie auffordert, den Stock auch von der Brücke in den Bach zu werfen, hält sie ihn noch fester in beiden Händen und ruft: „Nein, meins!" Marie zeigt deutlich, dass es ihr Stock ist. Thomas antwortet darauf etwas altklug: „Oh, das ist doch kein Stock, das ist doch jetzt ein Schiffchen. Und das muss ins Wasser." Marie sieht erst ihn erstaunt an und dann ihren Stock. Thomas nutzt das aus und nimmt ihr den Stock aus der Hand. Er wirft ihn in den Bach und zieht Marie mit auf die andere Seite der Brücke. Als nach kurzer Zeit der Stock tatsächlich mit dem Bach unter ihnen vorbeifließt, ruft Thomas glücklich: „Siehst du, da ist dein Schiffchen!" Marie freut sich, sucht den Blick Ihrer Praxisanleitung, zeigt aufgeregt mit dem Finger auf den Stock und ruft: „Da!" Hannah, Ihre Praxisanleitung, ist von Maries erstem Tag in der Kita an ihre wichtigste Bezugsperson. Sie nickt Marie bestätigend zu. Marie sucht einen zweiten Stock und begibt sich wieder zur Brücke. Hannah macht sich Notizen und schießt ein Foto für Maries Bildungsdokumentation. [...]

Formulieren Sie aus der Sicht des Praktikanten wesentliche Aspekte aus dem Kompetenzprofil von Erziehern, aus denen deutlich hervorgeht, dass es sich nicht um einen „easy Job" handelt.

■ Kompetenzen	■ Fallbeispiel
Bsp.: Wissen über Beobachtungs- und Dokumentations- verfahren zur Erfassung von Entwicklungs- und Bildungs- prozessen	Hannah beobachtet Marie, macht ein Foto und Notizen.

Wie könnte die Geschichte im Wald weitergehen? Entwickeln Sie ein praxisnahes realistisches Ende. Legen Sie bei der Darstellung besonders viel Wert darauf, die Aufgaben und Kompetenzen von Fachkräften im Elementarbereich darzustellen.

Welche Konsequenzen ziehen Sie als Praktikant der Kita „Starke Kinder" aus den heutigen Beobachtungen? Über welche Szenen würden Sie im Reflexionsgespräch mit Ihrer Praxisanleitung sprechen und warum?

1.9   Methode 4: Institutions- und Situationsanalyse

METHODE   Institutions- und Situationsanalyse

▪ Ziele

Erwerb von Kenntnissen über Einrichtungen der Kinder- und Jugendhilfe sowie anderer Fachdienste und anderer Bildungsinstitutionen, Erproben von Bedarfs- und Bestandsanalysen für sozialpädagogische Institutionen, um Ergebnisse in die konzeptionelle und pädagogische Planung einzubeziehen

▪ Bearbeitung

Einzelarbeit

 DOPPELTE VERMITTLUNGSPRAXIS

Kennen Sie die Möglichkeiten der Institution? Können Kinder und Jugendliche aktiver in die pädagogische Arbeit einbezogen werden? Formen der Partizipation bei Kindern und Jugendlichen können durch die Kenntnis von räumlichen, materiellen und personellen Gegebenheiten in der Einrichtung erhöht werden. Ein Kind, dass die Räume der Einrichtung gut kennt, kann besser entscheiden, wo und mit was es spielen möchte.

Institutions- und Situationsanalyse

Erstellen Sie eine Institutions- und Situationsanalyse über Ihre Einrichtung und über die Gruppensituation.

In welcher Einrichtung machen Sie Ihr Praktikum?	Was wissen Sie bereits über Ihre Einrichtung?

Die nun folgende Analyse soll die institutionellen Bedingungen Ihrer Einrichtung und die Situation der Gruppe genauer erfassen. Werten Sie die gewonnenen Informationen und Erkenntnisse aus. Die Analyse mündet als Fazit in pädagogischen Ideen für den Elementarbereich. Bearbeiten Sie dafür die folgende Tabelle. Sie dient Ihnen als Gliederung für Ihre Analyse. Dabei sollen Sie keine Fleißarbeit machen, sondern Informationen sammeln, die gewinnbringend für Ihre pädagogische Arbeit in dieser Einrichtung mit den Kindern sein können. Es geht nicht darum, die Bauklötze in der Bauecke zu zählen. Sinnvoller sind Beobachtung wie: „Es gibt eine Bauecke, die mit Konstruktionsmaterial ausgestattet ist. In der letzten Woche wurde die Bauecke nur von drei Kindern genutzt. Es handelt sich dabei um drei fünfjährige Jungen. Sie spielen dort mit den Legobausteinen und bauen Fahrzeuge. Andere Kinder haben in der Zeit die Bauecke nicht genutzt."

Aspekt		Inhalt
1	**Träger der Einrichtung und pädagogische Konzeption**	Wesentliche Aussagen über die Trägerschaft und das pädagogische Konzept der Einrichtung
		Informationen finden Sie ■ in der Konzeption der Einrichtung, ■ in handlungsrelevanten Informationen über den Träger der Einrichtung, ■ ggf. in der Geschichte der Einrichtung.
2	**Einrichtung**	Wesentliche Aussagen über die räumlichen und personellen Möglichkeiten der Einrichtung
2.1	Einrichtung	Wie sind die ... ■ ... Öffnungszeiten? ■ ... Gesamtkinderzahl? ■ ... Anzahl und Art der Gruppen?
2.2 **2.2.1** **2.2.2**	Räume Ausstattung Außengelände	■ Welche Räume werden wie genutzt? ■ Wie ist die Nutzung der Räume und des Außengeländes durch die Kinder? ■ Gibt es Lieblingsspielorte?
2.3	Personal	Wie ist die personelle Situation in der Einrichtung (Anzahl der Mitarbeiter, berufliche Qualifikationen, Zuständigkeitsbereiche)?
2.4 **2.4.1** **2.4.2**	Lage Lage der Einrichtung Umfeld der Einrichtung	■ In welchen Stadtteil liegt die Einrichtung? ■ Wie können Sie das Wohngebiet und die Wohnverhältnisse sowie Spielmöglichkeiten der Kinder beschreiben? ■ Wie ist Ihre Einrichtung im Stadtteil vernetzt? Gibt es Kooperationen, z. B. mit Schulen, Freizeiteinrichtungen, Vereinen oder Geschäften?
2.5 **2.5.1** **2.5.2** **2.5.3**	Abläufe Tagesablauf Gruppenregeln Aktivitäten	■ Wie ist der Tagesablauf in Ihrer Einrichtung? ■ Benennen Sie wesentliche Regeln. ■ Welche Aktivitäten der Einrichtung sind in der nächsten Zeit geplant?
2.6	Auswertung	Werten Sie diese Informationen aus: ■ Welche Möglichkeiten bietet mir die Einrichtung bei der Planung von Bildungsangeboten? ■ Worauf muss ich im Tagesablauf achten? ■ Welche Regeln sind wichtig? ■ Wie kann ich die Kooperationspartner der Einrichtung und die Möglichkeiten des Stadtteils für meine pädagogischen Ideen nutzen?
3	**Gruppe**	Wesentliche Aussagen über die Gruppe, in der Sie Ihr Praktikum verbringen
3.1	Darstellung der Ausgangssituation der Gruppe	Wie können Sie die aktuelle Situation der Gruppe beschreiben? Wie ist die Gruppe zusammengesetzt?
3.2	Soziale Beziehungen	Wer spielt mit wem? Stellen Sie dies in Tabellenform oder als Soziogramm dar.
3.3	Interessen der Kinder	Welche Hobbys, Stärken, Bedürfnisse und Interessen haben die Kinder aktuell?
3.4	Mitbestimmung/Partizipation	Wie sind Mitbestimmungsmöglichkeiten der Kinder in Ihrer Einrichtung geregelt? Gibt es eine Kinderkonferenz? Wie verläuft Partizipation zum Beispiel bei Entscheidungen?
3.5	Elternarbeit	Wie gestalten sich die Zusammenarbeit und Absprachen mit den Eltern?
3.6	Auswertung	Werten Sie diese Informationen aus.
4	**Mögliche pädagogische Handlungsideen**	Skizzieren Sie mögliche Ideen, z. B. für Bildungsangebote, die sich auf Ihre Auswertung beziehen. Welche Angebote und Impulse könnten Sie den Kindern bieten, die sich an den Bedingungen der Einrichtung und dem Interesse und den Bedürfnissen der Kinder orientieren?

1.10   Exemplarische Reflexionsmethode für das Lernfeld 1

Einige Wochen haben Sie sich mit einer Lernsituation im Unterricht, durch selbstorganisiertes Lernen und im Praktikum differenziert mit wichtigen beruflichen Themen beschäftigt, die auch das Lernfeld 1 und die zu vermittelnden Kompetenzen beinhaltet haben.

Sie haben in Ihrem Ausbildungsbegleitheft an vielfältigen Aufgaben zum Lernfeld 1 gearbeitet und:
- eine zentrale Aufgabe des Lernfeldes zur Bearbeitung ausgewählt,
- die Kompetenzen der Kann-Liste angekreuzt und ausgefüllt,
- Fragen beantwortet und Aufgaben bearbeitet,
- den individuellen Ausbildungsplan entwickelt und umgesetzt,
- ausgewählte Methoden bearbeitet und ausgewertet
- und sich sicherlich mit anderen Lernenden, Ihrer Praxisanleitung und den Lehrkräften ausgetauscht.

Nach jeder Lernsituation ist es sinnvoll, für sich ein persönliches Fazit zu ziehen. Notieren Sie aus Ihrer Sicht Ihre persönliche Kompetenzentwicklung. Die Methode kann im Laufe der Ausbildung wiederholt oder auch auf andere Lernfelder übertragen werden.

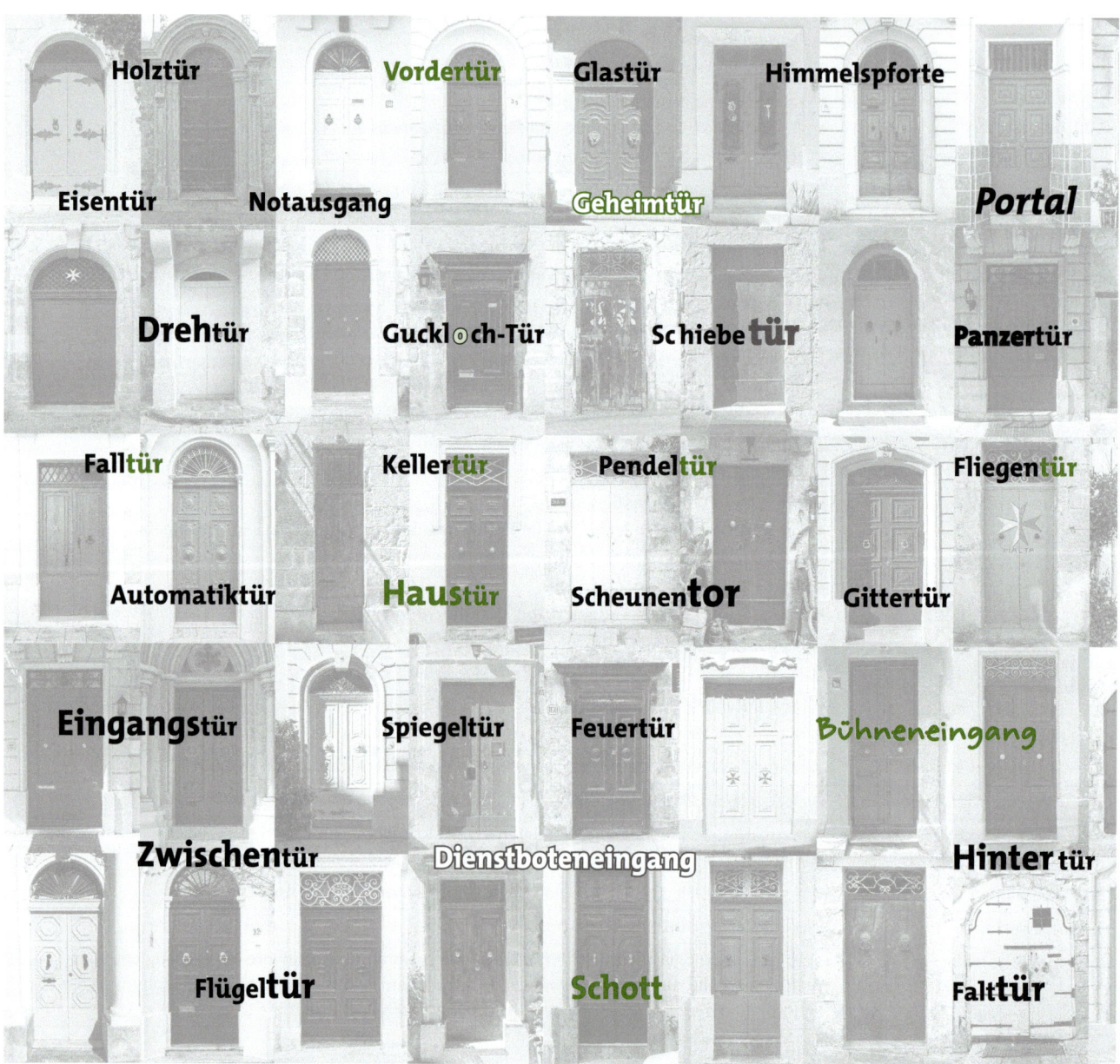

Lassen Sie das Bild und die Türen einige Minuten auf sich wirken.
Ich habe zu Beginn der Ausbildung zur Erzieherin vor dieser Schultür gestanden: _____
Begründen Sie Ihre Entscheidung.

_____

_____

_____

Ich habe zu Beginn der Ausbildung vor dieser Einrichtungstür gestanden: _____
Begründen Sie Ihre Entscheidung.

_____

_____

_____

Für mein nächstes Praktikum wähle ich folgende Tür aus: _____
Begründen Sie Ihre Entscheidung:

_____

_____

_____

Wenn ich heute an mein Berufsziel denke, dann öffnet sich folgende Tür: _____
Begründen Sie Ihre Entscheidung. Wer oder was hat Ihnen geholfen, die Türen zu öffnen, hindurchzugehen und die Türen auch wieder zu schließen?

_____

_____

_____

◐ DOPPELTE VERMITTLUNGSPRAXIS

Die Türen-Methode können Sie auch in der pädagogischen Arbeit mit Kindern, Jugendlichen oder jungen Erwachsenen zur Standortbeschreibung oder Reflexion in Einzelgesprächen oder Gruppen nutzen. Beispiele: Vor welcher Tür stehst du momentan, wenn du daran denkst, dass deine Schulzeit in einem Dreivierteljahr an der Schule endet? Wer kann dir beim Übergang in die Ausbildung helfen?
Welche Tür wählst du aus, um uns zu beschreiben, wie du zurzeit über unser neues Projektthema in der Jugendfreizeiteinrichtung denkst?

_____

_____

Kommunikation und Gesprächsführung

Gruppenpädagogische Grundlagen

Gestaltungsmöglichkeiten der
Lebensräume und des Alltagslebens
von Gruppen in Arbeitsfeldern der
Kinder- und Jugendhilfe

Soziale Gruppenarbeit

Pädagogische Beziehungsgestaltung

Konflikte und Konfliktbewältigung
im pädagogischen Alltag

Rechtliche Rahmenbedingungen sozialpädagogischer
Gruppenarbeit wie Aufsicht, Kinder- und Jugendschutz,
Gesundheitsschutz, Datenschutz

Menschenbild, Bild vom Kind,
pädagogische Wertorientierungen

Erklärungsmodelle für
erzieherisches Handeln

Lernfeld ❷

**Pädagogische Beziehungen gestalten
und mit Gruppen pädagogisch
arbeiten**

Bindungstheorie

Beobachtung und Dokumentation
von Gruppenprozessen

Didaktisch-methodische Handlungskonzepte der
Gruppenarbeit in den Arbeitsfeldern der Kinder-
und Jugendhilfe, z.B. Fröbel, Montessori, Reggio,
Situationsansatz

Modelle und Methoden der partizipativen pädagogischen Arbeit

2.2   Zentrale Aufgaben der Ausbildung im Lernfeld 2

In den unterschiedlichen Arbeitsfeldern für Erzieher begegnen Sie vielfältigen Gruppen.
Zu Beginn steht der Aufbau einer guten Beziehung zwischen Ihnen und der Gruppe dabei sicherlich im Vordergrund. Im nächsten Schritt ist es wichtig, die unterschiedlichen Lebenssituationen der Kinder, Jugendlichen oder jungen Erwachsenen kennen und berücksichtigen zu lernen. Welche Beziehungen haben die Gruppenmitglieder untereinander? In welcher Gruppenphase befinden sie sich? Wie geht die Gruppe mit Konflikten um?

- Ich gestalte eine professionelle pädagogische Beziehung zu Kindern, Jugendlichen und jungen Erwachsenen auf der Grundlage von Wertschätzung, Empathie und Kongruenz.
- Ich entwickle für meine Arbeit mit Einzelnen und Gruppen ein Konzept der pädagogischen Fremdwahrnehmung. Dieses stützt sich auf ein fachwissenschaftlich reflektiertes Bild vom Kind, Jugendlichen und jungen Erwachsenen sowie auf die Wahrnehmung und Beobachtung der Persönlichkeit und bezieht die Ressourcen meiner Adressaten und deren Diversität ein.
- In der pädagogischen Gruppenarbeit nutze ich fachtheoretische Kenntnisse zur Beobachtung, Analyse und Dokumentation von Gruppenprozessen.
- Ich reflektiere meine eigene Rolle im pädagogischen Handlungsprozess. Dabei überprüfe ich meine Erziehungsziele, mein Erziehungsverhalten und meine professionelle Haltung und entwickle sie weiter.
- Ich konzipiere pädagogische Ziele auf der Grundlage von Situationsanalysen.
- Bei der Planung und Durchführung meiner Arbeit stütze ich mich auf eine vertiefte Kenntnis gruppenpädagogischer Konzepte der Kinder- und Jugendarbeit.
- Ich evaluiere meine Arbeit und entwickle sie weiter.
- Ziel meiner Arbeit ist es, soziales Lernen anzuregen, die Partizipation der Gruppenmitglieder im Gruppenprozess zu ermöglichen sowie Selbstwirksamkeit zu fördern.
- In meiner Arbeit beachte ich Wertevermittlung, den Erwerb von Medienkompetenz und die Grundsätze sprachlicher Förderung.
- Ich rege Kinder, Jugendliche und junge Erwachsene an, Konflikte selbstständig zu lösen, und fördere partizipatorische, ressourcenorientierte und integrierende Lösungsstrategien.
- Ich beachte die rechtlichen Rahmenbedingungen der pädagogischen Arbeit mit Kindern, Jugendlichen und jungen Erwachsenen.

- Benennen Sie zu jeder Aufgabe mindestens drei berufliche Handlungsweisen, die anschaulich darstellen, dass Erzieher über Kompetenzen verfügen, diese Aufgaben bewältigen zu können.
- Was müssen Sie können und wissen, um die Aufgaben aus dem Lernfeld umsetzen zu können?
- Wie und wo können Sie sich dieses Wissen aneignen und die benötigten Fähigkeiten erwerben?
- Was werden Sie vermutlich in der Schule lernen? Welche Möglichkeiten des Lernens bietet der Lernort Praxis? Was können Sie sich im Selbststudium aneignen?
- Womit wollen Sie beginnen? Notieren Sie zu allen Fragen Ihre Antworten und heften Sie diese ab.

Mit der folgenden Kann-Liste können Sie Ihr bisheriges Wissen und Ihre bisher erworbenen Fähigkeiten und Fertigkeiten im Hinblick auf das Lernfeld 2 einschätzen. So erhalten Sie einen systematischen Überblick und können sich im nächsten Schritt realistische Aufgaben und Ziele setzen. Diese Form der Überprüfung ermöglicht die Ermittlung eines Ist-Zustandes („Hier stehe ich"), von dem aus ein realistischer Soll-Zustand („Hier will ich hin") festgelegt wird. Dieses Verfahren der Selbstevaluation (Selbsteinschätzung) wird im Rahmen der Qualitätsentwicklung häufig angewendet.

2.3   Ich kann's – „Kann-Liste" für die Kompetenzentwicklung im Lernfeld 2

Fachkompetenz (Wissen und Fertigkeiten)	Nein	Zum Teil	Größtenteils	Ja
Ich verfüge über …				
▪ Wissen über das **Bild von der Zielgruppe** im gesellschaftlichen, historischen und kulturellen Kontext.	☐	☐	☐	☐
▪ Wissen über **erziehungswissenschaftliche Konzepte** und deren Bedeutung für erzieherisches Handeln sowie zu Geschichte, Theorien und Methoden der Kinder- und Jugendarbeit.	☐	☐	☐	☐
▪ Wissen über **Bindungstheorie** und entwicklungsförderliche pädagogische **Beziehungsgestaltung** und über die Bedeutung der pädagogischen Grundhaltung für die Gestaltung von Bildungssituationen.	☐	☐	☐	☐
▪ Wissen über **Gruppenpsychologie** sowie über die Gruppenarbeit als klassische Methode der Sozialpädagogik, über entwicklungsbedingtes Verhalten in einer Gruppe sowie über Konzepte einer inklusiven Gruppenpädagogik, über Bedingungsfaktoren von Gruppenverhalten und -einstellungen aus der Sicht verschiedener Vielfaltaspekte (z.B. Geschlecht, Entwicklungsstand, soziale Herkunft, Kultur, Religion).	☐	☐	☐	☐
▪ Wissen über **didaktisch-methodische und konzeptionelle Ansätze** zur Erziehung, Bildung und Betreuung in Kleingruppen in den klassischen Arbeitsfeldern der Kinder- und Jugendhilfe.	☐	☐	☐	☐
▪ Wissen über Modelle der **partizipativen pädagogischen Arbeit.**	☐	☐	☐	☐
▪ Wissen über erfolgreiche Kommunikation und Sprachförderung in pädagogischen Alltagssituationen.	☐	☐	☐	☐
▪ Wissen zum **Konfliktmanagement.**	☐	☐	☐	☐
▪ Wissen über die **rechtlichen Rahmenbedingungen** und Aufträge sozialpädagogischen Handelns.	☐	☐	☐	☐
Ich verfüge über Fertigkeiten, …				
▪ mich aufgrund von Selbstreflexion in die Lebenssituationen der Zielgruppe hineinzuversetzen, sie in ihrer Individualität und Persönlichkeit wahrzunehmen und in ihrer Kompetenzerweiterung zu unterstützen.	☐	☐	☐	☐
▪ professionelle Beziehungen nach den Grundsätzen pädagogischer Beziehungsgestaltung aufzubauen und die eigene Beziehungsfähigkeit zu reflektieren und weiterzuentwickeln.	☐	☐	☐	☐
▪ Gruppenverhalten, -prozesse, -beziehungen und das eigene professionelle Handeln systematisch zu beobachten, zu analysieren und zu beurteilen und die gewählten Beobachtungsverfahren und -instrumente auf ihre Wirksamkeit in pädagogischen Prozessen anhand von Kriterien zu beurteilen und ggf. zu verändern.	☐	☐	☐	☐
▪ Ressourcen der Gruppenmitglieder festzustellen (und verschiedene Gruppenkonstellationen zielgerichtet) in die Planung der Gruppenarbeit einzubeziehen.	☐	☐	☐	☐
▪ diversitätsbedingte Verhaltensweisen und Werthaltungen in Gruppen zu erkennen, zu beurteilen, pädagogische Schlussfolgerungen daraus zu ziehen, Ziele zu entwickeln und in Handlungen umzusetzen, gruppenpädagogische Prozesse methodengeleitet zu analysieren, zu reflektieren, weiterzuentwickeln und zu vertreten.	☐	☐	☐	☐
▪ die ausgewählten pädagogischen Handlungsansätze hinsichtlich ihrer Anwendbarkeit kritisch zu überprüfen und im Dialog der Fachkräfte weiterzuentwickeln.	☐	☐	☐	☐
▪ auf der Grundlage eines breiten Spektrums an Methoden und Medien gruppenbezogene pädagogische Aktivitäten partizipatorisch zu planen, zu begleiten und angemessen zu steuern.	☐	☐	☐	☐
▪ Bedingungen in Gruppen zu schaffen, in denen sich das einzelne Gruppenmitglied in der Gruppe selbstwirksam erleben kann und Alltagsleben und Lebensräume von Gruppen auf der Grundlage von pädagogischen Konzepten zu gestalten, anregende Erziehungs-, Bildungs- und Lernumwelten zu entwickeln […] soziales/entdeckendes Lernen durch gruppenbezogene Aktivitäten zu initiieren und zu unterstützen.	☐	☐	☐	☐
▪ die eigene Rolle in Entwicklungs- und Bildungsprozessen der Zielgruppe […] wahrzunehmen, zu reflektieren und Konsequenzen für das pädagogische Handeln zu entwickeln und nachhaltig verändern zu können.	☐	☐	☐	☐
▪ Erziehung als dialogischen Prozess zu beachten und erzieherische Maßnahmen unter Berücksichtigung des Umfeldes (rechtlich, familiär und schulisch) zu entwickeln, zu planen und durchzuführen.	☐	☐	☐	☐
▪ Partizipationsstrukturen konzeptionell zu verankern und die demokratischen Beteiligungs- und Mitwirkungsrechte der Zielgruppe umzusetzen.	☐	☐	☐	☐
▪ Kommunikations-, Beziehungs- und Interaktionsprozesse anhand theoretischer Modelle zu beschreiben und zu analysieren sowie verbale und nonverbale Kommunikationsmittel im Umgang mit der Zielgruppe zielbezogen und situationsorientiert einzusetzen und nachhaltig weiterzuentwickeln.	☐	☐	☐	☐
▪ sprachliche Bildungssituationen zu erkennen und diese verantwortungsvoll für die Gestaltung altersgerechter Lernsituationen zu nutzen.	☐	☐	☐	☐
▪ Konflikte zu erkennen und die Zielgruppe darin zu unterstützen, diese selbstständig zu lösen, mit Konflikten und Störungen angemessen umzugehen und partizipatorische und ressourcenorientierte Lösungsstrategien zu entwickeln.	☐	☐	☐	☐

Im Downloadbereich 🌐 finden Sie diese „Kann-Liste" wieder. Außerdem gibt es im Downloadbereich die Möglichkeit Tätigkeitsnachweise in die Kann-Listen einzutragen, um die eigene Entwicklung auch mithilfe von Dokumenten etc. zu belegen (z.B. Klassenarbeit über Bindungstheorien, Projektarbeit, Gruppenarbeit „Partizipation in Gruppen für Kindern unter drei Jahren", Workshop-Besuch „Mediation").

2.4   Fragen und Aufgaben zum Lernfeld 2

Die folgenden Fragen und Aufgaben helfen Ihnen, sich strukturiert mit den Inhalten und Aufgaben von **Lernfeld 2** auseinanderzusetzen. Bei der Bearbeitung wird Ihnen deutlich, dass Sie Verantwortung für Ihre eigene Ausbildung übernehmen.

1   Informieren Sie sich bei den zuständigen Lehrkräften der Fachschule über Unterrichtsinhalte, Praxisaufgaben, verbindliche und von der Fachschule festgelegte Teilleistungen und die Organisation von Lernfeld 2. Legen Sie sich eine Übersicht wie im folgenden Beispiel an. Es ist wichtig, dass Sie Ihre direkten Ansprechpartner kennen und die Leistungsbewertung für Sie transparent ist. 🖐

Lernfeld 2 Gesamtstunden max. 160–200 Stunden	In welchen Ausbildungsphasen wird das Lernfeld 2 unterrichtet? von–bis	Von wem wird das Lernfeld 2 in der Fachschule unterrichtet?	Zu welchen Lernsituationen zählt das Lernfeld 2? Welche weiteren Lernfelder zählen zu der Lernsituation?	Aus welchen Teilleistungen setzt sich die Note im Lernfeld 2 in den einzelnen Phasen zusammen? Prozentangaben % E = Einzelarbeit G = Gruppenarbeit	Welche Praxisaufgaben sind zur Bearbeitung der Inhalte und Aufgaben des Lernfeldes 2 festgesetzt?
LF 2 (80 Stunden)	20.–30. Schulwoche im ersten Ausbildungsjahr	Herr Wolram Frau Kersens Frau Bolting	„Größer, älter, anders?" – Der pädagogische Alltag mit Schulkindern und Jugendlichen in Bildungseinrichtungen Lernfeld 1 Lernfeld 3 Lernfeld 4	Referat Partizipation 25 % G Klausur pädagogische Handlungskonzepte 25 % E Selbstorganisiertes Lernen 30 % E Sonstige Mitarbeit 20 % E	Interviews mit Kindern und Jugendlichen führen – Zusammenfassung in einem Gruppenporträt Erster Praxisbesuch mit einer Großgruppe … …
LF 2	von–bis				

2   Informieren Sie Ihre Ansprechpartner am Lernort Praxis über die bisher im Unterricht vermittelten Inhalte und schulischen Arbeitsaufträge aus dem Lernfeld 2. Es ist wichtig, dass Sie dazu beitragen, dass die „Verzahnung" beider Lernorte gelingt. Überlegen Sie sich vor dem Gespräch mit Ihrer Praxisanleitung, über welche Aspekte Sie informieren wollen. Was wollen Sie vom Lernort Praxis zum Lernfeld 2 erfahren?

3 Konkretisieren Sie die Inhalte und Aufgaben des Lernfeldes 2 und halten Sie diese Ergebnisse in einer Mindmap (DIN A5) fest. Nutzen Sie den Advanced Organizer als Grundgerüst für die Mindmap. Ergänzen Sie Ihre Mindmap mit Inhalten aus dem Lehrwerk „Erzieherinnen + Erzieher". Vielleicht bietet sich Ihnen auch die Möglichkeit, sich mit anderen Lernenden über die unterschiedlichen Mindmaps auszutauschen. Die Mindmap wird sich im Laufe Ihrer Ausbildung durch Praktika und Unterricht in der Fachschule weiter konkretisieren.

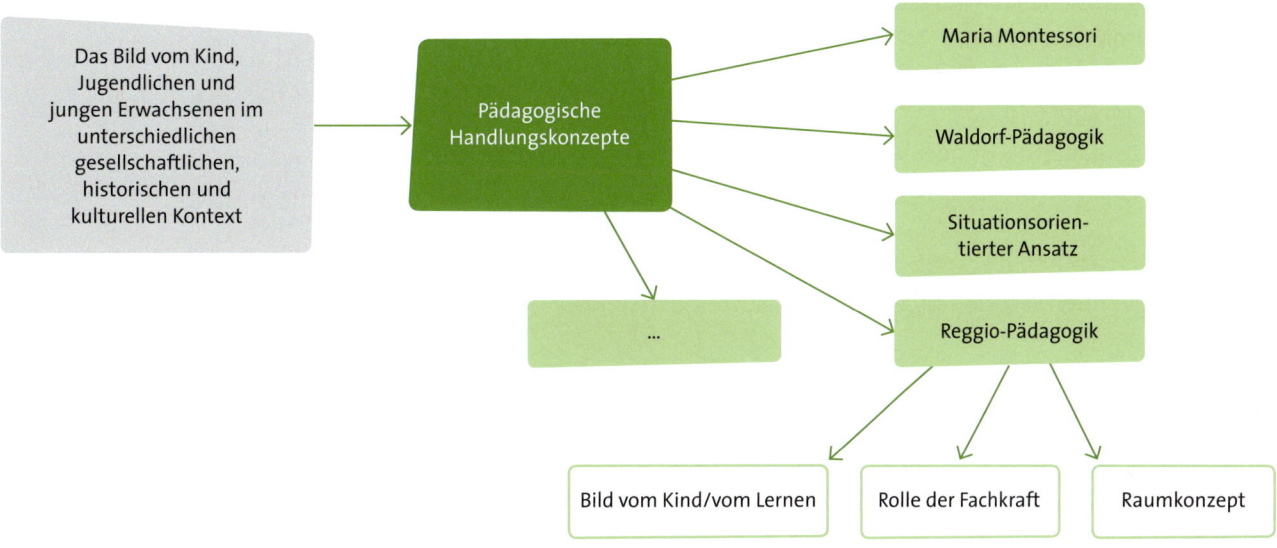

4 Welches Wissen und welche Fertigkeiten bringen Sie zur Bearbeitung der zentralen Aufgaben im Lernfeld 2 schon mit (Zusammenfassung der Kann-Liste)?

---

5 Was möchten Sie dazulernen? Welche zentrale Aufgabe aus dem Lernfeld 2 wählen Sie aus eigener Initiative als Erstes aus? Wie begründen Sie Ihre Auswahl?

---

6 Entwickeln Sie konkrete Umsetzungsschritte, um die zentrale Aufgabe lösen zu können? Welche Fachkompetenzen, Fertigkeiten und personalen Kompetenzen benötigen Sie dafür? Wie können Sie Ihren eigenen Kompetenzerwerb für Lehrkräfte und Praxisanleitungen nachvollziehbar darstellen und Bedeutsames dokumentieren?

2.5   Individueller Ausbildungsplan für das Lernfeld 2

Wer im Leben kein Ziel hat, verläuft sich. *Henry Ford*

Welche Kompetenzen einer Fachkraft wollen Sie erwerben bzw. vertiefen? Welche Bildungsbereiche wollen Sie sich erschließen? Planen Sie konkrete Umsetzungsschritte und berücksichtigen Sie dabei eine sinnvolle und realistische Zeitplanung. Nutzen Sie dafür u.a.
- die Kompetenzen des Lernfeldes und die personalen Kompetenzen des Lehrplans,
- die Querschnittsaufgaben,
- Ihre Mindmap des Lernfeldes,
- Unterrichtsinhalte,
- den Bildungsplan Ihres Bundeslandes.

Setzen Sie sich Ziele und Schwerpunkte für das Praktikum und die Phasen selbstorganisierten Lernens. Entwickeln Sie Ihren eigenen tabellarischen Ausbildungsplan.

Beachten Sie in Ihren individuellen Ausbildungsplänen unbedingt auch die personalen Kompetenzen (Selbstständigkeit und Sozialkompetenz). Sie finden in der Tabelle einige Merkmale. Ergänzen Sie die Liste.

Selbstständigkeit	Sozialkompetenz
■ Kritische reflektierende Haltung ■ Wunsch nach Weiterentwicklung ■ Bereitschaft zur Verantwortung	■ Neugierde ■ Toleranz ■ Offenheit ■ Wertschätzung ■ Respekt

Durch bestimmte Schlüsselbegriffe (Operatoren, S. 42) können Sie in den Ausbildungsplänen verdeutlichen, dass Sie sich unterschiedlichen Anforderungsbereichen stellen.

Anforderungsbereich I	■ Benennen ■ Darstellen ■ Wiedergeben ■ Beschreiben ■ etc.
Anforderungsbereich II	■ Anwenden ■ Konkretisieren ■ Erläutern ■ Vergleichen ■ etc.
Anforderungsbereich	■ Beurteilen ■ Entwickeln ■ Interpretieren ■ Planen ■ etc.

Dokumentieren Sie fortlaufend Ihre Entwicklungsschritte.

Kompetenzen Lernfeld 2	Indikatoren	Konkrete sinnvolle Umsetzungsschritte	Zeitplan	Benötigte Unterstützung von
Zum Beispiel:	Zum Beispiel:	Zum Beispiel:	Zum Beispiel:	Zum Beispiel:
Ich verfüge über vertieftes Wissen über erfolgreiche **Kommunikation** und **Sprachförderung** in pädagogischen Alltagssituationen und bin mir meiner Vorbildfunktion bewusst.	Ich achte in Dialogen mit Kindern darauf, dass ich offene Fragen stelle. Ich pflege einen wertschätzenden Kommunikationsstil mit Kindern, Eltern und Kollegen. Ich nutze die kollegiale Unterstützung in einer Kleingruppe von Lernenden.	Ich beobachte die Fachkräfte in Alltagssituationen mit Kindern. Ich achte besonders auf Momente der Sprachförderung. Ich lese Fachliteratur zum Thema Sprachförderung und fasse wichtige Kernaussagen zusammen.	Bis zum ... Gespräch am ... Bis zum ...	Fachkräfte der Einrichtung Lehrkräfte, Praxisanleitung
Ich erkenne sprachliche Bildungssituationen und nutze diese verantwortungsvoll für die Gestaltung altersgerechter Lernsituationen.	Ich beobachte Kinder im Alltag, analysiere wichtige Situationen, werte diese mit den Fachkräften aus und entwickele daraus entwicklungsangemessene Angebote oder setze Impulse sinnvoll ein.	Ich gehe auf „Spurensuche" in der Einrichtung: Wie wird der Bildungsbereich Sprache umgesetzt.? Ich nutze Sprachfördermaterialien sinnvoll (Spiele, Bilderbücher, Rollenspielmaterial).	Bis zum ... Fortlaufend Treffen mit der Praxisanleitung alle 14 Tage	Fachkräfte der Einrichtung
Ich verfüge über Fähigkeiten und Fertigkeiten, professionelle Beziehungen nach den Grundsätzen pädagogischer Beziehungen aufzubauen und zu gestalten und die eigene Beziehungsfähigkeit zu reflektieren und weiterzuentwickeln.	In der ersten Zeit beobachte ich die Kinder und gehe langsam auf einzelne Kinder oder Spielgruppen zu. Ich reflektiere meine Beziehungen zu den einzelnen Kindern kritisch. Ich ziehe mich in Spielsituationen im Freispiel langsam zurück, wenn ich merke, dass Kinder meine Unterstützung nicht mehr benötigen. Jungen Kindern unter drei Jahren biete ich mich als „Basislager" an, wenn sie ein Bedürfnis danach zeigen. Ich achte deutlich auf nonverbale Signale nach Nähe.	Ich nutze mein Tagebuch.		
Ich kenne Modelle partizipatorischer Arbeit und kann diese in der Praxis anwenden.				

2.6 Methode 5: Tagebuch schreiben

METHODE Tagebuch schreiben

■ Ziele

Dokumentieren von Beobachtungen, Erfahrungen und Ideen während der Ausbildung, Nachdenken über die Tagebucheinträge, um an diese anzuknüpfen und über sie zu reflektieren, etwas Geschehenes verschriftlichen, um subjektive Gefühle festzuhalten, die als bedeutsam erscheinen, ein Instrument zur Analyse eigener Lern- und Entwicklungsprozesse nutzen, rückblickend eine Grundlage für wichtige berufliche Erinnerungen zu haben

■ Bearbeitung
Einzelarbeit

 DOPPELTE VERMITTLUNGSPRAXIS

Diese Methode kann in der Arbeit mit Kindern oder Jugendlichen eingesetzt werden. Ein Tagebuch bietet Kindern ebenfalls die Möglichkeit, nachzudenken, wichtige Momente festzuhalten, Gefühle zu verschriftlichen und die eigene Entwicklung zu reflektieren. Ein Tagebuch kann auch für eine bestimmte Phase genutzt werden, z. B. ein Projekttagebuch.

Besitzen Sie eigene Tagebücher? Schreiben Sie gern? Lesen Sie hin und wieder in Ihren Tagebüchern? Wie fühlen Sie sich, wenn Sie Vergangenes lesen? Oder denken Sie bei dem Wort „Tagebuch" eher an „rosa Bücher von kleinen Mädchen"?
Wo haben Sie bisher Ihre Beobachtungen und bedeutsamen Momente am Lernort Praxis oder am Lernort Schule fest gehalten?

Ihr berufliches Tagebuch ist ein ganz persönliches Instrument der Dokumentation. Es gehört Ihnen und ist nur zur Einsicht anderer gedacht, wenn Sie dies erlauben. Vielleicht kaufen Sie sich ein ansprechendes Buch, um ein sehr individuelles Tagebuch zu besitzen. Vielleicht reicht Ihnen auch ein einfacher Block. Welche Einträge könnten während der Ausbildung sinnvoll sein? Beispiele:

■ Wie nehme ich Kontakt zu einzelnen Kindern, Jugendlichen oder jungen Erwachsenen auf?
■ Welche Beobachtungen von einzelnen Kindern oder Kleingruppen möchte ich festhalten?
■ Wie entwickeln sich meine Beziehungen zur Gruppe?
■ Wie entwickeln sich meine Beziehungen zum Team?
■ Wie sieht ein klassischer Arbeitstag von mir aus?
■ Meine wichtigsten Lern- und Entwicklungsschritte sind ...

Ergänzen Sie mögliche Themen für Tagebucheinträge.

Beispiel

10. November 2014, Tagebuchentrag von Anna (24 Jahre), Erzieherausbildung drittes Ausbildungsjahr:

Heute ist Magdas dritter Eingewöhnungstag. Ich bin ihre Bezugserzieherin. Magda ist erst 6 Monate alt. Ach, ich verstehe gar nicht, wie Magdas Mutter das kann. Warum gibt sie Magda so früh ab? Ich würde das mit meinen Kindern nie machen. Ein Baby gehört doch zu seiner Mutter. Magda ist doch noch so klein. [...]

Beispiel

27. April 2015, Tagebucheintrag von Tim (32 Jahre), Erzieherausbildung zweites Ausbildungsjahr:

Ich ärgere mich über meinen Praxisanleiter. Mann, wie der heute mit mir gesprochen hat. Als wäre ich ein kleines Kind. Der ist auch noch jünger als ich. Nur weil ich mich an eine Absprache nicht gehalten habe. War doch nicht so schlimm. In meinem ersten Beruf war ich Filialleiter. Da habe ich den Leuten gesagt, was sie tun sollen. Wieder in einer Ausbildung zu stehen, fällt mir manchmal wirklich nicht leicht. Vielleicht spreche ich morgen mit ihm darüber. Ich glaube, ich war wirklich zu blöd heute im Gespräch. [...]

Beispiel

8. Mai 2015, Tagebucheintrag von Simon (20 Jahre), Erzieherausbildung erstes Ausbildungsjahr:

Heute habe ich Ben kennengelernt. Es ist mein fünfter Tag in der Kinder- und Jugendfreizeiteinrichtung. Alle Kinder haben mir schon von Ben erzählt. Er muss hier so etwas wie der Anführer sein. Sie reden alle mit Bewunderung und leichter Ehrfurcht von Ben. Er ist schon 18 Jahre alt, besitzt ein Auto und ist ein großer Fußballfan. Von meinem Anleiter habe ich erfahren, dass Ben seit seiner Teenagerzeit viel Zeit in der Hooligan-Szene der Stadt verbringt. Sie sind froh, dass er immer noch in die Einrichtung kommt. Die besucht Ben seit der 1. Klasse. Ich hatte mir in den ersten Tagen schon ein Bild gemacht von Ben – besonders, als der kleine Maximilian mir sagte: „Du, der Ben ist echt sehr groß und stark". Und dann stand Ben heute vor mir. Er klopfte mir auf die Schulter. „Na, wieder ein neuer Praktikant?" Ich muss wohl ein bisschen erschrocken geguckt habe. Ben lachte. So fing alles an zwischen Ben und mir. [...]

Haben Sie Lust bekommen, etwas zu schreiben?
Sammeln Sie Themen, über die Sie momentan gern schreiben würden.

2.7   Methode 6: Analyse von Praxissituationen zum Thema Kommunikation

METHODE   Analyse von Praxissituationen zum Thema Kommunikation

■ Ziele

Analyse einer Praxissituation mithilfe des Kommunikationsmodells von Schulz von Thun, Übertragung des bisherigen Wissens auf eine vielschichtige Praxissituation, praxisnahe Handlungsmöglichkeiten für den Fortgang entwerfen

■ Bearbeitung
Einzelarbeit

 DOPPELTE VERMITTLUNGSPRAXIS

Besonders in der Arbeit mit Jugendlichen oder jungen Erwachsenen kann es hilfreich sein, mit Fallbeispielen zu arbeiten. Das Modell von Schulz von Thun hilft jungen Menschen, Missverständnisse und zwischenmenschliche Konflikte besser zu verstehen, wenn sie sich klarmachen, dass eine Nachricht immer vier Seiten hat.

Nach Friedemann Schulz von Thun hat jede Nachricht vier mögliche Seiten, diese Nachricht zu senden bzw. zu hören. Viele Missverständnisse und Konflikte können mithilfe dieses Modells analysiert werden.

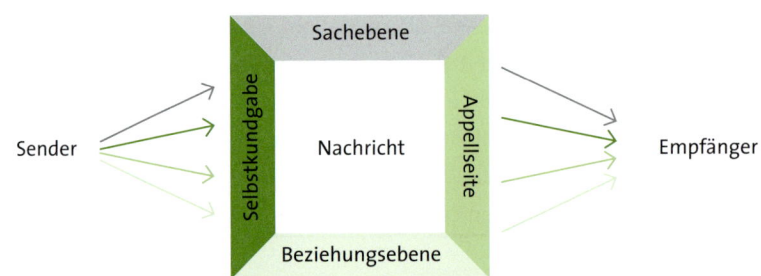

	Ich	Du
Sachebene	Worüber ich informiere? Daten, Fakten, Sachverhalte	Wahr oder unwahr? Relevant/irrelevant? Hinlänglich oder unzureichend?
Beziehungsebene	Was ich von dir halte und wie ich zu dir stehe?	Fühle ich mich wertgeschätzt oder abgelehnt, etc.?
Selbstoffenbarungsebene	Was ich über mich zu erkennen gebe?	Was ist mein Gegenüber für ein Typ? Wie ist er/sie?
Appellebene	Wozu ich dich veranlassen will? Was ich bei dir erreichen will?	Was soll ich jetzt (nicht) machen, denken oder fühlen?

Analysieren Sie mithilfe des Modells von Schulz von Thun die nachfolgenden Praxissituationen:
■ Was ist passiert?
■ Auf welchem „Ohr" hat der Empfänger die Nachricht gehört?
■ Mit welcher Absicht wurde „gesendet"?
■ Wie könnten die Akteure in der Situation angemessen reagieren? Tipps?

Praxisbeispiele:
Marie fegt wütend den Hof, kurz nachdem die Leitung auf dem Außengelände laut in die Runde gerufen hat: „Oje – der Hof muss aber auch mal wieder dringend gefegt werden."

Thorstens Praxisanleitung fragt ihn im Erstgespräch relativ zu Beginn, warum er erst mit 38 Jahren die Erzieherausbildung beginnt. Thorsten schluckt und reagiert etwas ungehalten. Er versucht sich zu rechtfertigen.

Lotta kommt am zweiten Praxistag zu spät und wird von der Praxisanleitung mit den Worten begrüßt: „Na, das
hätten wir uns früher mal als Praktikanten erlauben sollen." Am nächsten Tag fährt Lotta mit Bauchschmerzen
in die Einrichtung.

Jannis hinterfragt bei der Praxisanleitung, warum nur vier Kinder gleichzeitig in die Puppenecke dürfen. Er will
ihm Rahmen des Unterrichtsthemas Partizipation mehr dazu wissen. Wie werden Regeln mit Kindern in der
Gruppe erarbeitet? Die Praxisanleitung reagiert gereizt.

Nils arbeitet in diesem Praktikum auch mit Kindern unter drei Jahren. Eine Mutter kommt mit ihm auf dem
Flur ins Gespräch. Gegen Ende fragt sie ihn: „Wickeln Sie auch die Kinder?" Nils weiß nicht, was er antworten
soll.

Haben Sie ein eigenes Beispiel aus der Praxis?

2.8   Methode 7: Wahrnehmende Beobachtung und Dokumentation

METHODE   **Wahrnehmende Beobachtung und Dokumentation**

■ Ziele
Bildungsprozesse der Kinder und Jugendlichen wahrnehmen und sinnvoll unterstützen, Absichten von Kindern und Jugendlichen sollen erfasst und verstanden werden

■ Bearbeitung
Einzel-, Partnerarbeit

 DOPPELTE VERMITTLUNGSPRAXIS

Kinder und Jugendliche lernen durch Beobachtung anderer. Das Vorbild des Erziehers kann dazu dienen, beobachtete Handlungen zu hinterfragen und im Rahmen einer vollständigen Handlung eigenes Handeln zu strukturieren.

Die Grundlage aller pädagogischen Handlungen ist das Beobachten. Aufgrund von wahrnehmenden Beobachtungen können sinnvolle Schlüsse aus kindlichem Verhalten gezogen werden, um dann pädagogische Handlungen zu planen und zu reflektieren. Dies nennt man das **Modell der vollständigen Handlung**.

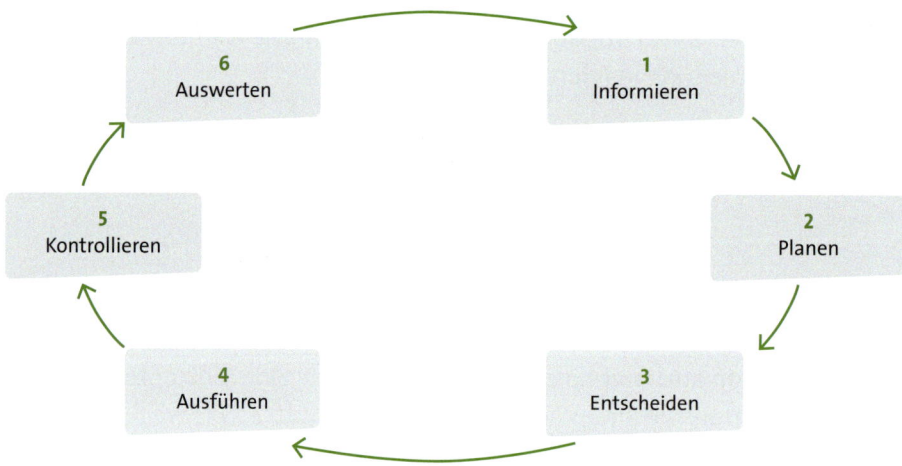

An unterschiedlichen Stellen dieses Buches finden Sie die Teilprozesse der vollständigen Handlung besprochen. In dieser Methode bleiben wir beim wahrnehmenden Beobachten, dem Informieren, und beim Dokumentieren, dem Auswerten. ☝

■ *Welche Beobachtungsmethoden wenden Sie bereits an?*

■ *Wie gelingen Ihnen die Beobachtungen?*

■ *Wozu dienen Ihnen Ihre Beobachtungen?*

Die Form des wahrnehmenden Beobachtens ist keine Methode, sondern eine Haltung, das Kind ganzheitlich mit allen Sinnen wahrzunehmen, kindliche Interessen zu erfassen und das Kind in seinen selbst gewählten Aufgaben zu unterstützen und herauszufordern.

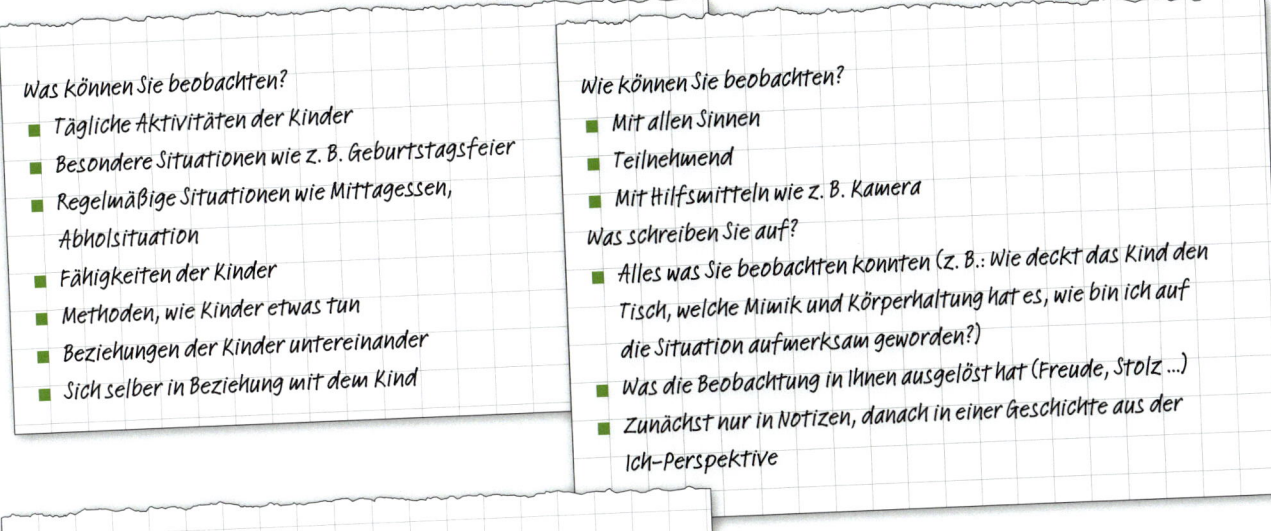

Was können Sie beobachten?
- Tägliche Aktivitäten der Kinder
- Besondere Situationen wie z. B. Geburtstagsfeier
- Regelmäßige Situationen wie Mittagessen, Abholsituation
- Fähigkeiten der Kinder
- Methoden, wie Kinder etwas tun
- Beziehungen der Kinder untereinander
- Sich selber in Beziehung mit dem Kind

Wie können Sie beobachten?
- Mit allen Sinnen
- Teilnehmend
- Mit Hilfsmitteln wie z. B. Kamera

Was schreiben Sie auf?
- Alles was Sie beobachten konnten (z. B.: Wie deckt das Kind den Tisch, welche Mimik und Körperhaltung hat es, wie bin ich auf die Situation aufmerksam geworden?)
- Was die Beobachtung in Ihnen ausgelöst hat (Freude, Stolz …)
- Zunächst nur in Notizen, danach in einer Geschichte aus der Ich-Perspektive

Wie reflektieren Sie Ihre Beobachtung?
- Was könnte für das Kind in dieser Situation wichtig sein?
- Was kann das Kind schon?
- Wie kann ich das Kind in seinem Vorhaben unterstützen?
- Was kann ich dem Kind als nächsten Schritt pädagogisch anbieten?
- Wie unterstütze ich den kindlichen Prozess?

Hier finden Sie ein Beispiel für eine Dokumentation in Briefform.

9. Mai 2015

Liebe Lea,
heute habe ich neben dir am Frühstückstisch gesessen und mir ist dabei aufgefallen, dass du zum ersten Mal ganz alleine dein Müsli zubereitet hast. Ich wollte dir helfen, doch du sagtest: „Nein, ich mache". Ich war erst erstaunt darüber, aber dann hast du mir gezeigt, wie gut du bereits selber Dinge machen kannst. Du hast Müsli in deine Schale geschüttet und darauf geachtet, dass nichts danebenfällt. Als deine Schüssel voll war, hast du Nathan geholfen und auch ihm etwas in die Schüssel geschüttet. Das hat mich sehr gefreut und Nathan auch, er hat dich angelächelt. Danach hast du ganz langsam und vorsichtig die Milch in deine Schale gegossen. Du hast die Milchflasche gut festgehalten und warst sehr konzentriert dabei. Es ist dir so gut gelungen, dass alles in deiner Schale gelandet ist und nicht ein Tropfen Milch verschüttet wurde. Ich habe mich sehr darüber gefreut und festgestellt, dass du schon sehr sicher beim Gießen von Flüssigkeiten bist. Als Nathan sagte „auch", hast du auch ihm Milch eingegossen und wieder ist es dir gut gelungen. Ihr habt dann beide euer Müsli gegessen und du hast dabei die ganze Zeit gelächelt. „Lecker", hast du gesagt, als du fertig warst, und „mehr". Das war für mich auch etwas Neues – vorher mochtest du das Müsli gar nicht so gerne! Ich würde gerne mit dir zusammen noch andere Flüssigkeiten schütten und in Gefäße füllen. Ich bringe uns beiden morgen Flaschen, Tassen und Töpfe mit und ich lade dich herzlich ein, mit mir in den Waschraum zu kommen. Da können wir an unserer Waschrinne Wasser einfüllen, ausgießen und umfüllen. Darauf freue ich mich. Vielleicht möchtest du ja auch ein anderes Kind mitnehmen?

Deine Johanna

2.9   Methode 8: Soziogramm

METHODE   Soziogramm

■ Ziele
Darstellung von sozialen Strukturen und Beziehungen in der Gruppe. Für eine Gruppenleitung ist es wichtig, die Strukturen ihrer Gruppe zu ermitteln und so die Beziehungen der Gruppenmitglieder untereinander besser kennenzulernen. Gruppenverhalten, -prozesse und -beziehungen können systematisch beobachtet, analysiert und beurteilt werden.

■ Bearbeitung
Einzelarbeit

   DOPPELTE VERMITTLUNGSPRAXIS

Das Bewusstwerden über Beziehungen und Gruppenkonstellationen hilft Kindern und Jugendlichen, sich mit sozialen Beziehungen und sozialem Lernen auseinanderzusetzen. Es können soziale Kompetenzen entwickelt werden, indem eigenes Verhalten zu anderen erfasst und reflektiert wird.

Eine Gruppe erfassen mit der Methode des Soziogramms
Das Soziogramm ist eine Methode zur optischen Darstellung von Ergebnissen. Es bedarf vorher einer Erhebung von Daten. Dies kann entweder durch eine anonyme Befragung der Gruppenmitglieder oder durch gezielte Beobachtungen entstehen. Die Methode der Soziometrie wurde 1939 von Jakob Moreno als Methode zur Erfassung von Sozialstrukturen entwickelt.

Das Soziogramm ist nur eine Momentaufnahme, da eine Gruppe und ihre Beziehungen immer in Bewegung sind. Das was heute noch gilt, kann morgen anders sein.

Vorgehensweise
1   Legen Sie fest, was beobachtet oder befragt werden soll. Es gibt beispielsweise die Möglichkeit, das Spielverhalten oder das Kontaktverhalten der Kinder in den Mittelpunkt zu stellen.
2   Mögliche Fragen, die Sie abhängig vom Alter den Kindern stellen können:
   – Wen würdest du gern zu deinem Geburtstag einladen?
   – Neben wem möchtest du gern sitzen?
   – Mit wem möchtest du zusammenarbeiten?
   – Mit wem spielst du nie/selten?
   – …
   Welche weiteren Fragen fallen Ihnen ein?
3   Die Daten werden dann mit + und – in eine Soziomatrix eingegeben. + ist das Zeichen für Zuneigung, – ist das Zeichen für Ablehnung.
   Es wird dann eine Summierung aller Positiv- und Negativnennungen vorgenommen, um sich einen Überblick zu verschaffen. Welches Gruppenmitglied hat die meisten positiven Nennungen und steht im Mittelpunkt der Gruppe? Welche Kinder oder Jugendlichen werden nur selten benannt und besitzen wenige Kontakte?

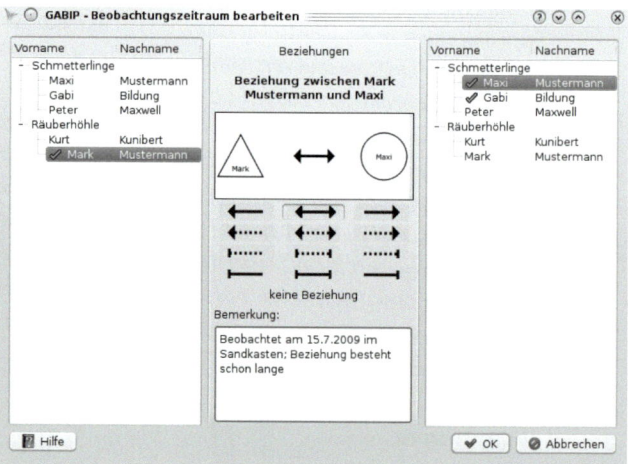

4 Im letzten Schritt erfolgt dann die grafische Darstellung der Beziehungen in Form eines Soziogramms. Das Soziogramm verdeutlicht mit Pfeilen von einer Person zur anderen, wer mit wem eine Beziehung eingegangen ist und mit wem kein Kontakt aufgenommen wurde.

5 Mit dem fertigen Soziogramm können die Situation der Gruppe analysiert und die pädagogischen Möglichkeiten erkannt werden.

6 Entwickeln Sie für eine Gruppe Kinder, die laut Ihren Beobachtungen gern zusammenspielt, ein Bildungsangebot zur Stärkung ihrer Teamfähigkeit.

Welche Methoden und Möglichkeiten zum sozialen Lernen kennen Sie bereits?

Wie gestalten Sie ein Bildungsangebot zum sozialen Lernen für die Kindergruppe?

2.10 Exemplarische Reflexionsmethode für das Lernfeld 2

Einige Wochen haben Sie sich mit einer Lernsituation im Unterricht, durch selbstorganisiertes Lernen und im Praktikum differenziert mit wichtigen beruflichen Themen beschäftigt, die auch das Lernfeld 2 und die zu vermittelnden Kompetenzen beinhaltet haben.

Sie haben in Ihrem Ausbildungsheft an vielfältigen Aufgaben zum Lernfeld 2 gearbeitet und:
- eine zentrale Aufgabe des Lernfeldes zur Bearbeitung ausgewählt,
- die Kompetenzen der Kann-Liste angekreuzt und ausgefüllt,
- Fragen beantwortet und Aufgaben bearbeitet,
- den individuellen Ausbildungsplan entwickelt und umgesetzt,
- ausgewählte Methoden bearbeitet und ausgewertet
- und sich sicherlich mit anderen Lernenden, Ihrer Praxisanleitung und den Lehrkräften ausgetauscht.

Nach jeder Lernsituation ist es sinnvoll, für sich ein persönliches Fazit zu ziehen. Notieren Sie aus Ihrer Sicht Ihre persönliche Kompetenzentwicklung. Die Methode kann im Laufe der Ausbildung wiederholt oder auch auf andere Lernfelder übertragen werden. 🖐

Lassen Sie das Bild einige Minuten auf sich wirken.

Um meinen „Start" in das Lernfeld 2 zu beschreiben, wähle ich folgendes Männchen aus:

Begründen Sie Ihre Entscheidung.

Mittlerweile habe ich den Lernfeld-2-Baum erklommen und befinde mich an folgender Stelle des Bildes:

Begründen Sie Ihre Entscheidung. Welche Kompetenzen befinden sich nun in Ihrem „Kletterrucksack"?

Folgendes Männchen habe ich mir als nächstes Etappenziel ausgewählt: _____
Begründen Sie Ihre Entscheidung. Wie kommen Sie dort hin?

🌕 **DOPPELTE VERMITTLUNGSPRAXIS**

Das Baum-Bild können Sie auch in der pädagogischen Arbeit mit Kindern, Jugendlichen oder jungen Erwachsenen zur Standortbeschreibung oder Reflexion in Einzelgesprächen oder Gruppen nutzen. Beispiele:
- Wie beurteilst du zurzeit deine persönliche Hausaufgabenzeit in der offenen Ganztagsgruppe? Willst du auf einen anderen Ast? Wer oder was könnte dir beim Klettern helfen?
- Welches Männchen wählt ihr aus, um zu beschreiben, wie ihr die heutige Gruppenarbeit erlebt habt?

Diversität von Lebenswelten und Lebenssituationen und ihre Bedeutung für die
pädagogische Arbeit

Pädagogische Handlungskonzepte zur Förderung
und Gestaltung von Inklusion in ausgewählten
Einrichtungen der Kinder- und Jugendhilfe wie
Pädagogik der Vielfalt, vorurteilsbewusste
Erziehung

Ressourcenorientierte Unterstützung
und Begleitung von Kindern, Jugendlichen und jungen Erwachsenen mit
besonderem Erziehungs-, Hilfe- und
Förderbedarf

Entwicklungsbesonderheiten bei Kindern,
Jugendlichen und jungen Erwachsenen
wie körperliche und geistige Beeinträchtigungen, Hochbegabung

Rechtliche Rahmenbedingungen der Inklusion wie
UN-Kinderrechtskonvention, UN-Konvention Inklusion,
SGB VIII, SGB IX

Hilfeplanung nach SGB IX

Beobachtungs- und Dokumentationsverfahren von
ressourcenorientierten Förder- und Erziehungsprozessen

Sozialisationsbedingungen und
-instanzen im gesellschaftlichen
Wandel

Resilienzkonzept

Lernfeld ❸

Lebenswelten und Diversität wahrnehmen, verstehen und Inklusion fördern

Ethische Grundfragen
menschlichen Lebens

Grundfragen der pädagogischen Anthropologie wie
Erziehungsziele, Mündigkeit und Emanzipation,
Normalität und Abweichung

Theoretische Modelle zur Erklärung menschlichen
Erlebens und Verhaltens wie Verhaltens- und Lerntheorien,
tiefenpsychologische Modelle, systemische Ansätze

3.2 Zentrale Aufgaben der Ausbildung im Lernfeld 3

In sozialpädagogischen Einrichtungen begegnen sich täglich viele Menschen. Jeder hat seine ganz eigene individuelle Lebenssituation und Biografie. Lernen Sie die Menschen kennen und bauen Sie stabile, sichere Beziehungen zu ihnen auf. Nehmen Sie Vielfalt respektvoll wahr und begreifen Sie dies als einen sehr wichtigen Schritt Ihrer pädagogischen Arbeit; Vielfalt ist eine Chance im Zusammenleben von Menschen. Arbeiten Sie ressourcenorientiert mit allen Kindern, Jugendlichen, jungen Erwachsenen und ihren Familien. Unterstützen Sie Ihre Zielgruppen und ermöglichen Sie allen, an der Bildungsarbeit teilhaben zu können.

- Ich analysiere die Auswirkungen unterschiedlicher Lebenswelten und Lebenssituationen auf Kinder, Jugendliche und junge Erwachsene und erweitere mein Konzept der Fremdwahrnehmung.
- In der Situationsanalyse erfasse ich die Vielfalt als heterogene Ausgangslage meiner Arbeit. Dabei lege ich besonderen Wert auf sorgfältige und differenzierte Fremdwahrnehmung und eine erfolgreiche Beziehungsgestaltung als Basis der pädagogischen Arbeit.
- Ich setze mich mit Vielfaltsaspekten wie Mehrsprachigkeit, kulturelle Herkunft, religiöse und ethische Prägungen und Geschlechtsrollenerwartungen auseinander und untersuche die verschiedenen Dimensionen von Heterogenität in ihrer Bedeutung für Entwicklungs- und Bildungsprozesse.
- Die Bildungs-, Erziehungs- und Betreuungsarbeit plane ich mit dem Ziel, allen Kindern, Jugendlichen und jungen Erwachsenen orientiert an ihren individuellen Ressourcen eine gleichberechtigte Teilhabe am gesellschaftlichen Leben zu ermöglichen.
- In der inklusiven Förderung arbeite ich auch präventiv und kompensatorisch. Dabei greife ich auf Handlungskonzepte aus den verschiedenen Arbeitsfeldern der Kinder- und Jugendhilfe zurück, z. B. Arbeit mit behinderten und nicht behinderten Kindern, mit Kindern und Jugendlichen mit Migrationserfahrungen, mit kriminalitätsgefährdeten Jugendlichen, mit Kindern und Jugendlichen mit herausfordernden Verhaltensweisen.
- In meiner Arbeit berücksichtige ich rechtliche Rahmenbedingungen und Vorgaben.

- Benennen Sie zu jeder Aufgabe mindestens drei berufliche Handlungsweisen, die anschaulich darstellen, dass Erzieher über Kompetenzen verfügen, diese Aufgaben bewältigen zu können.
- Was müssen Sie können und wissen, um die Aufgaben aus dem Lernfeld umsetzen zu können?
- Wie und wo können Sie sich dieses Wissen aneignen und die benötigten Fähigkeiten erwerben?
- Was werden Sie vermutlich in der Schule lernen? Welche Möglichkeiten des Lernens bietet der Lernort Praxis? Was können Sie sich im Selbststudium aneignen?
- Womit wollen Sie beginnen? Notieren Sie zu allen Fragen Ihre Antworten und heften diese ab.

Mit der folgenden Kann-Liste können Sie Ihr bisheriges Wissen und Ihre bisher erworbenen Fähigkeiten und Fertigkeiten im Hinblick auf das Lernfeld 3 einschätzen. So erhalten Sie einen systematischen Überblick und können sich im nächsten Schritt realistische Aufgaben und Ziele setzen. Diese Form der Überprüfung ermöglicht die Ermittlung eines Ist-Zustandes („Hier stehe ich"), von dem aus ein realistischer Soll-Zustand („Hier will ich hin") festgelegt wird. Dieses Verfahren der Selbstevaluation (Selbsteinschätzung) wird im Rahmen der Qualitätsentwicklung häufig angewendet.

3.3   Ich kann's – „Kann-Liste" für die Kompetenzentwicklung im Lernfeld 3

Fachkompetenz (Wissen und Fertigkeiten)	Nein	Zum Teil	Größten- teils	Ja
Ich verfüge über ...				
▪ Wissen über den Einfluss von **sozioökonomischen Bedingungen auf die Lebenswelt** der Zielgruppe.	☐	☐	☐	☐
▪ Wissen über den Einfluss von **kulturell und religiös bedingten, lebensweltlichen, sozialen und institutionellen Normen und Regeln** auf Erleben und Verhalten von Kindern, Jugendlichen und jungen Erwachsenen.	☐	☐	☐	☐
▪ Wissen aus den relevanten **Bezugswissenschaften**, die ein komplexes und kritisches Verständnis von **Entwicklungs- und Sozialisationsprozessen** ermöglichen.	☐	☐	☐	☐
▪ Fachwissen über **entwicklungsbedingtes Verhalten** in einer Gruppe sowie über Konzepte einer **inklusiven Gruppenpädagogik**.	☐	☐	☐	☐
▪ Fachwissen über **Bedingungsfaktoren und Gruppenverhalten und -einstellungen** aus der Sicht verschiedener **Vielfaltaspekte**.	☐	☐	☐	☐
▪ Wissen über **Genderaspekte** in der sozialpädagogischen Gruppenarbeit.	☐	☐	☐	☐
▪ Wissen zu **Entwicklungsbesonderheiten** bei der Zielgruppe und zu pädagogischen Fördermöglichkeiten.	☐	☐	☐	☐
▪ Wissen zu **Grundfragen menschlicher Existenz**, auch aus der Sicht der Zielgruppe.	☐	☐	☐	☐
▪ Wissen über aktuelle **Konzepte der Inklusion**.	☐	☐	☐	☐
▪ Wissen über **Unterstützungs- und Beratungssysteme** im Sozialraum.	☐	☐	☐	☐
▪ Wissen über **rechtliche Bestimmungen** und Leistungen der Kinder- und Jugendhilfe, angrenzender Rechtsgebiete sowie Bezüge zum internationalen Recht (z.B. Kinderrechtskonvention, SGB IX Rehabilitation und Teilhabe behinderter Menschen, Strafgesetzbuch, Jugendgerichtsgesetz).	☐	☐	☐	☐
Ich verfüge über Fertigkeiten, ...				
▪ mich aufgrund fundierter Selbstreflexion in die individuellen Lebenssituationen der Zielgruppe hineinzuversetzen.	☐	☐	☐	☐
▪ kulturelle, religiöse, lebensweltliche, soziale und institutionelle Normen und Regeln als Einflussfaktoren auf das Erleben und Verhalten der Zielgruppe zu analysieren und in die pädagogische Arbeit einzubeziehen.	☐	☐	☐	☐
▪ die Zielgruppe in ihrer Individualität und Persönlichkeit als Subjekte in der pädagogischen Arbeit wahrzunehmen, in ihrer Kompetenzerweiterung zu unterstützen und individuelle Lern- und Entwicklungsprozesse ressourcenorientiert zu begleiten und damit Inklusion aktiv zu fördern.	☐	☐	☐	☐
▪ diversitätsbedingte Verhaltensweisen und Werthaltungen in Gruppen zu erkennen, zu beurteilen, pädagogische Schlussfolgerungen daraus zu ziehen, Ziele zu entwickeln und in Handlungen umzusetzen.	☐	☐	☐	☐
▪ geschlechtsspezifisches Gruppenverhalten, geschlechtsbezogene Gruppennormen und Stereotype über Geschlechterrollen zu erkennen, zu beurteilen, pädagogische Schlussfolgerungen daraus zu ziehen, Ziele zu entwickeln und in Handlungen umzusetzen.	☐	☐	☐	☐
▪ die demokratischen Beteiligungs- und Mitwirkungsrechte der Zielgruppe umzusetzen.	☐	☐	☐	☐
▪ eigene und fremde Ziele der inklusiven pädagogischen Arbeit und des pädagogischen Handelns in Gruppen zu beurteilen und zu vertreten.	☐	☐	☐	☐
▪ Konzepte zur Förderung von Chancengerechtigkeit und Inklusion unter Berücksichtigung der unterschiedlichen Voraussetzungen zu entwickeln und zu vertreten.	☐	☐	☐	☐
▪ die ausgewählten pädagogischen Handlungsansätze hinsichtlich ihrer Anwendbarkeit kritisch zu überprüfen und im Dialog der Fachkräfte weiterzuentwickeln.	☐	☐	☐	☐
▪ sprachliche Bildungssituationen zu erkennen und diese verantwortungsvoll für die Gestaltung altersgerechter Lernsituationen zu nutzen.	☐	☐	☐	☐
▪ Lebenswelten der Zielgruppe unter fachtheoretischen Gesichtspunkten zu analysieren und präventive bzw. kompensatorische Fördermöglichkeiten zu entwickeln.	☐	☐	☐	☐
▪ Förder- und Erziehungsprozesse zu beobachten und zu dokumentieren.	☐	☐	☐	☐
▪ die eigene Rolle in Entwicklungs- und Bildungsprozessen der Zielgruppe wahrzunehmen, zu reflektieren und Konsequenzen für das pädagogische Handeln zu entwickeln.	☐	☐	☐	☐
▪ relevante Ressourcen für eine inklusive Arbeit im Sozialraum für die Zielgruppe zu erschließen und mit Fachkräften anderer Professionen zusammenzuarbeiten.	☐	☐	☐	☐
▪ rechtliche Rahmenbedingungen der Inklusion in die pädagogische Arbeit einzubeziehen	☐	☐	☐	☐

Im Downloadbereich 🌐 finden Sie diese Kann-Liste wieder. Außerdem gibt es im Downloadbereich die Möglichkeit, Tätigkeitsnachweise in die Kann-Listen einzutragen, um die eigene Entwicklung auch mithilfe von Dokumenten etc. zu belegen (z.B. Klassenarbeit über Bindungstheorien, Projektarbeit, Gruppenarbeit „Partizipation in Gruppen für Kinder unter drei Jahren", Workshop-Besuch „Mediation").

3.4 Fragen und Aufgaben zum Lernfeld 3

Die folgenden Fragen und Aufgaben helfen Ihnen, sich strukturiert mit den Inhalten und Aufgaben von **Lernfeld 3** auseinanderzusetzen. Bei der Bearbeitung wird Ihnen deutlich, dass Sie Verantwortung für Ihre eigene Ausbildung übernehmen.

1 Informieren Sie sich bei den zuständigen Lehrkräften der Fachschule über Unterrichtsinhalte, Praxisaufgaben, verbindliche und von der Fachschule festgelegte Teilleistungen und die Organisation von Lernfeld 3. Legen Sie sich eine Übersicht wie im folgenden Beispiel an. Es ist wichtig, dass Sie Ihre direkten Ansprechpartner kennen und die Leistungsbewertung für Sie transparent ist. 🖉

Lernfeld 3 Gesamtstunden max. 160–200 Stunden	In welchen Ausbildungsphasen wird das Lernfeld 3 unterrichtet? von–bis	Von wem wird das Lernfeld 3 in der Fachschule unterrichtet?	Zu welchen Lernsituationen zählt das Lernfeld 3? Welche weiteren Lernfelder zählen zu der Lernsituation?	Aus welchen Teilleistungen setzt sich die Note im Lernfeld 3 in den einzelnen Phasen zusammen? Prozentangaben % E = Einzelarbeit G = Gruppenarbeit	Welche Praxisaufgaben sind zur Bearbeitung der Inhalte und Aufgaben des Lernfeldes 3 festgesetzt?
LF 3 (40 Stunden)	1.–10. Schulwoche im zweiten Ausbildungsjahr	Herr Wolram Frau Kersens Frau Bolting	„Integration oder Inklusion? Eine Standortbestimmung" Vielfalt als Chance in Einrichtungen der Kinder- und Jugendhilfe Lernfeld 2 Lernfeld 4 Lernfeld 5 Lernfeld 6	Referat Resilienz 25 % G Klausur Inklusion 25 % E Selbstorganisiertes Lernen 30 % E Sonstige Mitarbeit 20 % E	Stadtteilerkundung Beobachtungsaufgabe: Ressourcen eines Kindes/ Jugendlichen wahrnehmen und dokumentieren Vielfalt einer Gruppe beobachten, auswerten, dokumentieren und pädagogisch handeln … …
LF 3	von–bis				

2 Informieren Sie Ihre Ansprechpartner am Lernort Praxis über die bisher im Unterricht vermittelten Inhalte und schulischen Arbeitsaufträge aus dem Lernfeld 3. Es ist wichtig, dass Sie dazu beitragen, dass die „Verzahnung" beider Lernorte gelingt. Überlegen Sie sich vor dem Gespräch mit Ihrer Praxisanleitung, über welche Aspekte Sie informieren wollen. Was wollen Sie vom Lernort Praxis zum Lernfeld 3 erfahren?

3 Konkretisieren Sie die Inhalte und Aufgaben des Lernfeldes 3 und halten Sie diese Ergebnisse in einer Mindmap (DIN A5) fest. Nutzen Sie den Advanced Organizer als Grundgerüst für die Mindmap. Ergänzen Sie Ihre Mindmap mit Inhalten aus dem Lehrwerk „Erzieherinnen + Erzieher". Vielleicht bietet sich Ihnen auch die Möglichkeit, sich mit anderen Lernenden über die unterschiedlichen Mindmaps auszutauschen. Die Mindmap wird sich im Laufe Ihrer Ausbildung durch Praktika und Unterricht in der Fachschule weiter konkretisieren.

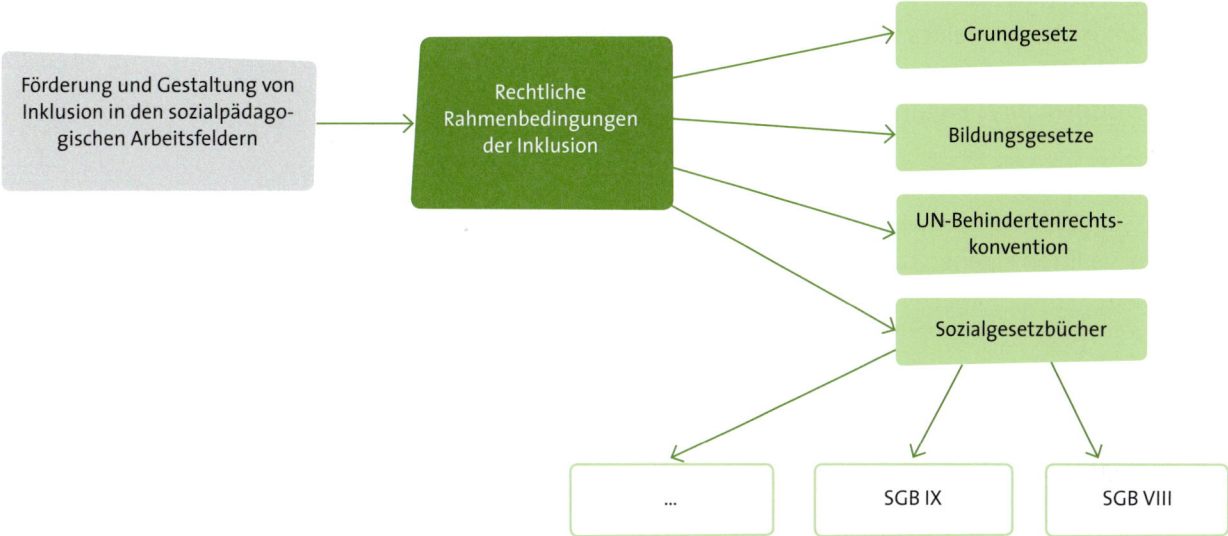

4 Welches Wissen und welche Fertigkeiten bringen Sie zur Bearbeitung der zentralen Aufgaben im Lernfeld 3 schon mit (Zusammenfassung der Kann-Liste)?

_____

_____

_____

5 Was möchten Sie dazulernen? Welche zentrale Aufgabe aus dem Lernfeld 3 wählen Sie aus eigener Initiative als Erstes aus? Wie begründen Sie Ihre Auswahl?

_____

_____

_____

6 Entwickeln Sie konkrete Umsetzungsschritte, um die zentrale Aufgabe lösen zu können? Welche Fachkompetenzen, Fertigkeiten und personalen Kompetenzen benötigen Sie dafür? Wie können Sie Ihren eigenen Kompetenzerwerb für Lehrkräfte und Praxisanleitungen nachvollziehbar darstellen und Bedeutsames dokumentieren?

_____

_____

3.5   Individueller Ausbildungsplan für das Lernfeld 3

Wenn wir die Ziele wollen, wollen wir auch die Mittel.   *Immanuel Kant*

Welche Kompetenzen einer Fachkraft wollen Sie erwerben bzw. vertiefen? Welche Bildungsbereiche wollen Sie sich erschließen? Planen Sie konkrete Umsetzungsschritte und berücksichtigen Sie dabei eine sinnvolle und realistische Zeitplanung. Nutzen Sie dafür u.a.
- die Kompetenzen des Lernfeldes und die personalen Kompetenzen des Lehrplans,
- Ihre Mindmap des Lernfeldes,
- Unterrichtsinhalte,
- den Bildungsplan Ihres Bundeslandes.

Setzen Sie sich Ziele und Schwerpunkte für das Praktikum und die Phasen selbstorganisierten Lernens. Entwickeln Sie Ihren eigenen tabellarischen Ausbildungsplan.

Ziele dürfen keine Absichtserklärungen sein (Ich will, ich könnte …). Ziele müssen realistisch und handlungsorientiert formuliert werden. Die SMART-Formel kann Ihnen bei der Formulierung der Indikatoren helfen.

S = spezifisch	Ein Ziel lässt sich durch W-Fragen konkretisieren (Was, wann, wo, wer mit wem und wie genau).
M = messbar	Können Sie oder auch die Gruppen das Ziel selbst prüfen? Woran genau erkennen Ihre Praxisanleitung oder Ihr Praxislehrer, dass das Ziel erreicht ist?
A = akzeptabel	Haben wir alle die gleiche pädagogische Orientierung bezogen auf dieses Ziel? Hat dieses Ziel die Akzeptanz aller im Team? Wie lässt sie sich herstellen?
R = realistisch	Können wir das Ziel aus eigener Kraft / mit eigenen Mitteln erreichen? Haben wir es mit anderen Vorhaben so verglichen, dass es uns nicht überfordert?
T = terminiert	Wann ist das Ziel erreicht?

Beachten Sie in Ihren individuellen Ausbildungsplänen unbedingt auch die Querschnittsaufgaben des Lehrplans. Sie finden in jedem Lernfeld Beachtung.
- Partizipation
- Inklusion
- Prävention
- Sprachbildung
- Wertevermittlung
- Vermittlung von Medienkompetenz

Dokumentieren Sie fortlaufend Ihre Entwicklungsschritte.

Kompetenzen Lernfeld 3	Indikatoren	Konkrete sinnvolle Umsetzungsschritte	Zeitplan	Benötigte Unterstützung von
Zum Beispiel:	Zum Beispiel:	Zum Beispiel:	Zum Beispiel:	Zum Beispiel:
Ich verfüge über Wissen über Unterstützungs- und Beratungssysteme im Sozialraum.	Ich kenne die Beratungsstellen, mit denen meine Einrichtung (Aufgaben, Ansprechpartner, Kontaktdaten) zusammenarbeitet.	Ich informiere mich bei der Leitung über die aktuellen Kooperationen. Ich recherchiere im Internet und informiere mich über die Homepage über die Angebote, Ansprechpartner etc.	Gespräch am …	Leitung der Einrichtung
Ich verfüge über Fertigkeiten, relevante Ressourcen für eine inklusive Arbeit im Sozialraum für die Zielgruppe zu erschließen und mit Fachkräften anderer Professionen zusammenzuarbeiten.	Meine Praxisanleitung und ich arbeiten mit den Lehrkräften, dem Integrationshelfer und den Therapeuten von Tom (8;5 Jahre – Junge in der OGS mit einer Muskeltonusschwäche) intensiv zusammen und bringen unsere Beobachtungen ein.	Ich nehme regelmäßig an den interdisziplinären Teamsitzungen teil. Ich dokumentiere meine Beobachtungen über Tom in einem Logbuch und führe regelmäßig Reflexionsgespräche.	Bis zum … Fortlaufend Treffen mit dem Team alle 14 Tage	Lehrer, Integrationshelfer, Therapeuten von Tom Praxisanleitung Praxisanleitung
Ich verfüge über Fähigkeiten, die Zielgruppe in ihrer Individualität und Persönlichkeit als Subjekte in der pädagogischen Arbeit wahrzunehmen, in ihrer Kompetenzerweiterung zu unterstützen und individuelle Lern- und Entwicklungsprozesse ressourcenorientiert zu begleiten und damit Inklusion aktiv zu fördern.	In der ersten Zeit beobachte ich die Kinder der inklusiven OGS-Gruppe und gehe langsam auf einzelne Kinder oder Spielgruppen zu. Ich dokumentiere meine Beobachtungen. Ich schreibe für Tom nach drei Wochen eine ressourcenorientierte Bildungs- und Lerngeschichte. Ich plane ein inklusives Projekt mit einer Teilgruppe zum Thema Erlebnispädagogik.	Ich nutze mein Tagebuch.		
Ich verfüge über Fähigkeiten, mich aufgrund fundierter Selbstreflexion in die individuellen Lebenssituationen der Zielgruppe hineinzuversetzen.				

3.6 Methode 9: Spiel der Vielfalt

METHODE **Spiel der Vielfalt**

■ Ziele
Die Zielgruppe in ihrer Individualität und Persönlichkeit als Subjekte in der pädagogischen Arbeit wahrnehmen, diversitätsbedingte Verhaltensweisen und Wertehaltungen in Gruppen erkennen, beurteilen und pädagogische Schlussfolgerungen daraus ziehen

■ Bearbeitung
Gruppenarbeit

DOPPELTE VERMITTLUNGSPRAXIS

Das Beschreiben der eigenen Person und das Erkennen der Vielfältigkeit der anderen Menschen können bei Kindern und Jugendlichen den Blick für eine vielfältige Gesellschaft öffnen. Die Erkenntnis, dass andere Personen auch Gemeinsamkeiten mit einem selbst besitzen, kann das Verständnis für ein Zusammenleben stärken und Barrieren abbauen.

In dieser Methode geht es um die Vielfalt unserer Gesellschaft und die Akzeptanz des anderen. Beginnen wir aber mit Ihnen …

Finden Sie sechs Aussagen über sich selber. Was können Sie, was beschreibt Sie, wie sehen Sie aus?
1.
2.
3.
4.
5.
6.

Stellen Sie Vermutungen an, welche Eigenschaften andere Ihnen zuschreiben würden:

_____

_____

_____

_____

_____

_____

Spiel der Vielfalt – Jeder ist anders und trotzdem gleich

Dieses Spiel können Sie mit Ihrer Klasse spielen und im Anschluss reflektieren. Jeder von Ihnen benötigt den Fragebogen und Stifte. Spielen können Sie dies im Freien oder auch im Klassenraum, Hauptsache, Sie haben Platz, um sich zu bewegen.

So geht es!

Aus dem Fragebogen befindet sich in jedem Feld eine Aussage über Personen. Es handelt sich um Aussagen zum Aussehen, zur Herkunft oder zum Leben einer Person. In jedem Feld finden Sie also eine Dimension von Vielfalt. Suchen und finden Sie Personen, auf die die Felder zutreffen. Kreuzen Sie ein Feld an, wenn Sie eine passende Person gefunden haben. Das Spiel ist beendet, wenn Sie zehn Felder ankreuzen konnten!
Gern können Sie eigene Fragen ergänzen.

Eine Person, die unter 20 Jahren alt ist ☐	Eine Person, die nicht in Deutschland geboren wurde ☐	Eine Person, die allein wohnt ☐	Eine Person, die linkshändig ist ☐	Eine Person mit einer Tätowierung ☐
Eine Person katholischen Glaubens ☐	Eine Person, die ein Kind hat ☐	Eine Person mit deutschem Pass ☐	Eine Person mit kurzen Haaren ☐	Eine Person mit braunen Augen ☐
Eine Person, die auf dem Land groß geworden ist ☐	Eine Person, die eine Brille trägt ☐	Eine Person, die muslimisch ist ☐	Eine Person, die einen Führerschein hat ☐	Eine Person, die sich vegetarisch ernährt ☐
Eine Person, die mehr als drei Geschwister hat ☐	Eine Person, die mehr als zwei Sprachen spricht ☐	Eine Person mit einer Allergie ☐	Eine Person, die größer als 1,90 m ist ☐	Eine Person, die verheiratet ist ☐

Nachdenken über Vielfalt!

In der anschließenden Reflexion sollen Sie Ihre Strategie und Haltung während des Spieles überprüfen.

- Wie sind Sie bei der Suche nach Kreuzen vorgegangen?
- Wie haben Sie andere Personen wahrgenommen?
- Wie wurden Sie von den anderen Personen wahrgenommen?
- Mit welchen Fragen sind andere auf Sie zugekommen?
- Gab es Felder, bei denen Sie nicht nachfragen wollten?
- Ziehen Sie ein Fazit aus diesem Spiel – was haben Sie gelernt?

3.7 Methode 10: Stadtteilerkundung

METHODE   Stadtteilerkundung

■ Ziele

Erfassen und Dokumentieren der Nutzungsmöglichkeiten eines Stadtteils, Orientierung am Gemeinwesen des Stadt-teils, Hineinversetzen in die individuellen Lebenssituationen der Zielgruppe, Feststellen von Bildungsmöglichkeiten im Stadtteil

■ Bearbeitung
Einzelarbeit

 DOPPELTE VERMITTLUNGSPRAXIS

> Gemeinsam kann mit den Kindern und Jugendlichen der Stadtteil unter gleichen
> Aspekten betrachtet und erfasst werden. Der Lebensort der Kinder und Jugendlichen
> kann attraktiver gemacht werden und der Zielgruppe können durch die Auseinander-
> setzung mit ihrem Stadtteil Bildungschancen und Freizeitmöglichkeiten aufgezeigt
> werden.

Erkunden Sie den Stadtteil Ihrer Einrichtung!

Sie sind Praktikant in einer sozialpädagogischen Einrichtung für Kinder und Jugendliche. Der Stadtteil, in dem sich die Einrichtung befindet, ist Ihnen überwiegend fremd. Vielleicht sind Sie dort schon einmal gewesen, haben sich aber bisher noch nicht intensiv mit den Besonderheiten beschäftigt.

■ *In dieser Stadt und in diesem Stadtteil mache ich mein Praktikum:*

■ *Folgendes weiß ich bereits über den Stadtteil:*

■ *Hier bekomme ich weitere Informationen über den Stadtteil:*

Ihre Praxisanleitung bittet Sie, an dem neuen Projekt in der Einrichtung (z. B. OGS) teilzunehmen. Das Projekt „Hier bin ich zu Hause" soll sich am Stadtteil und den dort lebenden Menschen orientieren. Sie benötigen da-für eine Analyse und Beschreibung des Stadtteils. Ihre Aufgabe ist es, die Ergebnisse Ihrer Erkundung dem Team der Einrichtung vorzustellen. Von Ihnen werden Vorschläge für kleine Ausflüge und Aktivitäten mit den Kindern bzw. Jugendlichen erwartet, ebenso sollen Anforderungen an das pädagogische Arbeiten aus dem Le-bensumfeld der Kinder abgeleitet werden. Ihre Arbeitsergebnisse sollen Sie schriftlich Ihrer Anleitung präsen-tieren.

Ihre Präsentation soll folgende Fragestellungen beantworten:

- *Wie leben Kinder und Jugendliche in diesem Stadtteil? Wodurch unterscheidet sich dies von Ihren eigenen Erfahrungen?*
- *Welche Freizeit- und Spielmöglichkeiten gibt es für Kinder und Jugendliche? Welche Möglichkeiten haben Kinder, sich frei zu bewegen? Welche Sinnes- und Körpererfahrungen bieten sich dort an?*
- *Wo begegnet Kindern und Jugendliche in diesem Stadtteil Religion? Welche Kirchen, Moscheen und Synagogen gibt es dort? Wie wirken diese sakralen Räume auf Sie? Welche sinnlichen Erfahrungen können Kinder und Jugendliche in diesen Räumen machen? Sind die sakralen Räume auch für Menschen mit einem Handicap erreichbar?*
- *Welche kulturellen Einrichtungen könnten Sie mit Kindern und Jugendlichen besuchen?*
- *Wie erfahren Kinder und Jugendliche Natur in diesem Stadtteil? Welche Möglichkeiten haben die Kinder, sinnliche Erfahrungen zu machen, kindliche Neugier und Entdeckerlust zu befriedigen? Gibt es dort z.B. Kletterbäume, Versteckmöglichkeiten, Gärten, Trinkbrunnen, Tümpel? Können die Kinder den Wechsel der Jahreszeiten erfahren?*
- *Wie behindertengerecht sind die Spielmöglichkeiten für Kinder und Jugendliche gestaltet?*

Welche eigenen Punkte wollen Sie noch entdecken?

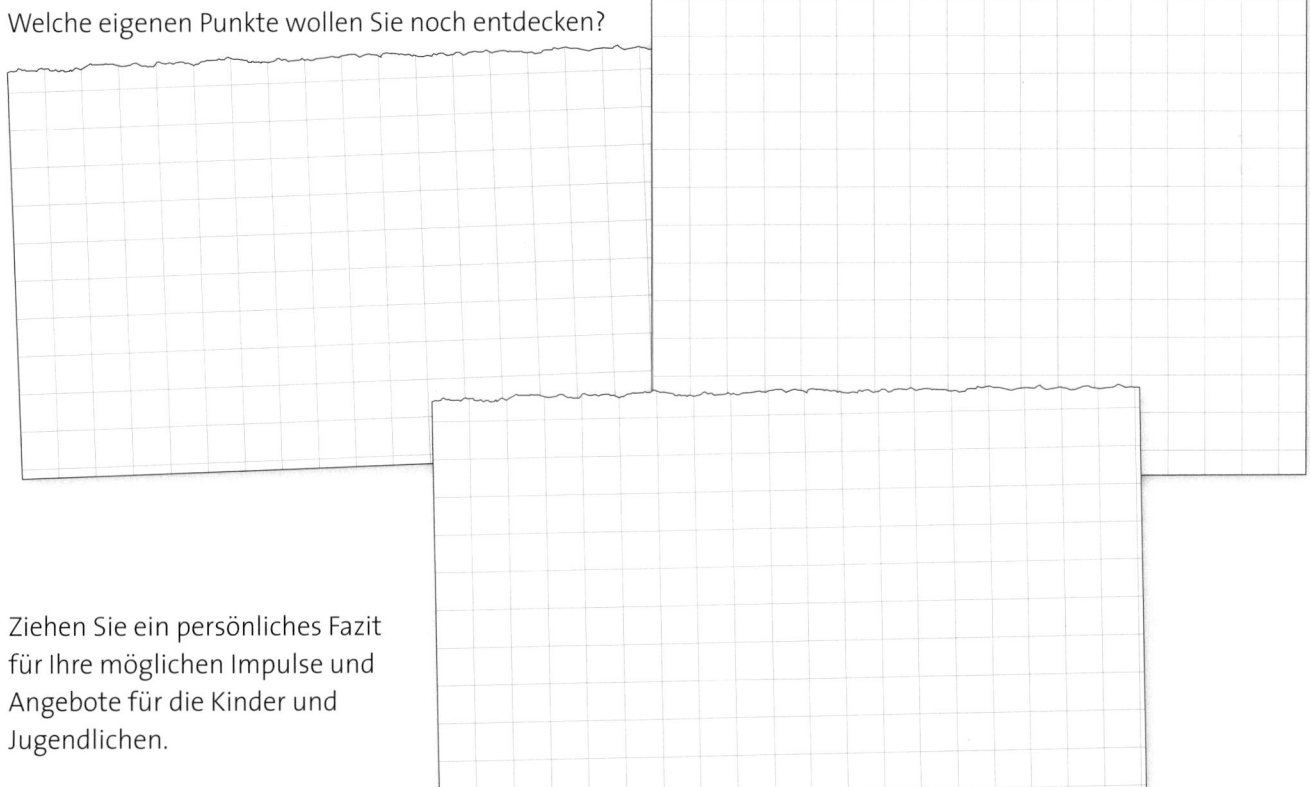

Ziehen Sie ein persönliches Fazit für Ihre möglichen Impulse und Angebote für die Kinder und Jugendlichen.

Anregungen

Den Stadtteil als Lebensraum von Kindern und Jugendlichen zu kennen und zu dokumentieren, lässt sich auf unterschiedlichen Wegen erreichen: örtliche Telefonbücher, Stadtteilinformationshefte, Stadtteilzeitungen etc. geben einen Überblick über Beratungs- und Bildungsangebote für Familien, Einrichtungen und Veranstaltungen für Jugendliche und Kinder.

Im Rahmen einer Exkursion kann der Stadtteil aus der Perspektive von Kindern und Jugendlichen betrachtet werden. Plätze können auf ihre Spiel- und Aufenthaltsmöglichkeiten überprüft werden. Im Gespräch mit Kindern und Jugendlichen lässt sich herausfinden, wie diese ihren Stadtteil erleben, wie sie ihn nutzen können, was ihnen fehlt.

Präsentation der Ergebnisse

Ihre Arbeitsergebnisse präsentieren Sie in Form einer bebilderten Dokumentationsmappe im Umfang von ca. 10–12 Seiten, Schriftgröße 12, mit Korrekturrand. Neben den üblichen Anforderungen (Deckblatt, Inhaltsübersicht, Seitenzahlangabe, Quellenangabe etc.) sollen die verwendeten Bilder per Computer eingefügt werden (Medienkompetenz!).

3.8   Methode 11: Lernsituation in Form einer Klausur

METHODE   Lernsituation in Form einer Klausur zum Thema „Pädagogischen Alltag in Tageseinrichtungen inklusiv gestalten"

▪ Ziele
Lernsituationen fördern den Erwerb transferfähigen Wissens, welches das fachliche Handeln ermöglicht, berufliche Problemstellungen subjektiv bedeutsam für die Lernenden macht und Identifikationsmöglichkeiten eröffnet

▪ Bearbeitung
Einzel- oder Partnerarbeit

Lesen Sie sich die Lernsituation in Ruhe durch und beantworten Sie die Aufgaben 1–3 in Einzel- oder Partnerarbeit. Den Erwartungshorizont zur Selbstkontrolle finden Sie im Downloadbereich. 🖱

Beispiel

Das fünfgruppige Montessori-Kinderhaus „Unter den Bäumen"in Düsseldorf, in dem Sie im letzten Ausbildungsjahr tätig sind, nimmt seit einigen Jahren auch Kinder unter drei Jahren in einer T1-Gruppe und einer Düsseldorfer Familiengruppe auf. Außerdem werden seit zwei Jahren auch Kinder mit besonderem Förderbedarf betreut. Es besteht bisher die Möglichkeit der „Einzelintegration in Regelkindergärten". Der Förderverein der Einrichtung finanziert seit zwei Jahren deshalb eine halbe Stelle für eine Motopädin.

In Ihrer Gruppe hat sich seit Beginn der Einzelintegration einiges verändert. Alle Bereiche sind gut zugänglich für die Kinder. Es gibt viele Rückzugsmöglichkeiten. Die Anzahl der Stühle und Tische ist deutlich reduziert. Überall liegen Teppiche und Kissen für die Freiarbeit. Der Maltisch besitzt eine rutschfeste Unterlage, damit Papiere und Blätter besser darauf haften. Die Spielbereiche sind barrierefrei und mit Materialien ausgestattet, die gut zu greifen sind und unterschiedliche Sinne ansprechen. Es lassen sich auch Naturmaterialien finden, wie z. B. Kastanien in großen Wannen, Stöcke und Äste zum Bauen in der Bauecke. Dies hat sich in den letzten beiden Jahren deutlich verändert. Früher gab es in der Bauecke lediglich kleine Legosteine und Kappla-Steine. Auch die Puppenecke ist verändert worden. Dort gibt es nun neben Puppen auch weiche größere Stofftiere, eine Verkleidungstruhe mit einfach anzuziehenden Kleidern und viele Tücher zum freien Spiel. Seit zwei Jahren arbeitet die Einrichtung auch mit ressourcenorientierten Portfolios für die Bildungsdokumentation der Kinder. Die Seiten der Portfolios sind laminiert und für die Kinder frei zugänglich. Auch gibt es Materialboxen, in die die Kinder selbstständig Materialen als Ergänzung zu ihrem Portfolio ablegen können. Die Beschriftung der Boxen und vieler anderer Einrichtungselemente sind an den TEACCH-Ansatz angelehnt. An vielen Stellen der Einrichtung werden Übungen des täglichen Lebens nach Montessori angeboten und durchgeführt. Auf der Fensterbank steht ein Tablett mit einer Silberkanne und Teetassen, die geputzt werden können. Die dazugehörigen Tücher sind groß genug, dass man sie gut in die Hand nehmen kann. Ebenso stehen auf der Fensterbank zwei Wannen mit Erbsen und Bohnen und unterschiedlich großen Schüttgefäßen. Im Außenbereich stehen für die Kinder kleine und große Besen zum Kehren zur Verfügung und werden gern von den Kindern benutzt.

Seit diesem Jahr besucht Tom (4;3 Jahre) die T3-Gruppe. Toms Eingewöhnung vor drei Monaten ist gelungen. Er lässt sich von den Fachkräften trösten, sucht Nähe und beginnt die Einrichtung Schritt für Schritt zu erobern. Toms sprachliche Kompetenzen sind besonders weit entwickelt. Er hat einen guten Kontakt zu Lukas und Ben (beide 4; 5 Jahre) gefunden und hält sich oft in ihrer Nähe auf. Im motorischen Bereich ist Tom eingeschränkt durch eine Spastik im linken Arm. Gern kehrt er im Außenbereich die Stelle vor dem Sandkasten. Dabei sucht er sich aus den Besen einen eher kleinen heraus. Oft steht er auch vor der Fensterbank und guckt sich lange die Silberkanne an. Poliert hat er sie aber noch nie. Die Gruppenleitung hat Tom dabei schon oft beobachtet und ihm angeboten, sich ein Tuch auszuwählen und einfach anzufangen. Tom hat zwar alle Tücher angefasst, aber dann schnell wieder zurückgelegt. Viele alltägliche Handlungen im Tagesablauf, wie z. B. Zähne putzen, Essen auffüllen und An- und Ausziehen können von ihm nicht so schnell und sicher bewältigt werden wie von anderen gleichaltrigen Kindern.

Die Freiarbeitsphase nimmt einen großen Raum im pädagogischen Alltag ein. Die Kinder entscheiden über ihr Tun und erhalten Impulse durch die Fachkräfte. Jeder arbeitet in seinem Tempo und an einem selbst gewählten Ort. In der Freiarbeit beobachtet Tom im Moment intensiv eine Gruppe Gleichaltriger, darunter auch Lukas und Ben, bei Übungen des täglichen Lebens. Sie putzen Schuhe und üben sich z. B. am Schleifenbrett. Aber auch das Nähen und das Umfüllen sind für einige sehr interessant. Die Erzieherin möchte diese Übungen auch bei Tom einführen. Das Erlernen dieser Bewegungsabläufe sichert Tom eine schrittweise Unabhängigkeit von den Erwachsenen. Die Erzieherin überlegt mit den Kollegen im Team, was sie bei der Einführung einzelner Übungen für Tom berücksichtigen muss. Mit dem Ausbau der Plätze für Kinder unter drei Jahren soll die Düsseldorfer Familiengruppe zu einer Modellgruppe umgewandelt werden, in der dann ab Sommer Kinder im Alter von einem Jahr bis zur Einschulung betreut werden. Die Gruppengröße beträgt 15 Kinder (davon elf Kinder ohne eine Behinderung und vier Kinder mit einer Behinderung, davon fünf Kinder unter drei Jahren, davon zwei Kinder mit einer Behinderung). Der Umbau der Einrichtung ist in vollem Gange. Architekten und Bauarbeiter laufen ständig durch das Haus. Die Anmelde- und Aufnahmegespräche sind schon geführt worden.

In einigen Wochen findet ein Teamtag zur Überarbeitung der Konzeption statt. Die Fachkräfte wollen an diesem Tag ihr Augenmerk noch stärker auf das Thema „Inklusion statt Integration" legen, denn die Einrichtung betreut erst seit einigen Jahren Kinder mit besonderem Förderbedarf. Von einer Fortbildung „Inklusion im Elementarbereich" kam eine Erzieherin mit dem Satz wieder: „Inklusion ist kein einzelnes Thema – keine Methode, sie ist vielmehr das Fundament aus Werten und Haltung". Viele Kollegen sind verunsichert und überlegen, ob ihr Weltbild dies nicht schon immer umfasst hat. Was wird sich verändern, besonders wenn Kinder unter drei Jahren mit Behinderung aufgenommen werden? Ziel am Konzeptionstag ist es, die pädagogische Konzeption mithilfe des „Index für Inklusion" weiterzuentwickeln. Laut Praxisleitfaden der Schule müssen Sie sich im Bereich der Teamarbeit erproben. Sie haben sich zusammen mit Ihrer Praxisanleitung und der Leitung der Einrichtung entschieden, eine Stunde am Teamtag zum Thema Inklusion im pädagogischen Alltag des Montessori-Kinderhauses zu gestalten. Beim Lesen des Index sind Sie auf vieles gestoßen, was die Einrichtung bereits sehr gut macht, aber auch auf einiges, was verbessert werden könnte.

Neben der Planung des Konzeptionstages sind Sie auf Gruppenebene intensiv in die Planung und Ausgestaltung der Eingewöhnungsphase der neuen Kinder nach dem Berliner Eingewöhnungsmodell involviert, da Sie ab Sommer als Erzieherin übernommen werden. In der Modellgruppe werden vier Kinder mit Behinderungen aufgenommen. Nele (2; 4 Jahre) und ihre Eltern werden dann von Ihnen und einer Kollegin „eingewöhnt". Nele ist ein Kind mit Down-Syndrom. Ihre Eltern beschreiben Nele beim Anmeldegespräch als Sonnenschein der Familie. Nele kann sich schon sehr gut in der Gebärdensprache ausdrücken. Was muss das Team alles über Nele von den Eltern wissen, um ihr einen sanften Übergang in die Kita zu ermöglichen?

Aufgabe 1   30 von 100 Punkten

Das Team der Einrichtung „Unter den Bäumen" will sich am Teamtag mit den Unterschieden zwischen Integration und Inklusion im Elementarbereich und dem bisherigen pädagogischen Konzept von Maria Montessori auseinandersetzen. Sie erhalten den Auftrag, zum Einstieg in den Teamtag den Wandel von der Sonderpädagogik hin zur Inklusion vorzustellen. Beschreiben Sie Merkmale von Integration sowie Inklusion und berücksichtigen Sie aktuelle gesetzliche Grundlagen und Richtlinien. Stellen Sie auch die Bezüge zu den bisherigen Veränderungen in der Einrichtung seit Beginn der Einzelintegration dar. Diese Inhalte sollen dem Team vorgestellt werden. Entscheiden Sie sich begründet für angemessene Methoden der Erwachsenenbildung.

Aufgabe 2   30 von 100 Punkten

Das pädagogische Konzept Maria Montessoris prägt die Arbeit der Einrichtung „Unter den Bäumen". Stellen Sie begründet dar, warum sich besonders das pädagogische Konzept Maria Montessoris für inklusive Arbeit eignet. Begründen Sie Ihre Aussagen, indem Sie mithilfe einer Übung des täglichen Lebens für Tom anschaulich inklusive Praxis darstellen.

Aufgabe 3   40 von 100 Punkten

Entwickeln Sie konkrete Umsetzungsschritte, wie für Nele und Tom Inklusion in der Einrichtung „Unter den Bäumen" im pädagogischen Alltag noch weiter verankert werden kann. Berücksichtigen Sie mithilfe des Index für Inklusion u. a. das Raum- und Materialkonzept, die Rolle der Fachkraft, das Lernen in altersheterogenen Gruppen und das Eingewöhnungskonzept.

3.9   Methode 12: Projektarbeit

METHODE   Projektarbeit

■ Ziele
Die Zielgruppe in ihrer Individualität und Persönlichkeit als Subjekte in der pädagogischen Arbeit wahrnehmen, in ihrer Kompetenzerweiterung unterstützen und individuelle Lern- und Entwicklungsprozesse ressourcenorientiert begleiten und damit Inklusion aktiv fördern, die demokratischen Beteiligungs- und Mitwirkungsrechte der Zielgruppe umsetzen.

■ Bearbeitung
Einzel-, Partner-, Gruppenarbeit

 DOPPELTE VERMITTLUNGSPRAXIS

Aktive Planung und Beteiligung an einem Projekt bieten Kindern und Jugendlichen unterschiedliche Lernwege an, vermitteln die Haltung der Inklusion und ermöglichen gemeinsames Lernen für alle.

Ein Projekt ist eine Möglichkeit, alle Kinder, unabhängig von ihren Erfahrungen und Möglichkeiten, ganzheitlich miteinander Bildungserfahrungen machen zu lassen. In einem Projekt findet über einen längeren Zeitraum eine Auseinandersetzung mit einem Thema oder einem Gegenstand statt. Dabei sollen sich alle Kinder nach ihren individuellen Möglichkeiten einbringen können und ihr Lernen selbst bestimmen dürfen. Deshalb entspricht die Projektarbeit sehr dem Gedanken und der Haltung von Inklusion.

In einem Projekt ist der Weg das Ziel. Es wird kein Endprodukt angestrebt.

Projekte unterscheiden sich deutlich von gezielten einzelnen Bildungsangeboten und sind durch folgende Kriterien gekennzeichnet.

> Projekte entstehen aufgrund von Beobachtungen und Interessen der Kinder.
> Was müssen Sie hierzu wissen und tun?

> Kinder und Jugendliche sind an der Planung und dem Verlauf partizipativ beteiligt und entscheiden mit über die Richtung, die ein Projekt nimmt.
> Was bedeutet es, Partizipation zu ermöglichen? Welche Methoden der Partizipation kennen Sie?

Jedes Projekt ist einmalig und hat einen klaren Beginn und ein gesetztes Ende mit einer Veröffentlichung bzw. Präsentation der Ergebnisse.
Geben Sie Beispiele, wie Sie den Beginn und das Ende eines Projektes gestalten könnten.

Projekte sind ganzheitlich und das Lernen in Projekten ist nachhaltig und bedeutungsvoll für das Leben der Kinder.
Mit welchen Methoden können Sie Nachhaltigkeit erreichen?

Projekte beteiligen jeden aktiv und schließen keinen aus. Jeder kann von jedem lernen.
Beschreiben Sie die pädagogische Haltung, die hinter diesen Sätzen steckt. Welche Methoden eignen sich, um allen Kindern Lernchancen zu ermöglichen?

Projekte fördern die Selbsttätigkeit der Kinder und ermöglichen den Erwerb von Sach-, Selbst- und Sozialkompetenz bei Kindern und Erziehern.
Benennen Sie Methoden, die den Kompetenzerwerb bei Kindern fördern können.

Projekte fördern forschendes Lernen.
Geben Sie ein konkretes Beispiel für forschendes Lernen.

Projekte ermöglichen die Öffnung der Einrichtung nach außen.
Nehmen Sie Bezug zu Ihrer Stadtteilerkundung. Benennen Sie Möglichkeiten der Öffnung nach außen.

3.10 Exemplarische Reflexionsmethode für das Lernfeld 3

Einige Wochen haben Sie sich mit einer Lernsituation im Unterricht, durch selbstorganisiertes Lernen und im Praktikum differenziert mit wichtigen beruflichen Themen beschäftigt, die auch das Lernfeld 3 und die zu vermittelnden Kompetenzen beinhaltet haben.

Sie haben in Ihrem Ausbildungsheft an vielfältigen Aufgaben zum Lernfeld 3 gearbeitet und
- eine zentrale Aufgabe des Lernfeldes zur Bearbeitung ausgewählt,
- die Kompetenzen der Kann-Liste angekreuzt und ausgefüllt,
- Fragen und Aufgaben beantwortet und bearbeitet,
- den individuellen Ausbildungsplan entwickelt und umgesetzt,
- ausgewählte Methoden bearbeitet und ausgewertet
- und sich sicherlich mit anderen Lernenden, Ihrer Praxisanleitung und den Lehrkräften ausgetauscht.

Nach jeder Lernsituation ist es sinnvoll, für sich ein persönliches Fazit zu ziehen. Notieren Sie aus Ihrer Sicht Ihre persönliche Kompetenzentwicklung. Die Methode kann im Laufe der Ausbildung wiederholt oder auch auf andere Lernfelder übertragen werden. ❶ Auf de.wikipedia.org/wiki/Bildtafel_der_Verkehrszeichen_in_der_Bundesrepublik_Deutschland_seit_2009 finden Sie weitere Straßenschilder (Sinnbilder, Vorschriftszeichen, Gefahrenzeichen, Richtzeichen).

Lassen Sie das Bild einige Minuten auf sich wirken. Beantworten Sie die folgenden Fragen und begründen Sie Ihre Entscheidung

Zu Beginn fuhr ich im Lernfeld 3 eine „Straße" entlang, auf der mir folgende Straßenschilder begegneten:

Beispiel
Ich hatte keine Ahnung von Inklusion; aus der Presse wusste ich nur, dass dieses Thema heftig diskutiert wird. Kinderarmut – gibt es dafür überhaupt eine Lösung oder ist das eher eine Sackgasse unserer Gesellschaft? ...

Durch die theoretische und praktische Auseinandersetzung mit den Themen Diversität und Inklusion wähle ich für meinen Kompetenzerwerb folgende Straßenschilder:

Beispiel
Ich habe verstanden, dass Inklusion viel mit meiner inneren Einstellung zu tun hat. Dieses Gefühl gibt mir Sicherheit, dass dieses wichtige Thema gesellschaftspolitisch „Vorfahrt" haben muss. Mir ist deutlich geworden, dass es wichtig ist, mir Zeit für jedes Kind, jede Familie etc. zu nehmen, um sie und ihre Lebenssituationen kennenzulernen. Die Spielstraße ist dafür ein gutes Zeichen. Beziehungsarbeit heißt „sich Zeit nehmen". Ich weiß jetzt, ..., Ich habe mich ausprobiert ..., Ich bin mutiger ..., Ich kenne jetzt ...

DOPPELTE VERMITTLUNGSPRAXIS

Die Methode der Straßenschilder können Sie auch in der pädagogischen Arbeit mit Kindern, Jugendlichen oder jungen Erwachsenen zur Standortbeschreibung oder Reflexion in Einzelgesprächen oder Gruppen nutzen. Beispiele:
- Welches Straßenschild wählst du aus, um das vorangegangene Bildungsangebot zu beurteilen?
- Wenn du dein momentanes Gefühl im Hinblick auf den Konflikt mit XY mithilfe eines Straßenschildes beschreiben müsstest, welches Schild würdest du auswählen? Warum?

Erklärungsmodelle für (Selbst)Bildungs-,
Entwicklungs- und Lernprozesse

Entwicklungsbereiche und Entwicklungsaufgaben in den Lebensphasen Kindheit,
Jugend, junges Erwachsenenalter

Diversitätsaspekte in Entwicklungs-
und Bildungsprozessen

Rolle und Aufgaben von Erzieherinnen und Erziehern
in den Bildungsbereichen fachspezifische und
fachdidaktische Grundlagen der Bildungsbereiche

Bildungsempfehlungen und
Bildungspläne der Länder

Beobachtungs- und Dokumentationsverfahren zur Erfassung von Entwick-
lungs- und Bildungsprozessen

Bildungsauftrag
des SGB VIII

Lernfeld ④

**Sozialpädagogische Bildungsarbeit in
den Bildungsbereichen professionell
gestalten**

Bedeutung der Bildungsbereiche
für die Entwicklung von Kindern,
Jugendlichen und jungen
Erwachsenen

Gestaltung von Lernumgebungen und Wahrnehmung
von Bildungsanlässen für unterschiedliche Adressaten

Planung, Durchführung und Evaluation von resilienz- und
ressourcenorientierter Bildungsarbeit in unterschiedlichen Arbeitsfeldern

4.2 Zentrale Aufgaben der Ausbildung im Lernfeld 4

Sie beobachten als Erzieher Kinder, Jugendliche und junge Erwachsene im pädagogischen Alltag Ihrer Einrichtung. Sie verfügen über fundiertes Fachwissen, um Bildungs- und Entwicklungsprozesse wahrzunehmen, auszuwerten und in der Arbeit zu berücksichtigen. Auf der Grundlage der Beobachtungen, des Verständnisses von Selbstbildungspotenzialen und des gesetzlichen Auftrags bieten Sie im Team in allen Bildungsbereichen Bildungsmöglichkeiten an. Sie berücksichtigen dabei die Partizipation der Zielgruppen.

- Ich begleite und unterstütze Entwicklungs- und Bildungsprozesse unter Berücksichtigung des Bildungsauftrags des SGB VIII und der Bildungsempfehlungen/Bildungspläne der Länder.
- Ausgangspunkt meiner sozialpädagogischen Bildungsarbeit sind die Kinder, Jugendlichen und jungen Erwachsenen mit ihren individuellen Interessen und Bedürfnissen, ihren unterschiedlichen Ressourcen und ihrem Wunsch nach Selbstentfaltung und Selbstwirksamkeit.
- Ich gestalte meine Arbeit auf der Grundlage meiner eigenen, ständig weiterzuentwickelnden Fähigkeiten und Kenntnisse in den Bildungsbereichen der Kinder- und Jugendhilfe. In jedem Bildungsbereich besitze ich fachspezifische und didaktische Grundlagen.
- Ich stelle mich dem Anspruch der Nachhaltigkeit als Prinzip globalen Lernens, das eine Vielfalt von sozialen, ökologischen, kulturellen sowie ethischen Fragen berührt.
- Ich erfasse die Bedeutung des jeweiligen Bildungsbereichs für die Entwicklung von Kindern und Jugendlichen. Hierzu gehören die Analyse von Bildungsbedürfnissen und Bildungserfordernissen, Entwicklungsaufgaben und Entwicklungsverläufen.
- Ich plane die didaktische und methodische Gestaltung von Bildungsprozessen und anregenden Lernumgebungen. Diese setze ich ko-konstruktiv um und evaluiere meine Durchführung.
- In der sozialpädagogischen Bildungsarbeit begleite und unterstütze ich Entwicklungs- und Bildungsprozesse im Sinne von Inklusion und Partizipation der beteiligten Kinder, Jugendlichen und jungen Erwachsenen. Ich rege zu sozialem Lernen, zur Ausbildung demokratischer Werthaltungen und sinnstiftender Deutungen an.

- Benennen Sie zu jeder Aufgabe mindestens drei berufliche Handlungsweisen, die anschaulich darstellen, dass Erzieher über Kompetenzen verfügen, diese Aufgaben bewältigen zu können.
- Was müssen Sie können und wissen, um die Aufgaben aus dem Lernfeld umsetzen zu können?
- Wie und wo können Sie sich dieses Wissen aneignen und die benötigten Fähigkeiten erwerben?
- Was werden Sie vermutlich in der Schule lernen? Welche Möglichkeiten des Lernens bietet der Lernort Praxis? Was können Sie sich im Selbststudium aneignen?
- Womit wollen Sie beginnen? Notieren Sie zu allen Fragen Ihre Antworten und heften Sie diese ab.

Mit der folgenden Kann-Liste können Sie Ihr bisheriges Wissen und Ihre bisher erworbenen Fähigkeiten und Fertigkeiten im Hinblick auf das Lernfeld 4 einschätzen. So erhalten Sie einen systematischen Überblick und können sich im nächsten Schritt realistische Aufgaben und Ziele setzen. Diese Form der Überprüfung ermöglicht die Ermittlung eines Ist-Zustandes („Hier stehe ich"), von dem aus ein realistischer Soll-Zustand („Hier will ich hin") festgelegt wird. Dieses Verfahren der Selbstevaluation (Selbsteinschätzung) wird im Rahmen der Qualitätsentwicklung häufig angewendet.

4.3 Ich kann's – „Kann-Liste" für die Kompetenzentwicklung im Lernfeld 4

Fachkompetenz (Wissen und Fertigkeiten)	Nein	Zum Teil	Größtenteils	Ja
Ich verfüge über …				
▪ Wissen, das mir ein komplexes Verständnis von Entwicklungs-, Lern-, Bildungs-, Sozialisationsprozessen und zu den Faktoren, Aufgaben und Prozessen der Entwicklung in verschiedenen Lebensphasen eröffnet.	☐	☐	☐	☐
▪ Wissen über den Bildungs- und Erziehungsauftrag in seinen Bezügen zum Wertesystem der Gesellschaft.	☐	☐	☐	☐
▪ Verständnis von Bildung und Entwicklung als individuellen, lebenslangen Prozess im Rahmen ihrer sozialpädagogischen Aufgabenstellung „Bilden, Erziehen und Betreuen".	☐	☐	☐	☐
▪ Wissen über die Bildungsempfehlungen für die unterschiedlichen Arbeitsfelder.	☐	☐	☐	☐
▪ Wissen über Beobachtungs- und Dokumentationsverfahren zur Erfassung von Entwicklungs- und Bildungsprozessen und zu unterschiedlichen fachlichen Beobachtungsmethoden.	☐	☐	☐	☐
▪ Wissen zur Kompetenzentwicklung in den einzelnen Bildungsbereichen, insbesondere auch zur Sprachkompetenzentwicklung.	☐	☐	☐	☐
▪ Wissen über didaktisch-methodische Konzepte in den verschiedenen Bildungs- und Lernbereichen zur fachkompetenten Förderung der Zielgruppe in ausgewählten Bildungsbereichen.	☐	☐	☐	☐
▪ Wissen zur Bedeutung der Bildungsbereiche der sozialpädagogischen Arbeit für die Entwicklung der Wahrnehmungs- und Ausdrucksweisen, die Sozial- und Persönlichkeitsentwicklung und für die Aneignung von Welt für die Zielgruppe und über die Bedeutung von kulturellen Bildungsprozessen.	☐	☐	☐	☐
Ich verfüge über Fertigkeiten, …				
▪ mich aufgrund von Selbstreflexion in die Lebenssituationen der Zielgruppe hineinzuversetzen […]	☐	☐	☐	☐
▪ Bildungsempfehlungen und -pläne als Grundlage für die Gestaltung von Bildungs- und Erziehungsprozessen in den unterschiedlichen Arbeitsfeldern zu nutzen.	☐	☐	☐	☐
▪ meine eigenen Bildungserfahrungen und Kompetenzen […] zu reflektieren, weiterzuentwickeln und die eigene Rolle […] wahrzunehmen, zu reflektieren und Konsequenzen für das pädagogische Handeln zu entwickeln.	☐	☐	☐	☐
▪ Beobachtungsverfahren begründet auszuwählen, für die Planung pädagogischer Prozesse zu nutzen und zur Dokumentation des Bildungsprozesses bzw. des Entwicklungsstandes oder der Lernvoraussetzungen der Zielgruppe zu planen, anzuwenden und auszuwerten.	☐	☐	☐	☐
▪ Entwicklungsverläufe und Sozialisationsprozesse fallbezogen zu analysieren, zu beurteilen und unter Beachtung der wesentlichen Bedingungsfaktoren des Verhaltens, Erlebens und Lernens entwicklungs- und bildungsförderliche pädagogische Prozesse selbstständig zu planen und zu gestalten.	☐	☐	☐	☐
▪ spezifische didaktisch-methodische Konzepte […] adressatengerecht zu planen, durchzuführen und methodengeleitet zu analysieren (und das eigene Handeln zu reflektieren) und in meiner Bildungsarbeit Interessen und Neigungen der Zielgruppe ernst zu nehmen und Bildungsprozesse sowie Kompetenzerwerb konzeptgeleitet zu fördern.	☐	☐	☐	☐
▪ Kommunikations- und Interaktionsprozesse zu gestalten, in denen sich Bildungs-, Entwicklungs- und Betreuungsprozesse entfalten können.	☐	☐	☐	☐
▪ individuelle und gruppenbezogene Impulse für Bildungs- und Entwicklungsprozesse zu geben und dabei Ausdrucksweisen und Selbstbildungsprozesse der Zielgruppe ressourcenorientiert zu berücksichtigen.	☐	☐	☐	☐
▪ Handlungsmedien und Methoden aus den verschiedenen Bildungs- und Lernbereichen gezielt einzusetzen […] zu evaluieren.	☐	☐	☐	☐
▪ [technische] Medien zur Anregung von Selbstbildungsprozessen der Zielgruppe zu nutzen […]	☐	☐	☐	☐
▪ die ausgewählten pädagogischen Handlungsansätze hinsichtlich ihrer Anwendbarkeit kritisch zu überprüfen und im Dialog der Fachkräfte weiterzuentwickeln.	☐	☐	☐	☐
▪ in allen Bildungsbereichen die Entwicklung ethischer Werthaltungen anzuregen und zu gestalten.	☐	☐	☐	☐
▪ sprachliche Bildungssituationen in verschiedenen Bildungsbereichen zu erkennen und diese verantwortungsvoll für die Gestaltung altersgerechter Lernsituationen zu nutzen.	☐	☐	☐	☐
▪ die demokratischen Beteiligungs- und Mitwirkungsrechte der Zielgruppe umzusetzen.	☐	☐	☐	☐
▪ didaktisch-methodische Konzepte bei der Planung von Lernumgebungen und Bildungssituationen […] für Kinder, Jugendliche und junge Erwachsene fachlich begründet einzusetzen.	☐	☐	☐	☐
▪ Lernumgebungen in den verschiedenen Einrichtungen der Kinder- und Jugendhilfe selbstverantwortlich und partizipativ zu gestalten, Innen- und Außenräume […] als lernanregende Umgebung zu gestalten.	☐	☐	☐	☐
▪ das kulturelle Angebot im sozialen Umfeld der Einrichtung in die pädagogische Arbeit einzubeziehen.	☐	☐	☐	☐

Im Downloadbereich 🔵 finden Sie diese „Kann-Liste" wieder. Außerdem gibt es im Downloadbereich die Möglichkeit Tätigkeitsnachweise in die Kann-Listen einzutragen, um die eigene Entwicklung auch mithilfe von Dokumenten etc. zu belegen (z.B. Klassenarbeit über Bindungstheorien, Projektarbeit, Gruppenarbeit „Partizipation in Gruppen für Kindern unter drei Jahren", Workshop-Besuch „Mediation").

4.4   Fragen und Aufgaben zum Lernfeld 4

Die folgenden Fragen und Aufgaben helfen Ihnen sich strukturiert mit den Inhalten und Aufgaben von **Lernfeld 4** auseinanderzusetzen. Bei der Bearbeitung wird Ihnen deutlich, dass Sie Verantwortung für Ihre eigene Ausbildung übernehmen.

1   Informieren Sie sich bei den zuständigen Lehrkräften der Fachschule über Unterrichtsinhalte, Praxisaufgaben, verbindliche und von der Fachschule festgelegte Teilleistungen und die Organisation von Lernfeld 4. Legen Sie sich eine Übersicht wie im folgenden Beispiel an. Es ist wichtig, dass Sie Ihre direkten Ansprechpartner kennen und die Leistungsbewertung für Sie transparent ist. 🖐

Lernfeld 4 Gesamtstunden max. 160–200 Stunden	In welchen Ausbildungsphasen wird das Lernfeld 4 unterrichtet? von–bis	Von wem wird das Lernfeld 4 in der Fachschule unterrichtet?	Zu welchen Lernsituationen zählt das Lernfeld 4? Welche weiteren Lernfelder zählen zu der Lernsituation?	Aus welchen Teilleistungen setzt sich die Note im Lernfeld 4 in den einzelnen Phasen zusammen? Prozentangaben % E = Einzelarbeit G = Gruppenarbeit	Welche Praxisaufgaben sind zur Bearbeitung der Inhalte und Aufgaben des Lernfeldes 4 festgesetzt?
LF 4 (120 Stunden)	20.–40. Schulwoche im zweiten Ausbildungsjahr	Herr Rütters Frau Sannos Frau Plutinar Herr Frieder Frau Kattulla	„Mir nach – ich folge euch!" Bildungsarbeit in Einrichtungen der Kinder- und Jugendhilfe Lernfeld 1 Lernfeld 3 Lernfeld 4 Lernfeld 5	Referat Entwicklungsphasen 25 % G Klausur Bildungs- und Entwicklungsprozesse wahrnehmen/dokumentieren 25 % E Selbstorganisiertes Lernen 30 % E Sonstige Mitarbeit 20 % E	Beobachtungsaufgabe Bildungs- und Lerngeschichte Bildungsangebote … …
LF 4	von–bis				

2   Informieren Sie Ihre Ansprechpartner am Lernort Praxis über die bisher im Unterricht vermittelten Inhalte und schulischen Arbeitsaufträge aus dem Lernfeld 4. Es ist wichtig, dass Sie dazu beitragen, dass die „Verzahnung" beider Lernorte gelingt. Überlegen Sie sich vor dem Gespräch mit Ihrer Praxisanleitung, über welche Aspekte Sie informieren wollen. Was wollen Sie vom Lernort Praxis zum Lernfeld 4 erfahren?

3 Konkretisieren Sie die Inhalte und Aufgaben des Lernfeldes 4 und halten Sie diese Ergebnisse in einer Mindmap (DIN A5) fest. Nutzen Sie den Advanced Organizer als Grundgerüst für die Mindmap. Ergänzen Sie Ihre Mindmap mit Inhalten aus dem Lehrwerk „Erzieherinnen + Erzieher". Vielleicht bietet sich Ihnen auch die Möglichkeit, sich mit anderen Lernenden über die unterschiedlichen Mindmaps auszutauschen. Die Mindmap wird sich im Laufe Ihrer Ausbildung durch Praktika und Unterricht in der Fachschule weiter konkretisieren.

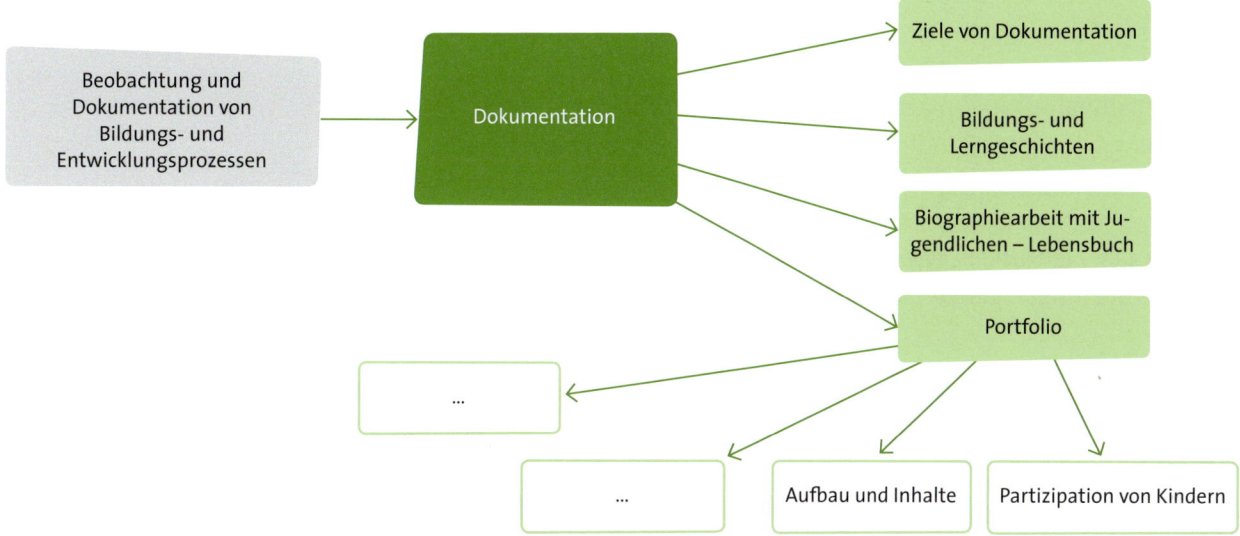

4 Welches Wissen und welche Fertigkeiten bringen Sie zur Bearbeitung der zentralen Aufgaben im Lernfeld 4 schon mit (Zusammenfassung der Kann-Liste)?

_____

_____

_____

_____

5 Was möchten Sie dazulernen? Welche zentrale Aufgabe aus dem Lernfeld 4 wählen Sie aus eigener Initiative als Erstes aus? Wie begründen Sie Ihre Auswahl?

_____

_____

_____

_____

6 Entwickeln Sie konkrete Umsetzungsschritte, um die zentrale Aufgabe lösen zu können? Welche Fachkompetenzen, Fertigkeiten und personalen Kompetenzen benötigen Sie dafür? Wie können Sie Ihren eigenen Kompetenzerwerb für Lehrkräfte und Praxisanleitungen nachvollziehbar darstellen und Bedeutsames dokumentieren?

_____

_____

_____

4.5   Individueller Ausbildungsplan für das Lernfeld 4

Wer im Leben kein Ziel hat, verläuft sich.   *Abraham Lincoln*

Welche Kompetenzen einer Fachkraft wollen Sie erwerben bzw. vertiefen? Welche Bildungsbereiche wollen Sie sich erschließen? Planen Sie konkrete Umsetzungsschritte und berücksichtigen Sie dabei eine sinnvolle und realistische Zeitplanung. Nutzen Sie dafür u.a.

- die Kompetenzen des Lernfeldes und die personalen Kompetenzen des Lehrplans,
- die Querschnittsaufgaben,
- Ihre Mindmap des Lernfeldes,
- Unterrichtsinhalte,
- den Bildungsplan Ihres Bundeslandes.

Setzen Sie sich Ziele und Schwerpunkte für das Praktikum und die Phasen selbstorganisierten Lernens. Entwickeln Sie Ihren eigenen tabellarischen Ausbildungsplan.

In den Bildungsempfehlungen und -plänen der einzelnen Bundesländer finden Sie vielfältige Bildungs-bereiche. Diese Übersicht stammt aus dem länderübergreifenden Lehrplan: Bewegung, Spiel und Theater, Musik und Rhythmik, Ästhetik und Kunst, Sprache/Literacy und Medien, Religion/Gesellschaft und Ethik, Natur und Umwelt, Gesundheit und Ernährung, Mathematik/Naturwissenschaften und Technik. Achten Sie darauf, dass Sie sich in allen Bildungsbereichen fundiertes didaktisch-methodisches Fachwis-sen aneignen und sich ausprobieren. Nutzen Sie die Bildungsbereiche für den individuellen Ausbildungs-plan. In welchem Bereich sehen Sie Ihre eigenen Stärken und Talente? Welche Bildungsbereiche möchten Sie lieber „umgehen"?

Erinnerungshilfen, um den Ausbildungsplan nicht „aus dem Auge zu verlieren":

- Meine Praxisanleitung und meine Lehrkräfte sind über meinen Ausbildungsplan informiert.
- Mein Ausbildungsplan hängt zu Hause über meinem Arbeitsplatz.
- Ich führe einen Kalender, in dem alle wichtigen Termine des Ausbildungsplans eingetragen sind.
- Mein Handy erinnert mich rechtzeitig an Abgabetermine etc.
- Ich dokumentiere Erfolge in meinem Ausbildungsbegleitheft.
- Ich erzähle anderen Lernenden von meinen Vorhaben und meinen Erfolgen.

Dokumentieren Sie fortlaufend Ihre Entwicklungsschritte.

Kompetenzen Lernfeld 3	Indikatoren	Konkrete sinnvolle Umsetzungsschritte	Zeitplan	Benötigte Unterstützung von
Zum Beispiel:	Zum Beispiel:	Zum Beispiel:	Zum Beispiel:	Zum Beispiel:
Ich verfüge über Wissen zur Kompetenzentwicklung und zu didaktisch-methodischen Konzepten im Bildungsbereich Bewegung.	Ich besitze grundlegendes Fachwissen im Bereich der Entwicklungspsychologie/Schwerpunkt Psychomotorik.	Ich lese Fachliteratur zum Thema und fasse wichtige Aussagen schriftlich zusammen.	Bis zum...	
		Ich erstelle eine Mindmap zum Thema.	Bis zum ...	
	Ich nutze die einrichtungsbedingten Ressourcen im Bereich der Psychomotorik für Bildungsangebote.	Ich gehe in der Einrichtung auf „Spurensuche" – Materialien, Räume, Rolle der Fachkräfte.	Bis zum ...	Fachkräfte
	Ich kenne die Bedeutung von Bewegungslandschaften für Kinder in den ersten Lebensjahren und kann Landschaften unter Berücksichtigung von Entwicklungsaufgaben der Zielgruppe und der Aufsichtspflicht sinnvoll aufbauen.	Ich nehme an Bewegungslandschaften in der Schule regelmäßig teil. Ich übe im Unterricht den Aufbau.	1 x im Monat	Fachlehrer
	Ich bin mir meiner Vorbildrolle und der Aufsichtspflicht im psychomotorischen Bereich bewusst.	Ich absolviere zusätzlich meinen Übungsleiterschein.	2015/2016	Landessportbund
Ich verfüge über Wissen, das mir ein komplexes Verständnis für Entwicklungs-, Lern-, Bildungs- und Sozialisationsprozesse eröffnet.	Ich kenne kindliche Lernprinzipien und Lernwege und kann diese auch dokumentieren.	Ich nutze mein Tagebuch.		
	Ich sehe die Kinder in der Einrichtung als aktive Akteure ihrer eigenen Bildungsprozesse an.			
	Ich nutze Interessen und Bedürfnisse der Kinder für mein pädagogisches Handeln.			
	Ich kann Impulse orientiert an dem Entwicklungsstand der Kinder im Freispiel setzen.			
Ich verfüge über Fertigkeiten, Medien zur Anregung von Selbstbildungsprozessen der Zielgruppe zu nutzen, technische Medien in die pädagogische Arbeit gezielt einzubeziehen.				

4.6 Methode 13: Biografisches Lernen

METHODE Biografisches Lernen

■ Ziele
Nachdenken über die eigene Lern-Biografie, kritischer Vergleich der eigenen Lern-Biografie mit der von anderen Lernenden, Bildung eines professionellen Verständnisses von Lernwegen

■ Bearbeitung
Einzel- und Gruppenarbeit

 DOPPELTE VERMITTLUNGSPRAXIS

Biografische Arbeit mit Jugendlichen oder jungen Erwachsenen kann z. B. für Beratungsgespräche eine gute Grundlage sein. In der Gruppenarbeit ermöglicht diese Methode, Vielfalt abzubilden. Kein Lernweg gleicht dem anderen. Diese Methode kann auch im Lernfeld 3 sinnvoll in der Kinder- und Jugendhilfe eingesetzt werden (z. B. im Bereich von interkultureller Bildung und Familie, Familienmotto, die wichtigsten Familienfeste, Lieblingsessen der Familie etc.).

Als Erzieherin knüpfen Sie in der sozialpädagogischen Praxis an die Erfahrungen und Lebenswelten der Kinder an. Ihre pädagogische Handlungskompetenz wird von Ihrer eigenen Lebensgeschichte beeinflusst. Biografische Selbstreflexion in der Ausbildung hilft angehenden pädagogischen Fachkräften, sich der individuellen Orientierungsqualität bewusst zu werden und durch die Auseinandersetzung mit den eigenen Lernwegen ein breiteres Handlungsspektrum im beruflichen Kontext zu entwickeln.

A Füllen Sie das Wappen „Mein individueller Lernweg" auf der gegenüberliegenden Seite in Einzelarbeit aus. Sie entscheiden, welche persönlichen Aspekte Ihres individuellen Lernweges Sie veröffentlichen wollen.

B Stellen Sie in einer Kleingruppe von maximal vier Lernenden Ihr „Lernwappen" vor. Tauschen Sie sich in dieser Kleingruppe aus, indem Sie sich jeweils zu einem Kasten gegenseitig Ihre Antworten vorstellen. Stellen Sie Rückfragen zu Aussagen anderer Lernender bzw. beantworten Sie Fragen zu Ihrem Wappen. Vergleichen Sie Ihre unterschiedlichen Erfahrungen. Welches Fazit ziehen Sie aus dieser Übung?

C Bilden Sie nun in Ihrer Kleingruppe gemeinsam übergeordnete Kategorien zu dem Thema: „Wie lernen Kinder? Lernwege von Kindern verstehen".

D Überlegen Sie im Plenum (in einem Fachgespräch), welche Konsequenzen Sie als Lernende für Ihre Rolle als zukünftige Fachkraft ziehen können. Halten Sie die Ergebnisse schriftlich fest. Welches Wissen, welche Fähigkeiten und Fertigkeiten und welche personalen Kompetenzen benötigen Sie als Bildungs- und Entwicklungsbegleiter?

Mein individueller Lernweg

Mein erster wichtiger Lernerfolg im Leben, an den ich mich erinnern kann, war ...

Ich habe viel gelernt von ...

Wieso? Wodurch? Weshalb?

Das habe ich mir selber beigebracht:

Das „Lernmotto" meiner Familie:.

Wie habe ich das geschafft?

Mein persönliches „Lernmotto":

Ich habe in meinem Leben gelernt, dass ...

Folgende Lernerfahrungen haben richtig Spaß gemacht:

Bis heute habe ich nicht gelernt, wie ...

Warum?

Wenn mir etwas gelingt, dann ...

Wenn mir etwas nicht sofort gelingt, dann ...

Unter Lernen und Bildung verstehe ich ...

4.7 Methode 14: Spurensuche

METHODE Spurensuche zum Erfassen von Bildungsbereichen

■ Ziele

Entwicklung von individuellen und gruppenbezogenen Impulsen für Bildungs- und Entwicklungsprozesse und ressourcenorientierte Berücksichtigung von Ausdrucksweisen und Selbstbildungsprozessen der Zielgruppe, Handlungsmedien aus den verschiedenen Bildungsbereichen sach-, methoden- und zielgruppengerecht einsetzen können und deren Wirksamkeit evaluieren

■ Bearbeitung

Einzelarbeit

 DOPPELTE VERMITTLUNGSPRAXIS

Die Aufgabe der Fachkraft ist es, Kinder in allen Bildungsbereichen aufmerksam zu beobachten und zu fördern. Gemeinsam auf Spurensuche zu gehen kann, Motivation und Interesse an Bildung fördern.

Begeben Sie sich in Ihrer Einrichtung auf Spurensuche und wählen Sie Bildungsbereiche aus, die Sie intensiv erforschen wollen.

Sprechen Sie über Ihre Beobachtungen mit Ihrer Praxisanleitung und überlegen Sie sich Möglichkeiten der Bildungsarbeit, durch die Sie sich in diesem Bildungsbereich professionalisieren können. Sie dokumentieren die Ergebnisse der Spurensuche schriftlich.

Welche Bildungsbereiche wollen Sie im nächsten Praktikum vertiefen?

1.

2.

Begründen Sie, warum Sie diese beiden Bildungsbereiche ausgesucht haben.

Stellen Sie dabei Folgendes dar:

■ Umsetzung des Bildungsbereichs in Ihrer Einrichtung (Inhalte, Anlässe, Methoden, Materialien, Raumgestaltung, Tagesablauf)

■ Rolle der Fachkräfte bei der Umsetzung der Bildungsarbeit

■ Aktuelle Interessen, Bedürfnisse und Themen der Kinder in diesem Bildungsbereich

■ Ihre eigenen Fachkenntnisse und Handlungskompetenzen in diesem Bildungsbereich

Dieses Fazit ziehe ich aus der Spurensuche:

Welche konkreten Ideen habe ich zur Umsetzung der Bildungsbereiche in der Einrichtung?

Beispiele für Spurensuchen im Bildungsbereich Sprache und Kommunikation

Beispiel
Fremdsprachen

Gehen Sie in Ihrer Einrichtung auf Spurensuche. Spielen dort Fremdsprachen in irgendeiner Form eine Rolle? Sammeln Sie Informationen zu folgenden Punkten:

– Gibt es Kolleginnen, die eine Fremdsprache sprechen, ggf. muttersprachlich: Was sind deren Aufgaben, was genau tun sie im Gruppenalltag, mit wem, wie häufig, wie lange agieren sie?
– Gibt es Eltern mit anderer Muttersprache, wo kommen sie her, in welcher Sprache kommunizieren sie mit ihren Kindern, wie kommunizieren die Eltern mit Ihnen oder Ihren Kollegen?
– Gibt es regelmäßige Angebote in Ihrer Einrichtung in anderen Sprachen als Deutsch? Worum geht es dabei? Wer bietet sie an, wie oft, wer nimmt teil, Kosten?
– Erstellen Sie eine Liste fremdsprachlicher Bücher oder Medien.
– Falls es noch keine fremdsprachlichen Angebote in Ihrer Einrichtung gibt: War dies schon einmal Diskussionsgegenstand? Auf wessen Anregung hin? Welche Argumente wurden ausgetauscht?

Formulieren Sie eine fachlich begründete persönliche Stellungnahme zum Thema „Muttersprachliche Angebote in pädagogischen Einrichtungen".

Beispiel
Bücher als Medium

– Erkunden Sie in Ihrer Einrichtung, welche Bilderbücher vorhanden sind, und erstellen Sie eine Übersicht nach eigenen Kriterien.
– Welche Bedeutung hat der Umgang mit Büchern/die Leseförderung in Ihrer Einrichtung? Wie werden Bücher in der pädagogischen Arbeit eingesetzt?
– Beschreiben Sie, wie die Heranführung an Bücher in Ihrer Einrichtung praktiziert wird, und untersuchen Sie, inwieweit die vorhandenen Strukturen hilfreich sind (z. B. Angebot an Büchern, Zugriff, Leseecken, Kooperation mit Büchereien etc.)
– Entwickeln Sie Ideen zur Erweiterung/Optimierung der vorhandenen Strukturen.
– Wählen Sie ein Bilderbuch aus, welches Ihnen gut gefällt.
– Erstellen Sie eine Inhaltsangabe und erläutern Sie, warum Sie es für die pädagogische Arbeit für geeignet halten.

Beispiel
für eine Spurensuche im Bildungsbereich musisch-äthetische Bildung

Wie sieht die musikalische Ausstattung meiner Einrichtung aus? Welche räumlichen, technischen, medialen und instrumentalen Rahmenbedingungen sind gegeben? Wie nutzen ich, die anderen Fachkräfte, die Kinder diese Ausstattung?

Entwickeln Sie Ideen, wie Sie mit einfachen Mitteln die Ressourcen optimal nutzen können. Erweitern Sie Ihre instrumentalpraktischen Fertigkeiten, indem Sie sich neues Liedgut auf Stabspielen erarbeiten.

Beobachten Sie Ihre Kindergruppe im Hinblick auf musisch-gestalterische Aktivitäten. Wählen Sie zwei Kinder aus, die Sie näher beobachten wollen. Befragen Sie in Ihrer Einrichtung Kinder zwischen drei und sechs Jahren nach ihrem Mediengebrauch, d. h. erfragen Sie die Art, die Nutzung, die Dauer und das besondere Interesse an dem jeweiligen Medium. Entwickeln Sie aus diesen Informationen die situative Voraussetzung der Kinder in der Wahrnehmung und im praktischen Umgang mit den Medien in ihrer Umgebung. Stellen Sie den fachlichen Hintergrund der Medienerziehung dar im Zusammenhang mit den genannten situativen Voraussetzungen der Kinder. Nennen Sie Ihre fachlichen Ziele für das, was Sie den Kindern mit diesen Voraussetzungen anbieten wollen, und begründen Sie diese.

4.8   Methode 15: Planen und Reflektieren pädagogischer Aktivitäten

METHODE   Planen und Reflektieren pädagogischer Aktivitäten

■ Ziele

Planung der didaktischen und methodischen Gestaltung von Bildungsprozessen und anregenden Lernumgebungen, konstruktive Umsetzung und Evaluation der Durchführung, Lernen, individuelle und gruppenbezogene Impulse für Bildungs- und Entwicklungsprozesse geben und dabei Ausdrucksweisen und Selbstbildungsprozesse der Zielgruppe ressourcenorientiert berücksichtigen

■ Bearbeitung

Einzelarbeit

 DOPPELTE VERMITTLUNGSPRAXIS

Auch Kinder und Jugendliche können lernen, Handlungen zu planen und das Ergebnis zu reflektieren. Es kann ihnen gezeigt werden, dass ein gezieltes Planen, z. B. eines Geburtstages, zum Erfolg führen kann. Beispielsweise können im Vorfeld Einladungen, Spielideen, Dauer und Essen bedacht werden und so alle Beteiligten einen schönen Tag verbringen.

Auf den folgenden Seiten finden Sie ein Beispiel, wie Sie ein Bildungsangebot planen und reflektieren können. Sollte es individuelle Vorgaben Ihrer Schule geben, kann Ihnen dieses Beispiel als Ergänzung und Hilfestellung dienen.

Beispiel Planungsraster

1   Darstellung der Ausgangssituation, Orientierung an der Lebens- und Erfahrungswelt der Kinder

Stellen Sie dar, welche Beobachtungen, Situationen oder Informationen Ihr Interesse geweckt und Sie veranlasst haben, das Thema des Bildungsangebotes zu wählen. Welche Interessen und Themen der Kinder haben Sie wahrgenommen? Beschreiben Sie kurz diese Beobachtungen und ziehen Sie begründet ein Fazit für Ihr pädagogisches Vorhaben.

2   Derzeitiger individueller Lern- und Entwicklungsstand der Kinder, soziale Zusammenhänge in der Gruppe

Informieren Sie sich über die Gruppe; lernen Sie die Kinder kennen. Wenn Sie noch nicht auf eigene Beobachtungen zurückgreifen können, sprechen Sie mit Ihrer Praxisanleitung.

■ Geben Sie Namen bzw. Namensabkürzung und Alter der Kinder an.

■ Was wissen Sie über die Lebenswelt der Kinder, das relevant für Ihr Vorhaben ist?

■ Wie sind die Beziehungen untereinander?

■ Welche Lebensthemen und Entwicklungsprobleme sind in der Altersstufe anzutreffen?

■ Was für Kompetenzen (Fähigkeiten, Fertigkeiten, Interessen, Kenntnisse) besitzen die Kinder der Teilgruppe im Hinblick auf das geplante Bildungsangebot?

■ Welche Erfahrungen haben die Kinder in der Einrichtung in Bezug auf das Bildungsangebot gemacht?

■ Wurden in den letzten Wochen themenbezogene Bildungsangebote oder Projekte durchgeführt bzw. sind Bildungsangebote geplant?

Achten Sie bei Ihren Ausführungen darauf, dass Sie Aussagen über Kinder bzw. Jugendliche wertschätzend und vorsichtig formulieren (z. B. ich habe den Eindruck …, wirkt auf mich …).

3 Mein derzeitiger Lern- und Entwicklungsstand

Beschreiben Sie Ihre eigenen Voraussetzungen, Fähigkeiten und Erfahrungen im Hinblick auf Ihr Vorhaben. Stellen Sie dabei dar, wie Sie sich fachtheoretisch und fachpraktisch auf das Bildungsangebot vorbereitet haben.

- Probieren Sie Ihr Vorhaben selber aus. Welche Erkenntnisse haben Sie daraus gezogen?
- Welche Absprachen und Vorbereitungen etc. mussten in der Einrichtung getroffen werden?

4 Fachliche Begründung der Themenwahl, fachliche Orientierung

Um Bildungs- und Entwicklungsbegleiter für die Kinder sein zu können, müssen Sie zum Experten Ihres Vorhabens werden und sich wichtiges Grundlagenwissen aneignen. Beziehen Sie sich in diesem Punkt unbedingt auch auf Fachliteratur. Diese sollte genutzt werden, um Überlegungen fachlich zu stützen. Zitate müssen genau belegt werden, da eine Übernahme fremder Gedanken und Textbausteine ohne Kennzeichnung als Täuschungsversuch gewertet wird.

- Stellen Sie die grundsätzliche Bedeutung des Themas für Kinder oder Jugendliche dieses Alters bzw. dieser Entwicklungsphase dar. Begründen Sie damit auch Ihre Themenwahl fachtheoretisch.
- Stellen Sie dar, in welchem Zusammenhang Ihr Thema mit den Bildungsgrundsätzen und den konzeptionellen Grundsätzen der Einrichtung steht.
- Ist Ihr Thema Teilbereich eines Oberthemas oder eines Projektes, zu dem vorher oder später Bildungsangebote stattfinden?
- Wie lässt sich das Thema altersgemäß am besten umsetzen? Berücksichtigen Sie die Lernwege von Kindern. Skizzieren Sie Ihre methodische Vorgehensweise.
- Überlegen Sie, wie Ihr Vorhaben in der Einrichtung nachhaltig wirken kann.
- Außerdem sollen der Aufbau des Bildungsangebots, die Technik, die Intention eines Bilderbuches, die Spielform bzw. die Regeln etc. von Ihnen analysiert werden.

5 Zeitrahmen (Beginn/Dauer)

Legen Sie einen Zeitpunkt für den Beginn Ihres Angebotes fest und halten Sie sich an den geplanten zeitlichen Ablauf.

6 Kompetenzen erweitern

Bildungsangebote zielen in der Regel darauf ab, Kindern und Jugendlichen Gelegenheiten und methodisch strukturierte Hilfen zu geben, ihre Kompetenzen zu erweitern und zu stärken. Die angestrebten Kompetenzerweiterungen leiten sich hierbei aus der Analyse der Ausgangssituation sowie dem Entwicklungsstand der Kinder und Jugendlichen ab. Setzen Sie für Ihr Bildungsangebot ein bis drei Schwerpunkte im Hinblick auf Kompetenzerweiterungen, welche die Kinder und Jugendlichen im Rahmen des Bildungsangebots tatsächlich erreichen können. Die Kompetenzbereiche sind hierbei: Selbstkompetenz, Sach- und Methodenkompetenz, Sozialkompetenz. Ordnen Sie diese Schwerpunktsetzungen jeweils einzelnen Kompetenzbereichen zu. Machen Sie deutlich, was die Kinder und Jugendlichen im Verlauf des Bildungsangebots tun und welche Erfahrungen, Fähigkeiten, Fertigkeiten oder Kenntnisse die Adressaten hierbei in erster Linie erwerben, vertiefen oder erreichen. Beschreiben Sie, wie diese Erfahrungen und Erlebnisse dazu beitragen, Kompetenzen der Kinder und Jugendlichen zu erwerben, zu erweitern oder zu stärken.

7   Organisation (Material, Raumplanung, weitere Vorbereitungen und Absprachen)

Schaffen Sie ein anregendes Lernumfeld. Die gewählten Materialien müssen für die Kinder zu bearbeiten sein. Sie sollten Aufforderungscharakter haben und in der Regel übersichtlich ausgebreitet sein, damit dem Kind die Auswahl und ein selbstständiger Umgang erleichtert werden.

Eine angenehme Atmosphäre wird mitbestimmt durch die räumlichen Verhältnisse: Raumgestaltung, Beleuchtung, Belüftung, Anordnung der Sitzgelegenheiten, Sauberkeit des Raumes, Raumgröße, Bodenbelag oder Gefahrenquellen.

8   Methodische Vorgehensweise

Beschreiben und begründen Sie, wie Sie den Ablauf des Bildungsangebotes planen. Es ist möglich, Punkt 8 auch in Form einer Tabelle zu bearbeiten. In diesem Punkt muss die geplante Durchführung in der richtigen Reihenfolge chronologisch beschrieben werden (Einführungs-, Haupt-, und Schlussphase). Es muss deutlich erkennbar sein, was Sie mit den Kindern machen. Beachten Sie dabei die Kompetenzen, die Sie anstreben. Machen Sie deutlich, was Sie tun wollen, um die Kompetenzen auch wirklich zu erreichen. Gehen Sie in erster Linie auf Ihr geplantes Erzieherverhalten ein (pädagogische Handlungsweisen, z.B. ich erkläre, ich zeige, ich ermutige). Vorüberlegungen zum möglichen Verhalten der Kinder können ebenfalls genannt werden. Welche Methoden (Gespräch, Gruppenarbeit, Spiel usw.) werden eingesetzt? Wie werden die Kinder an Ihrem Vorhaben beteiligt (Partizipation)? Wie werden technische Abläufe durchgeführt?

- Einführungsphase – Teilen Sie den Kindern das Vorhaben schon vor Beginn des Bildungsangebotes mit. Beteiligen Sie die Kinder an der Planung und Vorbereitung. Stimmen Sie die Kinder altersgemäß auf das Thema ein. Wecken Sie Motivation und Neugierde. Nutzen Sie u. U. Anschauungsmaterialien. Greifen Sie u. U. Erfahrungswissen auf. Erarbeiten Sie (gemeinsam) die Aufgaben, die Regeln und die Aufgaben- bzw. Rollenverteilung.
- Hauptphase – Begleiten Sie die Kinder während der Hauptphase in ihrem Handeln. Berücksichtigen Sie dabei entwicklungsfördernde Faktoren (soziale und emotionale Sicherheit, Berücksichtigung kindlicher Lernprinzipien, Dialog- und Interaktionspartner etc.). Welche Impulse, Denkanstöße, Hilfestellungen werden für eventuelle Probleme/Schwierigkeiten/Gefahren geplant? Wie werden technische Abläufe durchgeführt?
- Schlussphase – Beschreiben Sie, wie das Bildungsangebot beendet werden soll. Der Schluss kann Erkenntnisse der Kinder, die während des Verlaufs gesammelt wurden, vertiefen (z.B. Zusammenfassung von Erkenntnissen, Betrachtung fertiger Ergebnisse, Übertragung auf den Alltag der Kinder, Feedback-Runde). Außerdem zählt auch der organisatorische Schluss (z.B. Aufräumen) und der Übergang vom Bildungsangebot zurück in den Tagesablauf der Einrichtung dazu.

9   Anhang

Inhaltsangabe von Bilderbüchern, Geschichten u.Ä. (Kurzfassung), Beschreibung von Spielregeln, (Kurzfassung), Beschreibung von Gestaltungstechniken etc. (Kurzfassung), Literaturangaben

Beispiel für ein Reflexionsraster

Die folgenden Fragen sollen Hilfestellung bei der Bearbeitung der einzelnen Reflexionspunkte geben. Sie sollen um eigene Bedürfnisse und Anliegen ergänzt bzw. verändert werden. Bitte beantworten Sie die Fragen nicht nur mit „Ja" oder „Nein". Schildern Sie Ihre Beobachtungen und nennen Sie ggf. Alternativen.

1   Allgemeine Einschätzung zum Bildungsangebot
Sie sollen hier kurz eine erste Einschätzung zu Ihrer Aktivität abgeben. Hierbei kommt es vor allem auf Ihr Erleben an. Wenn Ihnen ein Bild oder eine Metapher einfällt, skizzieren Sie dies.

2   Zu den Kindern/zur Gruppe
Welche Kinder haben an dem Angebot teilgenommen? Was ist Ihnen an den Kindern aufgefallen? Wie war die Beziehung der Kinder untereinander? War die Zusammensetzung der Kindergruppe angemessen? Wurden die Voraussetzungen der Kinder richtig eingeschätzt? Wurden Äußerungen, Anregungen und Fragen der Kinder angemessen aufgenommen? Wann konnten die Kinder eigene Ideen entwickeln und einbringen?

3   Zum Thema
War das Thema für die Kinder wirklich interessant und ansprechend? Woran konnten Sie das bemerken? Geben Sie Beispiele. War die Reduzierung oder das Niveau des Themas für die Kinder angemessen? Waren diese unter- bzw. überfordert? Wie haben die Kinder das Thema aufgenommen? War das Thema dem Auffassungsvermögen und Entwicklungsstand der Kinder angemessen?

4   Zur Kompetenzerweiterung
Welche Erfahrungen, Fähigkeiten, Fertigkeiten und Kenntnisse konnten die Kinder bei dem Bildungsangebot erwerben, vertiefen oder erweitern? Entsprachen die angestrebten Kompetenzerweiterungen der Ausgangssituation und dem Entwicklungsstand der Kinder? Was haben Sie hierzu beobachtet? War die Auswahl der angestrebten Kompetenzerweiterungen hierbei angemessen? War die Beschreibung der Kompetenzerweiterungen sinnvoll und deren Zuordnung zu den Kompetenzbereichen zutreffend? Haben Sie damit Ihre angestrebten Kompetenzerweiterungen erreicht oder haben sich neue Schwerpunkte ergeben?

5   Zum Verlauf
Benennen Sie wichtige Aspekte im Verlauf Ihres Bildungsangebots. Wurden die Planungsschritte so durchgeführt, wie sie geplant waren? Was wurde warum geändert? Stellen Sie dar, wie Kompetenzen gestärkt wurden. Welche methodischen Schritte waren sinnvoll? Welche nicht? Entwickeln Sie Alternativen.

6   Eigene Lernerfahrungen
Welche pädagogische Rolle haben Sie im Bildungsangebot eingenommen? Was empfanden Sie an Ihrem Vorgehen als positiv? Was möchten Sie verbessern? Welche Folgerungen ziehen Sie aus den neu gemachten Erfahrungen? Welche Kompetenzen konnten Sie selbst erwerben, erweitern oder stärken? Wie gelang Ihnen dies? Was möchten Sie üben? Welche Fähigkeiten wollen Sie erlernen bzw. verbessern?
Ergänzen Sie Ihren individuellen Ausbildungsplan um diese Punkte.

4.9 Exemplarische Reflexionsmethode für das Lernfeld 4

Einige Wochen haben Sie sich mit einer Lernsituation im Unterricht, durch selbstorganisiertes Lernen und im Praktikum differenziert mit wichtigen beruflichen Themen beschäftigt, die auch das Lernfeld 4 und die zu vermittelnden Kompetenzen beinhaltet hat.

Sie haben in Ihrem Ausbildungsheft an vielfältigen Aufgaben zum Lernfeld 4 gearbeitet und
- eine zentrale Aufgabe des Lernfeldes zur Bearbeitung ausgewählt,
- die Kompetenzen der Kann-Liste angekreuzt und ausgefüllt,
- Fragen beantwortet und Aufgaben bearbeitet,
- den individuellen Ausbildungsplan entwickelt und umgesetzt,
- ausgewählte Methoden bearbeitet und ausgewertet
- und sich sicherlich mit anderen Lernenden, Ihrer Praxisanleitung und den Lehrkräften ausgetauscht.

Nach jeder Lernsituation ist es sinnvoll, für sich ein persönliches Fazit zu ziehen. Notieren Sie aus Ihrer Sicht Ihre persönliche Kompetenzentwicklung. Die Methode kann im Laufe der Ausbildung wiederholt oder auch auf andere Lernfelder übertragen werden. 🖱

Zentrale Aufgabe im Lernfeld 4

Ich begleite und unterstütze Entwicklungs- und Bildungsprozesse. Ausgangspunkt meiner sozialpädagogischen Bildungsarbeit sind die Kinder, Jugendlichen und jungen Erwachsenen mit ihren individuellen Interessen und Bedürfnissen, ihren unterschiedlichen Ressourcen und ihrem Wunsch nach Selbstentfaltung und Selbstwirksamkeit. Ich plane die didaktische und methodische Gestaltung von Bildungsprozessen und anregenden Lernumgebungen auch im Sinne von Inklusion und Partizipation der beteiligten Kinder, Jugendlichen und jungen Erwachsenen.

Wo sehe ich „Best Practise" bei mir als Entwicklungs- und Bildungs-begleiter? Was „schmeckt" mir sehr gut? Worauf bin ich stolz?

_____

_____

_____

_____

Welches erworbene Wissen und welche meiner didaktisch-metho-dischen Fähigkeiten und Fertigkeiten müssen unbedingt „gesichert" werden und sind übertragbar auf alle Bildungsbereiche?

_____

_____

_____

_____

Welche Ziele und Vorhaben sind „zerplatzt"? Warum?

_____

_____

_____

_____

Für welche Bereiche muss ich unbedingt noch tiefer „abtauchen" und
mir mehr Fachwissen aneignen?

_____

_____

_____

_____

Vor welchen Bildungsbereichen „fürchte" ich mich noch und
„schwimme" davon"?
Wer oder was kann mir helfen, die Angst zu überwinden?

_____

_____

_____

_____

DOPPELTE VERMITTLUNGSPRAXIS

Diese Methode können Sie auch in der pädagogischen Arbeit mit Kindern, Jugendlichen oder jungen Erwachsenen zur Standortbeschreibung oder Reflexion in Einzelgesprächen oder Gruppen nutzen.
Benennen Sie mögliche Anlässe, zu denen Sie diese Methode in der Praxis einsetzen könnten:

_____

_____

_____

_____

Modelle und Konzepte für die Gestaltung
von Übergängen in Arbeitsfeldern der
Kinder- und Jugendarbeit

Unterstützungs- und Beratungssysteme im Sozialraum

Angebote der Familienbildung

Konzeption und Organisation
des Familienzentrums

Kindeswohlgefährdung und
Schutzauftrag

Förderung der Erziehung in der Familie

Hilfen zur Erziehung

Gesellschaftlicher Wandel der Familie

Heterogenität familiärer Lebenswelten und Lebenssituationen

Rechte und Pflichten von Eltern

Lernfeld ⑤

Erziehungs- und Bildungspartnerschaften mit Eltern und Bezugspersonen gestalten und Übergänge unterstützen

Modelle, Methoden und Formen von Bildungs- und Erziehungspartnerschaften

Formen der Arbeit mit Familien

Methoden der Gesprächsführung und Beratung mit Eltern und Bezugspersonen

Präsentations- und Moderationstechniken

5.2 Zentrale Aufgaben der Ausbildung im Lernfeld 5

Neben der Arbeit mit den Kindern und Jugendlichen zählt schon lange auch die Zusammenarbeit mit Eltern und Bezugspersonen zu den Aufgaben von Erziehern. Unterschiedliche Formen der Elternarbeit helfen Ihnen bei der Gestaltung einer positiven Erziehungs- und Bildungspartnerschaft zum Wohle des Kindes. Familien benötigen häufig Beratung, Unterstützung und Begleitung. Sie sind sich dieser Aufgabe bewusst und bieten Familien Möglichkeiten in der Einrichtung an bzw. kennen Unterstützungs- und Beratungssysteme im Sozialraum. Übergänge gestalten Sie unter Beteiligung der Eltern und Bezugspersonen sehr sensibel.

- Ich analysiere die Heterogenität familiärer Lebenssituationen und Lebenslagen als Ausdruck und Ergebnis des sozialen Wandels der Familie. Ich erfasse ihre Bedeutung für Bildungs-, Erziehungs- und Entwicklungsprozesse. Auf der Grundlage der Bedarfe und der Ressourcen der Familien plane, gestalte und evaluiere ich ausgewählte Formen der Zusammenarbeit mit Familien und Bezugspersonen in verschiedenen sozialpädagogischen Arbeitsfeldern.
- Bei der Gestaltung der Erziehungs- und Bildungspartnerschaft nutze ich unterschiedliche Partizipationsmodelle und berücksichtige die besonderen Rechte und Pflichten der Eltern ihren Kindern gegenüber.
- Ich übe ziel- und methodengeleitet die Durchführung von Gesprächen zur Information und Beratung.
- Ich berate und unterstütze Familien in Bezug auf geeignete Hilfen zur Erziehung nach SGB VIII.
- Familiäre Krisensituationen beurteile ich auf der Grundlage von rechtlichen und pädagogischen Kenntnissen. Verdachtsmomente auf Kindeswohlgefährdung berate ich im Team mit dem Ziel, Handlungsmöglichkeiten zur Ausführung des Schutzauftrages von Fachkräften zu entwickeln.
- Ich erkunde die Leistungen und die Möglichkeiten der Zusammenarbeit mit Unterstützungs- und Beratungssystemen im Sozialraum, um an der Erstellung bedarfsgerechter Angebote für Familien mitzuwirken.
- Ich informiere mich exemplarisch über Konzeption und Organisationsstruktur des Familienzentrums und beurteile die Bedeutung dieser sozialpädagogischen Einrichtung.
- Transitionen werden von mir als komplexe Entwicklungsherausforderung erkannt, die Chancen und Probleme für Menschen mit sich bringen. Ich analysiere das Verhalten der Beteiligten auf den unterschiedlichen Ebenen der Transitionsprozesse und entwickele in Kooperation mit den beteiligten Akteuren pädagogische Handlungsschritte zur Unterstützung und Begleitung von Übergängen.

- Benennen Sie zu jeder Aufgabe mindestens drei berufliche Handlungsweisen, die anschaulich darstellen, dass Erzieher über Kompetenzen verfügen, diese Aufgaben bewältigen zu können.
- Was müssen Sie können und wissen, um die Aufgaben aus dem Lernfeld umsetzen zu können?
- Wie und wo können Sie sich dieses Wissen aneignen und die benötigten Fähigkeiten erwerben?
- Was werden Sie vermutlich in der Schule lernen? Welche Möglichkeiten des Lernens bietet der Lernort Praxis? Was können Sie sich im Selbststudium aneignen?
- Womit wollen Sie beginnen? Notieren Sie zu allen Fragen Ihre Antworten und heften diese ab.

Mit der folgenden Kann-Liste können Sie Ihr bisheriges Wissen und Ihre bisher erworbenen Fähigkeiten und Fertigkeiten im Hinblick auf das Lernfeld 5 einschätzen. So erhalten Sie einen systematischen Überblick und können sich im nächsten Schritt realistische Aufgaben und Ziele setzen. Diese Form der Überprüfung ermöglicht die Ermittlung eines Ist-Zustandes („Hier stehe ich"), von dem aus ein realistischer Soll-Zustand („Hier will ich hin") festgelegt wird. Dieses Verfahren der Selbstevaluation (Selbsteinschätzung) wird im Rahmen der Qualitätsentwicklung häufig angewendet.

5.3 Ich kann's – „Kann-Liste" für die Kompetenzentwicklung im Lernfeld 5

Fachkompetenz (Wissen und Fertigkeiten)	Nein	Zum Teil	Größ-tenteils	Ja
Ich verfüge über …				
▪ Wissen über familiäre **Lebenssituationen** in ihren sozialräumlichen Bezügen und über die Einflüsse kultureller und religiöser Prägung und ethnischer Zugehörigkeit.	☐	☐	☐	☐
▪ Wissen über **rechtliche und institutionelle Rahmenbedingungen** für die Zusammenarbeit mit Eltern und anderen Bezugspersonen.	☐	☐	☐	☐
▪ Wissen über verschiedene **Modelle, Methoden und Formen** der Bildungs- und Erziehungspartnerschaft.	☐	☐	☐	☐
▪ Wissen zur **Beteiligung und Einbeziehung** von Eltern und Bezugspersonen in pädagogischen Prozessen einschließlich der aktuellen fachlichen Entwicklungen.	☐	☐	☐	☐
▪ Wissen zur Gestaltung von **Gesprächen** mit Eltern und anderen Bezugspersonen	☐	☐	☐	☐
▪ Wissen über ausgewählte **Präsentations- und Moderationstechniken**	☐	☐	☐	☐
▪ Wissen über den Auftrag von **familienergänzenden und -ersetzenden** Einrichtungen.	☐	☐	☐	☐
▪ Wissen über den rechtlichen **Auftrag** der Förderung der Erziehung in der Familie und der Hilfen zur Erziehung, Wissen um Familien bei der Wahrnehmung ihrer Erziehungsaufgaben zu unterstützen sowie Wissen über familienersetzende Hilfen.	☐	☐	☐	☐
▪ Fachwissen über **Unterstützungs- und Beratungssysteme** für Familien und Bezugspersonen im Sozialraum.	☐	☐	☐	☐
▪ Wissen über **Bindungsmuster** und deren Bedeutung für die **Transitionsprozesse** und über die Gestaltung von Übergängen als Transitionsprozesse.	☐	☐	☐	☐
Ich verfüge über Fertigkeiten, …				
▪ Heterogenität familiärer Lebenssituationen zu verstehen, zu analysieren und in Beziehung zu den Erwartungen und Bedürfnissen von Familien mit verschiedenen soziokulturellen Hintergründen zu setzen.	☐	☐	☐	☐
▪ individuell unterschiedliche Bedarfslagen und Ressourcen von Familien und Bezugspersonen festzustellen, methodengeleitet zu beurteilen und auf dieser Grundlage strukturelle Rahmenbedingungen zu überprüfen und Angebote zu gestalten.	☐	☐	☐	☐
▪ mich aufgrund fundierter Selbstreflexion in die individuelle Lebenssituation der Zielgruppe hineinzuversetzen.	☐	☐	☐	☐
▪ Bildungs- und Erziehungspartnerschaften mit Eltern und anderen Bezugspersonenauf der Grundlage rechtlicher und institutioneller Rahmenbedingungen partizipativ zu gestalten.	☐	☐	☐	☐
▪ Kommunikationsprozesse und -strukturen mit Eltern und anderen Bezugspersonen zu analysieren, Schlussfolgerungen für die weitere Zusammenarbeit zu ziehen und sich daraus ergebenden Handlungsbedarf zu planen, Ziele zu entwickeln, in Handlungen umzusetzen und zu reflektieren.	☐	☐	☐	☐
▪ Gespräche mit Eltern und anderen Bezugspersonen methodengeleitet und partizipativ durchzuführen.	☐	☐	☐	☐
▪ Präsentations- und Moderationstechniken anzuwenden und die eigene Medienkompetenz zu erweitern.	☐	☐	☐	☐
▪ die besonderen Lebenssituationen von Eltern zu erfassen und diese bei der Arbeit mit Familien zu berücksichtigen, um sie bei der Wahrnehmung ihrer Erziehungsaufgaben zu unterstützen.	☐	☐	☐	☐
▪ eigene und fremd gesetzte Lern- und Arbeitsziele zu überprüfen und die Einbindung externer Unterstützungssysteme hinsichtlich des eigenen Bedarfs zu beurteilen.	☐	☐	☐	☐
▪ die eigenen professionellen Grenzen in der Unterstützung und Beratung von Eltern und Familien zu erkennen und auf fachkompetente Unterstützung zu verweisen.	☐	☐	☐	☐
▪ die professionelle Zusammenarbeit mit anderen Einrichtungen bedarfsgerecht mitzugestalten und Angebote im Bereich der Eltern- und Familienbildung in Zusammenarbeit mit anderen Fachkräften zu organisieren.	☐	☐	☐	☐
▪ bedarfsgerechte Angebote der Elternbildung und -beratung gemeinsam mit anderen Fachkräften zu planen und zu organisieren.	☐	☐	☐	☐
▪ Übergänge systematisch aufgrund wissenschaftlicher Erkenntnisse und konzeptioneller Vorstellungen zu gestalten.	☐	☐	☐	☐

Im Downloadbereich 🌐 finden Sie diese Kann-Liste wieder. Außerdem gibt es im Downloadbereich die Möglichkeit, Tätigkeitsnachweise in die Kann-Listen einzutragen, um die eigene Entwicklung auch mithilfe von Dokumenten etc. zu belegen (z.B. Klassenarbeit über Bindungstheorien, Projektarbeit, Gruppenarbeit „Partizipation in Gruppen für Kindern unter drei Jahren", Workshop-Besuch „Kindeswohl").

5.4　Fragen und Aufgaben zum Lernfeld 5

Die folgenden Fragen und Aufgaben helfen Ihnen, sich strukturiert mit den Inhalten und Aufgaben von **Lernfeld 5** auseinanderzusetzen. Bei der Bearbeitung wird Ihnen deutlich, dass Sie Verantwortung für Ihre eigene Ausbildung übernehmen.

1　Informieren Sie sich bei den zuständigen Lehrkräften der Fachschule über Unterrichtsinhalte, Praxisaufgaben, verbindliche und von der Fachschule festgelegte Teilleistungen und die Organisation von Lernfeld 5. Legen Sie sich eine Übersicht wie im folgenden Beispiel an. Es ist wichtig, dass Sie Ihre direkten Ansprechpartner kennen und die Leistungsbewertung für Sie transparent ist. 🖱

Lernfeld 5 Gesamtstunden max. 160–200 Stunden	In welchen Ausbildungsphasen wird das Lernfeld 5 unterrichtet? von–bis	Von wem wird das Lernfeld 5 in der Fachschule unterrichtet?	Zu welchen Lernsituationen zählt das Lernfeld 5? Welche weiteren Lernfelder zählen zu der Lernsituation?	Aus welchen Teilleistungen setzt sich die Note im Lernfeld 5 in den einzelnen Phasen zusammen? Prozentangaben % E = Einzelarbeit G = Gruppenarbeit	Welche Praxisaufgaben sind zur Bearbeitung der Inhalte und Aufgaben des Lernfeldes 5 festgesetzt?
LF 5 (40 Stunden)	20.–40. Schulwoche im zweiten Ausbildungsjahr	Frau Sannos Frau Plutinar	„Pauls erste Tage in einer Gruppe für Kinder unter drei Jahren" – Übergänge professionell gestalten Lernfeld 2 Lernfeld 4	Referat Formen von Elternarbeit 25 % G Klausur Sanfte Eingewöhnung mit Kindern unter drei Jahren 25 % E Selbstorganisiertes Lernen 30 % E Sonstige Mitarbeit 20 % E	Interview der Fachkräfte zu Übergängen Hospitation bei einem Entwicklungsgespräch Elternnachmittag (Teilaufgabe) … …
LF 5	von–bis				

2　Informieren Sie Ihre Ansprechpartner am Lernort Praxis über die bisher im Unterricht vermittelten Inhalte und schulischen Arbeitsaufträge aus dem Lernfeld 5. Es ist wichtig, dass Sie dazu beitragen, dass die „Verzahnung" beider Lernorte gelingt. Überlegen Sie sich vor dem Gespräch mit Ihrer Praxisanleitung, über welche Aspekte Sie informieren wollen. Was wollen Sie vom Lernort Praxis zum Lernfeld 5 erfahren?

3 Konkretisieren Sie die Inhalte und Aufgaben des Lernfeldes 5 und halten Sie diese Ergebnisse in einer Mindmap (DIN A5) fest. Nutzen Sie den Advanced Organizer als Grundgerüst für die Mindmap. Ergänzen Sie Ihre Mindmap mit Inhalten aus dem Lehrwerk „Erzieherinnen + Erzieher". Vielleicht bietet sich Ihnen auch die Möglichkeit, sich mit anderen Lernenden über die unterschiedlichen Mindmaps auszutauschen. Die Mindmap wird sich im Laufe Ihrer Ausbildung durch Praktika und Unterricht in der Fachschule weiter konkretisieren.

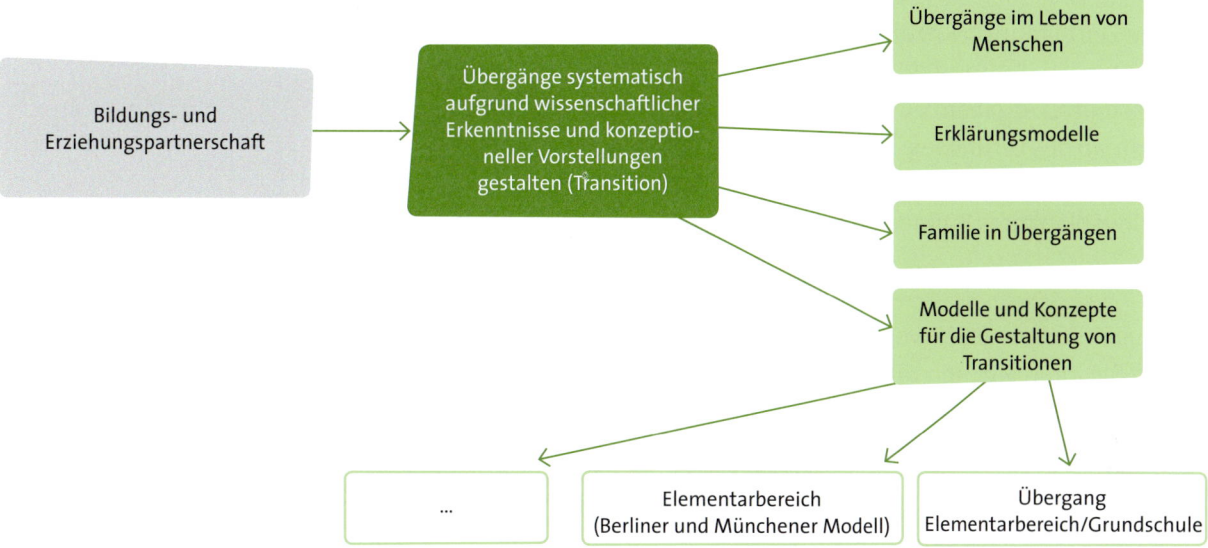

4 Welches Wissen und welche Fertigkeiten bringen Sie zur Bearbeitung der zentralen Aufgaben im Lernfeld 5 schon mit (Zusammenfassung der Kann-Liste)?

5 Was möchten Sie dazulernen? Welche zentrale Aufgabe aus dem Lernfeld 5 wählen Sie aus eigener Initiative als Erstes aus? Wie begründen Sie Ihre Auswahl?

6 Entwickeln Sie konkrete Umsetzungsschritte, um die zentrale Aufgabe lösen zu können? Welche Fachkompetenzen, Fertigkeiten und personalen Kompetenzen benötigen Sie dafür? Wie können Sie Ihren eigenen Kompetenzerwerb für Lehrkräfte und Praxisanleitungen nachvollziehbar darstellen und Bedeutsames dokumentieren?

5.5   Individueller Ausbildungsplan für das Lernfeld 5

Der Kluge lernt nach dem ersten Fehler,
der Dumme nach dem x-ten Fehler,
der Weise lernt nie aus.   *Chinesische Weisheit*

Welche Kompetenzen einer Fachkraft wollen Sie erwerben bzw. vertiefen? Welche Bildungsbereiche wollen Sie sich erschließen? Planen Sie konkrete Umsetzungsschritte und berücksichtigen Sie dabei eine sinnvolle und realistische Zeitplanung. Nutzen Sie dafür u.a.

- die Kompetenzen des Lernfeldes und die personalen Kompetenzen des Lehrplans,
- die Querschnittsaufgaben,
- Ihre Mindmap des Lernfeldes,
- Unterrichtsinhalte,
- den Bildungsplan Ihres Bundeslandes.

Setzen Sie sich Ziele und Schwerpunkte für das Praktikum und die Phasen selbstorganisierten Lernens. Entwickeln Sie Ihren eigenen tabellarischen Ausbildungsplan.

Folgende konkrete Umsetzungsschritte in der Praxis können zum Beispiel sinnvoll sein:
- Hospitationen bei Elterngesprächen bzw. Übernahme von Teilaufgaben
- Teilnahme an einer AG Kita/Grundschule – Übergänge gestalten
- (Mit-)Gestaltung eines Eltern-Infonachmittages zum Thema Eingewöhnung
- Teilnahme an einem VHS-Kurs zum Thema Präsentationstechniken
- Literaturrecherche zum Thema
- Entwicklung eines Elternfragebogens
- Interviews mit Fachkräften zur Elternarbeit
- Rollenspiele/Perspektivenübernahme „Ich als Mutter/Vater..."

a)   Was sind Ihre persönlichen Erfolgsstrategien?
b)   Was oder wer hilft Ihnen bei der Zielerreichung?
c)   Wie „tanken" Sie auf?
d)   Wann im Laufe eines Tages können Sie konzentriert arbeiten?

a)   Selbstdisziplin, Wunsch nach Professionalität, Begeisterung für den Beruf, Fehler sind menschlich

b)   Sport, rechtzeitiges Planen, gute Zeiteinteilung, meine Lerngruppe

c)   Treffen mit Freunden, Sport, Spaziergänge, Tanzen

d)   Früh morgens, nachmittags nach der Schule?

Dokumentieren Sie fortlaufend Ihre Entwicklungsschritte.

Kompetenzen Lernfeld 3	Indikatoren	Konkrete sinnvolle Umsetzungsschritte	Zeitplan	Benötigte Unterstützung von
Zum Beispiel:	Zum Beispiel:	Zum Beispiel:	Zum Beispiel:	Zum Beispiel:
Ich verfüge über Wissen zur Gestaltung von Gesprächen mit Eltern und anderen Bezugspersonen.	Ich besitze grundlegendes Fachwissen im Bereich der Entwicklungspsychologie.	Ich lese Fachliteratur zum Thema und fasse wichtige Aussagen schriftlich zusammen.	Bis zum …	
	Ich besitze grundlegendes Fachwissen im Bereich der Kommunikation und Gesprächsführung.	Ich erstelle eine Mindmap zum Thema.	Bis zum …	
		Ich hospitiere bei meiner Praxisanleitung bei Entwicklungsgesprächen.	Am …	Praxisanleitung
Ich verfüge über Fertigkeiten, Gespräche mit Eltern und anderen Bezugspersonen methodengeleitet und partizipativ durchzuführen.	Ich führe ein Entwicklungsgespräch mit den Eltern von Lina (2;4 J.) auf der Grundlage von Beobachtungen und Auswertungen mit Kollegen durch.	Ich lese mir die Konzeption der Einrichtung und die gesetzlichen Grundlagen für die Zusammenarbeit mit Familien durch.	Am …	
	Ich nutze dafür das Portfolio von Lina.	Ich nehme am Workshop der Schule zu Entwicklungsgesprächen teil.	Am …	Lehrkraft
	Ich beziehe die Eltern in die Vorbereitung auf das Entwicklungsgespräch mit ein und bitte sie, einen Brief zu Linas Eingewöhnung zu schreiben.			
Ich verfüge über Fertigkeiten, die besonderen Lebenssituationen von Eltern zu erfassen und diese bei der Arbeit mit Familien zu berücksichtigen, um sie bei der Wahrnehmung ihrer Erziehungsaufgaben zu unterstützen.	Ich berücksichtige in meiner Einrichtung die besonderen Lebenssituationen der Familien. $\frac{2}{3}$ der Familien leben in Armut oder sind von Armut bedroht.			
	Ich verstehe mich in meiner Arbeit auch als Begleiterin der Familien und biete Unterstützung an. Ich kenne aber auch die Grenzen meiner Arbeit und weiß um fachkompetente Stellen.			
Ich verfüge über Wissen über Bindungsmuster und deren Bedeutung für die Transitionsprozesse und über die Gestaltung von Übergängen als Transitionsprozesse.				

5.6 Methode 16: Kompetenzdiagramm

METHODE Kompetenzdiagramm im Bereich Elternarbeit

- Ziele

Arbeit mit Eltern und anderen Bezugspersonen methodengeleitet und partizipativ durchführen, sich aufgrund fundierter Selbstreflexion in die individuelle Lebenssituation von Kindern, Jugendlichen und jungen Erwachsenen hineinversetzen

- Bearbeitung

Einzelarbeit

 DOPPELTE VERMITTLUNGSPRAXIS

Das Erstellen eines Kompetenzdiagramms ermöglicht einen Überblick über die eigenen Fähigkeiten und Fertigkeiten. Kinder und Jugendliche könnten dies in Form eines „Könnerbuches" durchführen und so ihre eigene Entwicklung deutlich erkennen.

Das Erstellen eines Kompetenzdiagramms dient dazu, sich einen Überblick zu verschaffen, welche Kompetenzen Sie in einem Lernfeld erwerben können und sollen. Hier soll Ihnen am Beispiel des Bereiches der Elternarbeit die Möglichkeit gegeben werden, sich selber einzuschätzen und Ziele zu setzen.

Das Kompetenzdiagramm sollten Sie in Ihrem Ausbildungsportfolio abheften und immer wieder ergänzen und erweitern. Ihr Diagramm kann als Grundlage in Reflexionsgesprächen mit Ihrer Lehrkraft und Ihrer Praxisanleitung dienen. Sie können Ihre eigene Entwicklung überprüfen und verdeutlichen. ✏

Überlegen Sie zunächst, welche Erfahrungen Sie bereits in der Arbeit mit Eltern gemacht haben. Beantworten Sie dazu die folgenden Fragen.

Folgende Formen der Elternarbeit habe ich bereits erprobt …

_____

_____

Dabei ist mir gut gelungen …

_____

_____

Das ist mir noch nicht gut gelungen …

_____

_____

Meine Gefühle dabei waren …

_____

_____

Die Rückmeldung meiner Praxisanleitung war folgende ...

_____

_____

Ich würde gern versuchen ...

_____

_____

Auf Grundlage Ihrer Antworten und den Anforderungen des Lernplans erarbeiten Sie sich nun ein eigenes Kompetenzdiagramm. Achten Sie dabei auf Folgendes:

- Benennen Sie die zu erwerbende Kompetenz so konkret wie möglich.
- Setzen Sie sich SMARTE Ziele (➜ S. 114).
- Überlegen Sie, wie diese Kompetenz für andere sichtbar wird.
- Suchen Sie sich Unterstützung bei anderen Personen.
- Finden Sie eine Dokumentationsform für Ihr Ausbildungsportfolio und notieren Sie, wann Sie diese Aufgabe durchgeführt haben.
- Erstellen Sie einen realistischen Zeitplan. 🖰

Beschreibung der Kompetenz	Wie wird diese Kompetenz sichtbar?	Wie kann ich diese Kompetenz erwerben?	Wer kann mir dabei helfen?	Wie dokumentiere ich die Aufgabe?	Erledigt? Ja/nein/wann?	Zeitplan
Ich besitze Grundlagenwissen über Kommunikation, insbesondere mit Eltern und anderen Bezugspersonen.	Ich kann ein Tür- und-Angelgespräch führen und den Eltern Informationen sinnvoll weitergeben.	Ich erarbeite mir Gesprächstechniken wie z. B. aktives Zuhören und übe dies in Rollenspielen.	Meine Mitschüler	Erstellen eines Gesprächsprotokolls	28.05.2015 Erledigt/Portfolio	Bis zu Beginn des Berufspraktikums
Ich kenne Beratungsstellen zur Unterstützung von Eltern und Kindern im Stadtteil.	Ich kann auf Fragen der Eltern über Möglichkeiten der Beratung im Stadtteil antworten.	Ich erstelle einen Überblick über Beratungs- und Förderstellen in der Kommune bzw. im Stadtteil. Ich habe eine Liste mit den Kooperationspartnern der Einrichtung.	Das Internet, meine Praxisanleitung	Mindmap mit den Beratungs- und Förderstellen In meiner Stadtteilerkundung findet sich der Punkt ebenfalls. Ich nutze, wenn möglich, einen Auszug aus der Konzeption der Einrichtung.		Zu Beginn des Praktikums in der Oberstufe
Ich ...						

5.7   Methode 17: Recherche

METHODE   Recherche zum Thema „Familienzentrum – ein neues Arbeitsfeld. Welche Kompetenzen brauchen die Fachkräfte im Familienzentrum?"

■ Ziele
Erproben eines wichtigen Elementes bei jeder wissenschaftlichen Arbeit, Beantwortung einer fachtheoretischen Fragestellung mithilfe von Fachliteratur und Expertise

■ Bearbeitung
Einzel-, Partner- oder Gruppenarbeit

 DOPPELTE VERMITTLUNGSPRAXIS

Schulkinder, Jugendliche oder junge Erwachsene müssen ebenfalls für die Schule oder die Ausbildung Hausarbeiten oder Referate verfassen. Helfen Sie ihnen z. B. bei der Hausaufgabenbetreuung, indem Sie wichtige Schritte des strukturierten Arbeitens vermitteln. Erstellen Sie mit der Zielgruppe eine Art „Schreib- und Arbeitsplan".

Literaturrecherche
Auf S. 55 f. können Sie nachlesen, was bei einer Literaturrecherche alles bedacht werden muss. Stellen Sie sich vor, dass Sie für das Lernfeld 5 in der Schule eine Hausarbeit zum Thema „Familienzentrum" schreiben müssen. Ihre Lehrkräfte erwarten, dass Sie sich auch vor Ort im Praxisfeld bei Experten informieren. Wie gehen Sie vor?

Brainstorming – Was fällt Ihnen zu dem Thema ein?

_____

_____

_____

_____

Zeitplan
Beispielrechnung als Orientierungswert

Hausarbeit (4–6 Wochen Zeit)				
Aufgaben	1. Schritt: Literatursuche 2. Schritt: Literaturauswahl 3. Schritt: Literaturbeschaffung 4. Schritt: Literaturrecherche	5. Schritt: Literaturauswertung	6. Schritt: Expertensuche 7. Schritt: Expertenbefragung (Interview einer Leiterin eines Familienzentrums, Auswertung der Interviewergebnisse)	8. Schritt: Schreiben der Arbeit
Zeit	2 Wochen	...	...	...

Planen Sie Ihre Zeit gut ein.

Wichtige Literatur und wichtige seriöse Internetquellen zum Thema:

z. B. www.familienzentrum.nrw.de

Bereiten Sie sich auf das Gespräch mit Ihrem Experten vor. Sie haben sich für ein Interview mit einer Leiterin eines Familienzentrums entschieden. Wer oder was kann Ihnen bei der Suche helfen? Wie bereiten Sie sich auf das Gespräch vor?

Gesprächsleitfaden erstellen:

Worin unterscheidet sich ein Familienzentrum von einer regulären Tageseinrichtung für Kinder?

Was ist der genaue Auftrag eines Familienzentrums?

Welche Kompetenzen sind für eine Erzieherin im Familienzentrum besonders wichtig?

Formulieren Sie weitere Fragen.

Literaturrecherche und Interview sind ausgewertet. Und jetzt? Nun folgt das Verschriftlichen all Ihrer Informationen. Sie brauchen für Ihre Arbeit ein Deckblatt, sinnvolle Gliederungspunkte für das Inhaltsverzeichnis und ein Quellen- und Literaturverzeichnis. Los geht's!

5.8   Methode 18: Erziehungspartnerschaft aufbauen

METHODE   **Erziehungspartnerschaft aufbauen – Perspektivenwechsel, Dreiecke und Achten malen**

■ Ziele
Verständnis für die Vielfalt der Themen der Eltern entwickeln, Einfühlungsvermögen für das Gegenüber zeigen, Verständnis dafür haben, dass Erziehungspartnerschaft Zeit, Vertrauen und Absprachen braucht

■ Bearbeitung
Einzel-, Gruppenarbeit

 DOPPELTE VERMITTLUNGSPRAXIS

Sich in andere hineinversetzen zu können, ist für Kinder, Jugendliche oder junge Erwachse sehr wichtig. Empathie zählt zum Bereich der Sozialkompetenz. Perspektivenwechsel und Methoden des kreativen Lernens können dabei unterstützend wirken.

Perspektivenwechsel

Die Zusammenarbeit mit Eltern und Familien stellt Erzieherinnen immer wieder vor große Aufgaben. Eltern bringen vielfältige Bedürfnisse, Interessen, Fragen und Nöte mit in die Einrichtung. *Die* Familie und *die* Eltern gibt es nicht. Ziel ist es nicht, die Lieblingserzieherin der Eltern zu werden, allen Bedürfnissen gerecht zu werden und zum Muttertag fleißig Geschenke zu basteln. Sich in die Eltern hineinzuversetzen, d. h. die Perspektive zu wechseln, hilft Erzieherinnen, Verständnis für Eltern und Familien zu entwickeln.

Vervollständigen Sie die Satzanfänge aus der Sicht von Eltern. Denken Sie dabei an Familien und Eltern, die Sie während der Praktika kennengelernt haben oder aus dem familiären Kontext kennen.

Von der Schulkindbetreuung erwarte ich …

_____

In der Tageseinrichtung für Kinder sollte …

_____

Als Vater befürchte ich, dass …

_____

Wir brauchen als Familie Hilfe bei …

_____

Als Mutter bin ich froh, dass …

_____

Mein Kind ist in dieser Einrichtung, weil …

_____

- Welche Gefühle lösen diese Sätze bei Ihnen aus?
- Wie begegnen Erzieherinnen am Lernort Praxis den Themen der Eltern?
- Wie können Eltern und Erzieherinnen eine vertrauensvolle Basis zum Wohle des Kindes aufbauen?
- Was ist hilfreich bei einer ressourcenorientierte Erziehungspartnerschaft und was erschwert diese?
- Welchen Vorurteilen Eltern gegenüber sind Sie schon in der Praxis begegnet?

Dreiecke schätzen

Um wie viele Dreiecke handelt es sich hier?
Bitte schätzen Sie die Dreiecke im ersten Schritt: _____ .

Bitte zählen Sie die Dreiecke. Sie haben zwei Minuten Zeit: _____ .

Diese Übung verdeutlicht, dass es sinnvoll ist, sich intensiv mit Erwartungen und Anforderungen von Eltern auseinanderzusetzen. Das alleinige „Ich schätze, dass Frau/Herr ..." reicht nicht aus. Es gibt noch viele unausgesprochene Erwartungen. Die Antwort finden Sie im Downloadbereich. ➊ (Quelle der Übung unbekannt)

Übung des kreativen Lernens: Achten malen

Sie brauchen einen Partner oder eine Gruppe von Lernenden. Auf den Tischen liegen große Papierbögen und Wachsmalstifte. Immer zwei Menschen stehen sich gegenüber. Sie haben die Aufgabe, gleichzeitig Achten zu malen. Wollen Sie sich absprechen und verständigen? Wer beginnt? Wann werden Sie schneller? Hakt es irgendwie? Tauschen Sie nach ein paar Minuten die Partner? Erleben Sie Unterschiede in der Ausführung der Aufgabe? Wie erleben Sie sich? Vorsichtig? Abwartend? Führend?

Werten Sie diese Übung in der Gruppe aus. Übertragen Sie diese Übung auf das Thema Erziehungspartnerschaft. Was haben das Achten-Malen und die Elternarbeit gemeinsam?

- sich in das Gegenüber einfühlen

- konkrete Absprachen treffen

- ...

5.9 Methode 19: Entwicklungsgespräche führen

METHODE Entwicklungsgespräche führen

■ Ziele

Gespräche mit Eltern und anderen Bezugspersonen methodengeleitet und partizipativ durchführen, die besonderen Lebenssituationen von Eltern erfassen und diese bei der Arbeit mit Familien berücksichtigen, um sie bei der Wahrnehmung ihrer Erziehungsaufgaben zu unterstützen.

■ Bearbeitung
Einzelarbeit

DOPPELTE VERMITTLUNGSPRAXIS

Auch Kinder und Jugendliche profitieren davon, wenn Sie mit Eltern offene und konstruktive Entwicklungsgespräche führen. Vielleicht gibt es Verhaltensweisen des Kindes oder des Jugendlichen, die Sie nicht einordnen können. Ein Gespräch mit den Eltern kann u. U. dabei helfen. So können Sie Ihre Erkenntnisse in Ihr pädagogisches Handeln umsetzen.

Eine wesentliche Kompetenz in Lernfeld 5 ist es, mit Eltern ins Gespräch zu gehen. Dazu gibt es unterschiedliche Möglichkeiten.

Tür- und Angelgespräche

Elternabende

Bring- und Abholsituationen

Feste und Feiern

Aufnahmegespräche

Beratungsgespräche

Eingewöhnung

Konfliktgespräche

Infotafel

Elternbrief

Entwicklungsgespräche

An welchen Formen der Elternarbeit haben Sie bereits teilgenommen?

Welche Vorgaben macht Ihre Einrichtung für Elterngespräche?

Das findet sich in der Konzeption zu Entwicklungsgesprächen:

Bei dieser Methode steht das Entwicklungsgespräch im Mittelpunkt. Das Gespräch hat zum Ziel, sich mit den Eltern über die Entwicklung des Kindes auszutauschen. Diese Gespräche finden regelmäßig statt und basieren auf Beobachtungen der Fachkräfte. In der Konzeption Ihrer Praxisstelle sollten diese Entwicklungsgespräche verankert sein.

Die Kennzeichen eines Entwicklungsgespräches sind:

- Individuell auf die einzelnen Eltern zugeschnitten
- Werden mit allen Eltern geführt
- Finden regelmäßig statt
- Sind durch die Fachkraft veranlasst und vorbereitet
- Sind keine Problemgespräche und werden daher nicht ausgelassen, weil es keine Probleme gibt
- Beziehen sich auf die Entwicklung des einzelnen Kindes
- Beziehen möglichst alle Bildungsbereiche ein
- Sind mit Fakten und Beispielen unterstützt
- Sind nicht defizitorientiert, sondern zeigen Stärken des Kindes auf
- Sind ein Austausch der Eltern und der Fachkraft zu aktuellen Themen des Kindes
- Haben einen hohen Gesprächsanteil der Eltern

Verlauf eines Entwicklungsgespräches

- Die Eltern werden von der Fachkraft zum Gespräch eingeladen. Erstellen Sie eine Einladung zum Gespräch. Was schreiben Sie hinein?

- Der Raum für das Gespräch ist vorbereitet und bietet eine herzliche Atmosphäre. Wie können Sie den Raum gestalten? Wer sitzt wo? Welche Materialien benötigen Sie?

- Gesprächsinhalte werden von der Fachkraft festgelegt und vorbereitet. Nennen Sie Themen, über die Sie mit den Eltern sprechen könnten. Mit welchen Methoden können Sie das Gespräch bereichern? Welche Fragen würden Sie stellen?

- Das Kind kann Anteil am Entwicklungsgespräch haben. Zu welchem Zeitpunkt und wie könnten Sie sich eine Beteiligung des Kindes am Gespräch vorstellen?

- Das Gespräch hat einen Abschluss. Wie können Sie den Abschluss gestalten? Gibt es Vereinbarungen, die Sie mit den Eltern treffen wollen?

- Das Gespräch wird nachbereitet. Erarbeiten Sie Reflexionsfragen, die Sie sich nach dem Gespräch stellen können.

5.10   Exemplarische Reflexionsmethode für das Lernfeld 5

Einige Wochen haben Sie sich mit einer Lernsituation im Unterricht, durch selbstorganisiertes Lernen und im Praktikum differenziert mit wichtigen beruflichen Themen beschäftigt, die auch das Lernfeld 5 und die zu vermittelnden Kompetenzen beinhaltet haben.

Sie haben in Ihrem Ausbildungsheft an vielfältigen Aufgaben zum Lernfeld 3 gearbeitet und
- eine zentrale Aufgabe des Lernfeldes zur Bearbeitung ausgewählt,
- die Kompetenzen der Kann-Liste angekreuzt und ausgefüllt,
- Fragen beantwortet und Aufgaben bearbeitet,
- den individuellen Ausbildungsplan entwickelt und umgesetzt,
- ausgewählte Methoden bearbeitet und ausgewertet
- und sich sicherlich mit anderen Lernenden, Ihrer Praxisanleitung und den Lehrkräften ausgetauscht.

Nach jeder Lernsituation ist es sinnvoll, für sich ein persönliches Fazit zu ziehen. Notieren Sie aus Ihrer Sicht Ihre persönliche Kompetenzentwicklung. Die Methode kann im Laufe der Ausbildung wiederholt oder auch auf andere Lernfelder übertragen werden.

Nutzen Sie das Bild vom Seerosenteich als Reflexionsmethode. Übertragen Sie die Bilder auf die zentralen Aufgaben und die Kann-Liste des Lernfeldes 5.

Der Seerosenteich	Eziehungs- und Bildungspartnerschaft (konkrete Beispiele)	Übergänge gestalten (konkrete Beispiele)
  Woran bin ich bereits gewachsen?		Beispiel: Ich habe ein Kind und seine Familie in der Eingewöhnung als Bezugserzieherin begleitet.
  Was ist mir besonders gut gelungen?		Beispiel: Mein Eltern-Infoabend zur Eingewöhnung ist mir sehr gut gelungen. Ich bin sehr stolz auf mich und habe vom Team und den Eltern positive Rückmeldungen bekommen.

Der Seerosenteich	Eziehungs- und Bildungspartnerschaft (konkrete Beispiele)	Übergänge gestalten (konkrete Beispiele)
Wo stecke ich mitten im Morast? Wer oder was zieht mich heraus?	Beispiel: In Tür- und Angel-Gesprächen bin ich oft „sprachlos" und blicke hilfesuchend zu meiner Anleitung.	
Was bewegt sich endlich?		
Was musste ich in den Müll werfen? Altlasten?	Beispiel: Meine Vorurteile Eltern gegenüber habe ich in den Müll geworfen. Ich habe viel zu schnell Eltern verurteilt und in eine Schublade gesteckt.	

DOPPELTE VERMITTLUNGSPRAXIS

Diese Methode können Sie auch in der pädagogischen Arbeit mit Kindern, Jugendlichen oder jungen Erwachsenen zur Standortbeschreibung oder Reflexion in Einzelgesprächen oder Gruppen nutzen.

Benennen Sie mögliche Anlässe, zu denen Sie diese Methode in der Praxis einsetzen könnten.

Welche Themen eignen sich zur Abfrage?

Trägerstrukturen, Finanzierungs- und
Rechtsgrundlagen sozialpädagogischer
Einrichtung

Teamarbeit und Teamentwicklung

Konfliktlösungsmodelle und
Unterstützungssysteme für Teams

Multiprofessionelle Teams

Rollen und Funktionen im
Team/Leitungsaufgaben

Organisationsmodelle,
Organisationsentwicklung,
Qualitätsentwicklung

Konzeptionsentwicklung

Konzeptionelle Ansätze zur Gestaltung
des Alltagslebens in Einrichtungen der
Kinder- und Jugendhilfe

Öffentlichkeitsarbeit

Lernfeld ⑥

Institution und Team entwickeln sowie in Netzwerken kooperieren

Netzwerke in Arbeitsfeldern der Kinder- und Jugendhilfe und mit anderen Bildungsinstitutionen

Vernetzung im Sozialraum

Rollen und Funktionen im Team/Leitungsaufgaben

6.2 Zentrale Aufgaben der Ausbildung im Lernfeld 6

Die Qualität der Arbeit einer Einrichtung liegt in der Verantwortung der Träger und muss von Erziehern gesichert und durch regelmäßige Evaluation der Arbeit weiterentwickelt werden. Es gilt, eine effektive Arbeitsorganisation und ressourcenorientierte Teamarbeit als Basis der pädagogischen Arbeit zu entwickeln. Öffentlichkeitsarbeit und Netzwerkarbeit zählen neben Ihrem pädagogischen Alltag zu Ihren Aufgaben als Fachkraft.

- Ich analysiere und bewerte die Qualität der Leistungen von Einrichtungen der Kinder- und Jugendhilfe auf der Grundlage ausgewählter Qualitätskonzepte. Dabei berücksichtige ich Parameter wie gesetzliche Vorgaben nach SGB VIII, konzeptionelle Grundlagen, Bedarfsanalysen, Betriebs- und Finanzstruktur und die arbeits- und tarifrechtlichen Regelungen.
- Ich beteilige mich aktiv an der Gestaltung des Qualitätsentwicklungsprozesses im Team. Dazu befasse ich mich mit der Entwicklung der pädagogischen Konzeption der Einrichtung, mit der Organisation des Alltags der Einrichtung und unterschiedlichen Konzepten der Arbeitsorganisation.
- Ich erwerbe Kenntnisse über Leitungsaufgaben wie Personalführung und Verwaltung. Ich handle ökonomisch und ökologisch bewusst sowie dienstleistungsorientiert.
- Ich lerne, teamorientiert zu arbeiten. Ich reflektiere meine Arbeit vor dem Hintergrund meiner Fachkenntnisse von Teamarbeit und Teamentwicklung. Auf dieser Grundlage entwickle ich meine Zusammenarbeit im Team der sozialpädagogischen Einrichtung weiter.
- Ich nehme aktiv an der Entwicklung, Durchführung und Evaluierung der Öffentlichkeitsarbeit teil. Ich repräsentiere meine Einrichtung gegenüber Eltern, Bezugspersonen, Kooperationspartnern und der Öffentlichkeit.
- Im Rahmen meines Bildungs-, Erziehungs- und Betreuungsauftrages analysiere ich die Bedingungen des Sozialraums meiner Einrichtung mit dem Ziel, zusätzliche Ressourcen für meine Zielgruppe zu erschließen. Ich arbeite mit Einrichtungen der Kinder- und Jugendhilfe, Fachdiensten und Bildungsinstitutionen zusammen. Dabei entwickle ich Kooperationsbeziehungen und Netzwerkstrukturen weiter und wirke an sozialraumbezogenen Projekten mit.

- Benennen Sie zu jeder Aufgabe mindestens drei berufliche Handlungsweisen, die anschaulich darstellen, dass Erzieher über Kompetenzen verfügen, diese Aufgaben bewältigen zu können.
- Was müssen Sie können und wissen, um die Aufgaben aus dem Lernfeld umsetzen zu können?
- Wie und wo können Sie sich dieses Wissen aneignen und die benötigten Fähigkeiten erwerben?
- Was werden Sie vermutlich in der Schule lernen? Welche Möglichkeiten des Lernens bietet der Lernort Praxis? Was können Sie sich im Selbststudium aneignen?
- Womit wollen Sie beginnen? Notieren Sie zu allen Fragen Ihre Antworten und heften Sie diese ab.

Mit der folgenden Kann-Liste können Sie Ihr bisheriges Wissen und Ihre bisher erworbenen Fähigkeiten und Fertigkeiten im Hinblick auf das Lernfeld 6 einschätzen. So erhalten Sie einen systematischen Überblick und können sich im nächsten Schritt realistische Aufgaben und Ziele setzen. Diese Form der Überprüfung ermöglicht die Ermittlung eines Ist-Zustandes ("Hier stehe ich"), von dem aus ein realistischer Soll-Zustand ("Hier will ich hin") festgelegt wird. Dieses Verfahren der Selbstevaluation (Selbsteinschätzung) wird im Rahmen der Qualitätsentwicklung häufig angewendet.

6.3 Ich kann's – „Kann-Liste" für die Kompetenzentwicklung im Lernfeld 6

Fachkompetenz (Wissen und Fertigkeiten)	Nein	Zum Teil	Größ-tenteils	Ja
Ich verfüge über …				
▪ Wissen über Einrichtungen der Kinder- und Jugendhilfe sowie anderer Fachdienste und anderer Bildungsinstitutionen.	☐	☐	☐	☐
▪ Fachwissen über die Rechtsgrundlagen und die Finanzierungsstrukturen sozialpädagogischer Einrichtungen.	☐	☐	☐	☐
▪ Wissen über verschiedene Konzepte der Qualitätsentwicklung.	☐	☐	☐	☐
▪ Wissen zur Konzeptionsentwicklung im Team und in der Institution.	☐	☐	☐	☐
▪ Wissen über konzeptionelle Ansätze zur Gestaltung des Alltagslebens in sozialpädagogischen Institutionen.	☐	☐	☐	☐
▪ Wissen über Strukturen und Formen der Teamarbeit und Teamentwicklung sowie weitere Elemente der Organisationsentwicklung.	☐	☐	☐	☐
▪ Wissen über Leitungsaufgaben.	☐	☐	☐	☐
▪ Wissen zu Formen und Methoden der Öffentlichkeitsarbeit in sozialen Einrichtungen und Wissen zur Öffentlichkeitsarbeit aus der Perspektive sozialpädagogischer Einrichtungen und deren Wettbewerbs-situation.	☐	☐	☐	☐
▪ Wissen über Methoden sozialräumlicher und lebensweltbezogener Arbeit.	☐	☐	☐	☐
▪ Wissen über Unterstützungssysteme und Netzwerke.	☐	☐	☐	☐
Ich verfüge über Fertigkeiten, …				
▪ Konzepte der Qualitätsentwicklung in der eigenen Einrichtung anzuwenden.	☐	☐	☐	☐
▪ an Bedarfs- und Bestandsanalysen für die sozialpädagogische Institution mitzuwirken, um diese in die konzeptionelle Planung einzubeziehen.	☐	☐	☐	☐
▪ an der Konzeptionsentwicklung im Team und in der Institution mitzuwirken.	☐	☐	☐	☐
▪ selbstständig pädagogische Konzeptionen an den Lebenswelten der Zielgruppe auszurichten, zu planen und zu gestalten.	☐	☐	☐	☐
▪ Erziehungs-, Bildungs- und Betreuungskonzepte gemeinsam mit dem Team zu entwickeln und reflektiert umzusetzen.	☐	☐	☐	☐
▪ Veränderungen in den rechtlichen, finanziellen, gesellschaftlichen Rahmenbedingungen zu analysieren und als Grundlage konzeptioneller Entscheidungen in der sozialpädagogischen Einrichtung zu beurteilen.	☐	☐	☐	☐
▪ die eigene Teamsituation auf der Grundlage von Kriterien zu analysieren, weiterzuentwickeln	☐	☐	☐	☐
▪ und ggf. Unterstützung zu organisieren.	☐	☐	☐	☐
▪ wesentliche Kriterien für die Planung von Prozessen und Organisationsabläufen im eigenen Team zu entwickeln.	☐	☐	☐	☐
▪ Arbeitsprozesse nach pädagogischen und organisatorischen Erfordernissen selbstständig zu planen.	☐	☐	☐	☐
▪ die Nachhaltigkeit von Prozessen der Team- und Organisationsentwicklung zu reflektieren.	☐	☐	☐	☐
▪ die Umsetzung von vereinbarten Erziehungs- und Bildungszielen mit allen Beteiligten zu überprüfen und ggf. zu modifizieren.	☐	☐	☐	☐
▪ Konzepte für die Öffentlichkeitsarbeit in sozialen Einrichtungen zu entwickeln, durchzuführen und zu evaluieren.	☐	☐	☐	☐
▪ Präsentations- und Moderationstechniken anzuwenden und die eigene Medienkompetenz zu erweitern	☐	☐	☐	☐
▪ relevante Ressourcen im Sozialraum für die Zielgruppe zu erschließen und mit Fachkräften anderer Professionen zusammenzuarbeiten.	☐	☐	☐	☐
▪ die Relevanz von Netzwerkstrukturen und Kooperationspartnern für die eigene Zielgruppe einzuschätzen und in das Planungshandeln einzubeziehen.	☐	☐	☐	☐
▪ die örtliche Infrastruktur für die Zielgruppe wahrzunehmen, an Kooperationen und Vernetzungen teilzu-nehmen und sie weiterzuentwickeln, Kooperationsziele mit den Netzwerkpartnern abzustimmen und in die eigene Einrichtung zu integrieren.	☐	☐	☐	☐
▪ die Wirksamkeit sozialräumlicher Kooperationen zu evaluieren und die Zusammenarbeit weiterzuent-wickeln.				

Im Downloadbereich ⊕ finden Sie diese Kann-Liste wieder. Außerdem gibt es im Downloadbereich die Möglichkeit, Tätigkeitsnachweise in die Kann-Listen einzutragen, um die eigene Entwicklung auch mithilfe von Dokumenten etc. zu belegen (z. B. Teilnahme zu einer politischen Podiumsdiskussion „Tagesstätten-Ausbaugesetz", Klausur zum Thema Vernetzung und Kooperation, Erstellung eines Flyers für die Projekt-arbeit, Referat über Qualitätsmanagementsysteme, Stand auf dem Markt der Möglichkeiten zum Thema Teamarbeit, Recherche-Arbeit „Beratungsstellen in der Stadt").

6.4   Fragen und Aufgaben zum Lernfeld 6

Die folgenden Fragen und Aufgaben helfen Ihnen, sich strukturiert mit den Inhalten und Aufgaben von **Lernfeld 6** auseinanderzusetzen. Bei der Bearbeitung wird Ihnen deutlich, dass Sie Verantwortung für Ihre eigene Ausbildung übernehmen.

1   Informieren Sie sich bei den zuständigen Lehrkräften der Fachschule über Unterrichtsinhalte, Praxisaufgaben, verbindliche und von der Fachschule festgelegte Teilleistungen und die Organisation von Lernfeld 6. Legen Sie sich eine Übersicht wie im folgenden Beispiel an. Es ist wichtig, dass Sie Ihre direkten Ansprechpartner kennen und die Leistungsbewertung für Sie transparent ist. ✍

Lernfeld 6 Gesamtstunden max. 160–200 Stunden	In welchen Ausbildungsphasen wird das Lernfeld 6 unterrichtet? von–bis	Von wem wird das Lernfeld 6 in der Fachschule unterrichtet?	Zu welchen Lernsituationen zählt das Lernfeld 6? Welche weiteren Lernfelder zählen zu der Lernsituation?	Aus welchen Teilleistungen setzt sich die Note im Lernfeld 6 in den einzelnen Phasen zusammen? Prozentangaben % E = Einzelarbeit G = Gruppenarbeit	Welche Praxisaufgaben sind zur Bearbeitung der Inhalte und Aufgaben des Lernfeldes 6 festgesetzt?
LF 6 (80 Stunden)	1.–20. Schulwoche im dritten Ausbildungsjahr	Frau Sannos Herr Frieder und externe Referenten	„Was für ein vielfältiger Beruf" – Teamarbeit, Qualitätsentwicklung und Netzwerkarbeit Lernfeld 2 Lernfeld 3 Lernfeld 4 Lernfeld 5	Teilnahme an Workshops je 20 % E: – Qualitätsentwicklung – Vernetzung im Stadtteil – Teamentwicklung Selbstorganisiertes Lernen 40 % E	Sozialraumanalyse Vernetzung im Stadtteil Selbstevaluation mit Hilfe interner Evaluationsinstrumente … …
LF 6	von–bis				

2   Informieren Sie Ihre Ansprechpartner am Lernort Praxis über die bisher im Unterricht vermittelten Inhalte und schulischen Arbeitsaufträge aus dem Lernfeld 6. Es ist wichtig, dass Sie dazu beitragen, dass die „Verzahnung" beider Lernorte gelingt. Überlegen Sie sich vor dem Gespräch mit Ihrer Praxisanleitung, über welche Aspekte Sie informieren wollen. Was wollen Sie vom Lernort Praxis zum Lernfeld 6 erfahren?

3 Konkretisieren Sie die Inhalte und Aufgaben des Lernfeldes 6 und halten Sie diese Ergebnisse in einer Mindmap (DIN A5) fest. Nutzen Sie den Advanced Organizer als Grundgerüst für die Mindmap. Ergänzen Sie Ihre
Mindmap mit Inhalten aus dem Lehrwerk „Erzieherinnen + Erzieher". Vielleicht bietet sich Ihnen auch die
Möglichkeit, sich mit anderen Lernenden über die unterschiedlichen Mindmaps auszutauschen. Die Mindmap wird sich im Laufe Ihrer Ausbildung durch Praktika und Unterricht in der Fachschule weiter konkretisieren.

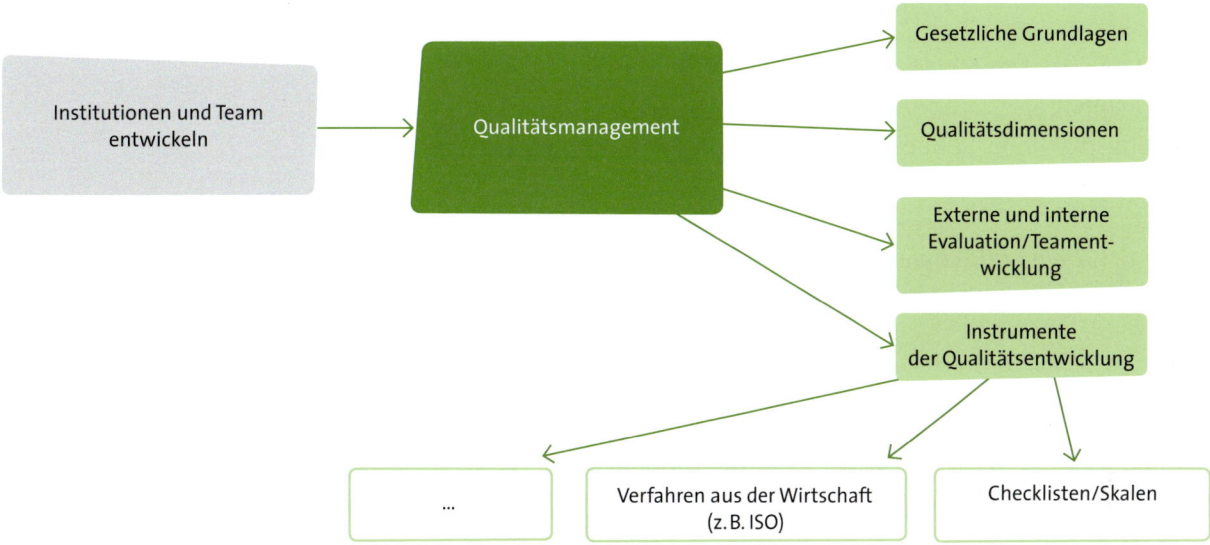

4 Welches Wissen und welche Fertigkeiten bringen Sie zur Bearbeitung der zentralen Aufgaben im Lernfeld 6
schon mit (Zusammenfassung der Kann-Liste)?

5 Was möchten Sie dazulernen? Welche zentrale Aufgabe aus dem Lernfeld 6 wählen Sie aus eigener Initiative
als Erstes aus? Wie begründen Sie Ihre Auswahl?

6 Entwickeln Sie konkrete Umsetzungsschritte, um die zentrale Aufgabe lösen zu können? Welche Fachkompetenzen, Fertigkeiten und personalen Kompetenzen benötigen Sie dafür? Wie können Sie Ihren eigenen
Kompetenzerwerb für Lehrkräfte und Praxisanleitungen nachvollziehbar darstellen und Bedeutsames
dokumentieren?

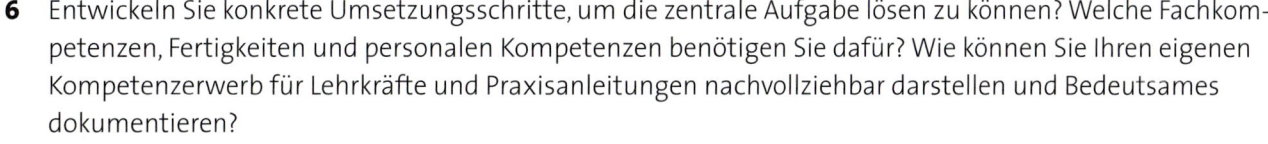

6.5 Individueller Ausbildungsplan für das Lernfeld 6

Das große Ziel des Lebens ist nicht Wissen, sondern Handeln.   *Chinesische Weisheit*

Welche Kompetenzen einer Fachkraft wollen Sie erwerben bzw. vertiefen? Welche Bildungsbereiche wollen Sie sich erschließen? Planen Sie konkrete Umsetzungsschritte und berücksichtigen Sie dabei eine sinnvolle und realistische Zeitplanung. Nutzen Sie dafür u.a.

- die Kompetenzen des Lernfeldes und die personalen Kompetenzen des Lehrplans,
- die Querschnittsaufgaben,
- Ihre Mindmap des Lernfeldes,
- Unterrichtsinhalte,
- den Bildungsplan Ihres Bundeslandes.

Setzen Sie sich Ziele und Schwerpunkte für das Praktikum und die Phasen selbstorganisierten Lernens. Entwickeln Sie Ihren eigenen tabellarischen Ausbildungsplan.

Formulieren Sie einen Werbeslogan oder ein Zitat oder ein Motto für Ihre Arbeit mit den Ausbildungsplänen. Was kann Sie bei der Zielerreichung motivieren?

Wenn nicht jetzt – wann dann?
Nothing is impossible!
Für die einen ist es ein Ausbildungsplan, für die anderen der …
Carpe diem! Nutze den Tag!

Internetseiten, die Ihnen bei der Recherche zu bestimmten Themen helfen können:

www.bildungsserver.de
www.dji.de (Deutsches Jugendinstitut)
www.weiterbildungsinitiative.de
www.bmfsfj.de (Bundesministerium für Familie, Senioren, Frauen und Jugend)
etc.

Notieren Sie sich hier nur seriöse Quellen!

Dokumentieren Sie fortlaufend Ihre Entwicklungsschritte.

Kompetenzen Lernfeld 6	Indikatoren	Konkrete sinnvolle Umsetzungsschritte	Zeitplan	Benötigte Unterstützung von
Zum Beispiel:	Zum Beispiel:	Zum Beispiel:	Zum Beispiel:	Zum Beispiel:
Ich verfüge über Wissen über verschiedene Konzepte der Qualitätsentwicklung.	Ich kenne den Unterschied zwischen externen und internen Qualitätsentwicklungsverfahren im Elementarbereich.	Ich lese Fachliteratur zum Thema und fasse wichtige Aussagen schriftlich zusammen.	Bis zum ...	
		Ich lese die Ergebnisse der NUBBEK-Studie und berichte dem Team zusammen mit meiner Leiterin auf der nächsten Dienstbesprechung davon.	Bis zum ... Am ...	
	Ich nutze für meine Arbeit die Checklisten des Nationalen Kriterienkatalogs und entwickle daraus für mich persönlich individuelle Ziele im Bildungsbereich Sprache und Kommunikation. Diese nehme ich in meinen Ausbildungsplan mit auf.	Ich nehme am Workshop der Schule „Qualitätsentwicklung" teil.	Am ...	Leitung, Team
	Ich informiere meine Praxisanleitung über diese persönlichen Ziele und nutze die kollegiale Beratung zur Zielerreichung.	Ich nutze die regelmäßigen Reflexionsgespräche, um an meinen Zielen zu arbeiten.	1x im Monat	Lehrkräfte
	Ich kann mithilfe von Checklisten und dem 7-Schritte-Verfahren dazu beitragen, die Qualität in der Einrichtung zu sichern und weiterzuentwickeln.	Ich arbeite am Konzeptionstag intensiv mit.	Am ...	Praxisanleitung
Ich verfüge über die Fähigkeit, die eigene Teamsituation auf der Grundlage von Kriterien zu analysieren, weiterzuentwickeln und ggf. Unterstützung zu organisieren.	Ich nehme an Teamsitzungen aktiv teil und bringe mich mit Wortbeiträgen ein. Ich berichte regelmäßig auf Dienstbesprechungen vom Lernort Schule und meiner Ausbildung und verknüpfe beide Lernorte. Mir ist deutlich geworden, dass ich im Umgang mit Teamkonflikten noch nicht ausreichend über Deeskalations-Strategien verfüge. Ich sehe Fortbildungsbedarf.			
Ich verfüge über Fertigkeiten, die örtliche Infrastruktur für die Zielgruppe wahrzunehmen, an Kooperationen und Vernetzungen teilzunehmen und sie weiterzuentwickeln.				

6.6 Methode 20: Sozialraumanalyse

METHODE Sozialraumanalyse

▪ Ziele

Analyse von Institutionen und Sozialraum mit dem Blick auf Kinder- und Jugendarbeit, Entwickeln von praxisnahen Handlungsmöglichkeiten für Kinder und Jugendliche

▪ Bearbeitung

Einzelarbeit

 DOPPELTE VERMITTLUNGSPRAXIS

Das Erfassen des Sozialraumes und der Institutionen kann es Kindern und Jugendlichen ermöglichen, sich mit der eigenen Freizeit und den Möglichkeiten eines Stadtteils auseinanderzusetzen. Kinder und Jugendliche können durch Beobachtungen und Erhebungen aktiv in die Gestaltung und Nutzung der Freizeiteinrichtungen einbezogen werden.

Lesen Sie die nachfolgenden Definitionen zum Sozialraum von Kindern und Jugendlichen.

"Kinder und Jugendliche entwickeln sich vor allem auch über Prozesse sozialräumlicher Aneignung, in denen sie die räumliche Umwelt für sich zu entdecken und gestalten suchen, um sich zu erleben und zu erfahren. Gleichzeitig tritt ihnen diese räumliche Umwelt schon besetzt, gesellschaftlich vordefiniert und funktionalisiert gegenüber." *Böhnisch 2003*

"Sozialräumliche Aneignung (vgl. Deinet 2005, Krisch 2009) wird als eigentätige Entwicklungsaufgabe von Kindern und Jugendlichen verstanden, über die sich Heranwachsende mit gesellschaftlichen Werten und Normen auseinandersetzen, Kompetenzen und Handlungsfähigkeiten entwickeln und Identität entfalten. Über die alters-, geschlechts- und lebenslagenspezifisch tätige Auseinandersetzung mit der räumlich vermittelten Umwelt werden Bildungsprozesse ermöglicht, die in engem Zusammenhang mit anderen Formen des kognitiven oder emotionalen Lernens stehen." *Krisch 2010*

Welche Aufgaben kommen auf Sie als Fachkraft zu, wenn Sie nach den obigen Definitionen pädagogisch handeln wollen? Benennen Sie konkrete Handlungsmöglichkeiten für …

a) *… die Arbeit in Tageseinrichtungen*

b) *… die Schulkindbetreuung*

c) *… den Jugendfreizeitbereich*

In der Methode der Stadtteilerkundung haben Sie sich mit der Lage und dem Umfeld Ihrer Praxiseinrichtung auseinandergesetzt.

Zu folgenden Stichworten haben Sie Informationen gesammelt	
Stadtteil	☐
Wohngebiet und -verhältnisse	☐
Spielmöglichkeiten	☐
Soziales Umfeld	☐
Schulen	☐
Freizeiteinrichtungen	☐
Vereine	☐
Geschäfte	☐
Versorgungseinrichtungen	☐

Wenn Sie Kind oder Jugendlicher in diesem Stadtteil wären, was würden Sie verändern wollen? Schreiben Sie hier Ihre eigenen Ideen auf und vergleichen Sie zum Abschluss die Ideen der Kinder mit Ihren eigenen.

_____

_____

_____

_____

_____

_____

Sozialraumanalyse
Jedes Kind und jeder Jugendliche erlebt sein Wohnumfeld und seine Lebenswirklichkeit auf unterschiedliche Art und Weise.
- Besuchen Sie Ihren Stadtteil. Achten Sie dabei auf die zuvor genannten Aspekte einer Sozialraumanalyse.
- Sammeln Sie zusätzliche Informationen über den Sozialraum (Broschüren, Internet etc.).
- Nehmen Sie nun aus der Sicht eines Kindes bzw. Jugendlichen Ihrer Einrichtung den Sozialraum erneut wahr.
- Welche Eindrücke gewinnen Sie?
- Welche Kriterien/Aspekte des Sozialraums nehmen Sie aus dieser Perspektive wahr?
- Gibt es Orte, die Kinder bzw. Jugendliche besonders gern besuchen oder meiden?
- etc.

Ziehen Sie aus den Punkten 1–3 Konsequenzen für Ihre pädagogische Arbeit als Berufspraktikant in dem untersuchten Sozialraum. Stellen Sie Ihre Ergebnisse einer Kleingruppe von Lernenden vor. Erarbeiten Sie gemeinsam wichtige Erkenntnisse und ziehen Sie ein Fazit für die pädagogische Arbeit in diesem Stadtteil und stellen Sie Ihre Ergebnisse im Plenum vor.

6.7   Methode 21: Analyse von Praxissituationen zum Thema Konfliktlösungsmodelle

METHODE   Analyse von Praxissituationen zum Thema Konfliktlösungsmodelle

■ Ziele

Analyse einer Praxissituation mithilfe der Klassifizierung von Konflikten, Übertragung des bisherigen Wissens auf eine vielschichtige Praxissituation, praxisnahe Handlungsmöglichkeiten mithilfe von Konfliktlösungsstrategien entwickeln

■ Bearbeitung

Einzel-, Partner- oder Gruppenarbeit

 DOPPELTE VERMITTLUNGSPRAXIS

Besonders in der Arbeit mit Kindern, Jugendlichen oder jungen Erwachsenen kann es hilfreich sein, mit Fallbeispielen zu arbeiten. Konflikte treten in jeder Lebensphase auf. Es ist sinnvoll, frühzeitig Deeskalationsansätze kennenzulernen. Wie könnten kurze Praxisbeispiele, z. B. in der Schulkindbetreuung oder Jugendfreizeiteinrichtung, aussehen?

Beispiel

Eine Praktikantin berichtet am Lernort Schule schlecht über die Einrichtung. Die Praxisanleitung hört von einer anderen Praktikantin davon.

Eine Praktikantin kommt regelmäßig 5–10 Minuten zu spät zur Arbeit. Bei Kindern und Mitarbeitern ist sie sehr beliebt. Die Praxisanleitung beschwert sich bei Ihnen als Leitung.

Ein Praktikant hält sich nicht an Absprachen und legt schriftliche Berichte, schriftliche Planungen etc. zu spät vor. Die Praxisanleitung denkt, dass es so nicht weitergehen kann.

Eine Praxisanleitung nimmt Arbeitsaufträge einer anzuleitenden Person häufig mit ins Wochenende, um sie zu korrigieren, und steht nach Dienstschluss noch per Handy zur Beratung zur Verfügung. Die Leitung beurteilt das Verhalten ihrer Mitarbeiterin kritisch.

Ein Praktikant berichtet einer Erzieherin einer anderen Kita auf einer Party von einem Kind in seiner Einrichtung. Die Mutter des Kindes befindet sich in der Ausbildung zur Kinderpflegerin und absolviert in der Einrichtung der Erzieherin ein Praktikum. Sie erfährt, dass ihre Tochter Partygespräch war. Die Mutter beschwert sich in der Gruppe des Kindes über den Praktikanten. Die Lehrerin lässt bei einem Praxisbesuch die Praxisanleitung nicht zu Wort kommen. Sie scheint die Aussagen der Praxisanleitung abzuwerten.

Eine Praktikantin wird von einigen Kollegen im Haus häufiger dabei beobachtet, wie sie auf ihr Handy schaut und SMS verschickt. Die Hausregel besagt ein Handyverbot während der Dienstzeit.

Eine Praktikantin hat viele Fehltage in der Praxis. Die Praxisanleitung weiß nicht, wie sie diese Tage nachholen kann. Der Praktikantin scheint das egal zu sein. Die Praxisanleitung wendet sich an den Lernort Schule.

Eine muslimische anzuleitende Praktikantin weigert sich, einen Jungen zu wickeln und einem Vater die Hand zu schütteln. Der Vater beschwert sich bei der Leitung.

Im Team gibt es Konflikte. Heimlich haben sich Fraktionen gebildet. Eine Praktikantin gerät „zwischen die Fronten".

Beispiel

Die Praxisanleitung ist nur einige Jahre älter als die Praktikantin (Quereinsteiger). Beide scheinen sich im Laufe des Praktikums anzufreunden und verabreden sich auch außerhalb des Praktikums. Die anderen Teammitglieder beobachten die Veränderungen kritisch.

Die Praktikantin hat das Gefühl, dass die Praxisanleitung sie überwiegend für pflegerische Tätigkeiten in der Gruppe einsetzt. Es fiel auch mal der Spruch: „Lehrjahre sind keine Herrenjahre". Sie fühlt sich ausgenutzt.

Eine Praxisanleitung erklärt einer Praktikantin, dass sie den Praxisleitfaden der Schule mit den Praxisaufgaben nicht lesen kann. Sie hätte ständig verschiedene Praktikanten von unterschiedlichen Schulen – so viel Zeit hätte sie nicht.

Eine Praktikantin kommt häufig mit unangemessener Kleidung in die Einrichtung (tiefer Ausschnitt, hohe Schuhe, etc.). Trotz eines ersten Gesprächs zu dem Thema ändert sich nichts an der Kleidung. Einige Kollegen sprechen die Praxisanleitung an. Die Praktikantin wirkt gleichgültig.

Eine Praktikantin im ersten Ausbildungsjahr zur Erzieherin ist seit einer Woche im Praktikum. Die Praxisanleitung erlebt diese Praktikantin sehr aktiv bei Tür-und-Angelgesprächen mit Eltern. Auf dem Hof beobachten sie, dass die Praktikantin häufig mit den anderen Praktikanten zusammen steht und „nur quatscht".

Ein männlicher Praktikant weigert sich ab der zweiten Woche, mit den Jungen Fußballspielen zu gehen. Die Kolleginnen sind erstaunt. „Deshalb haben wir uns doch für einen männlichen Praktikanten entschieden", wird gemunkelt.

Eine Praktikantin erhält viel Zuspruch und positive Rückmeldung im Praktikum. Zurzeit sind vier Kolleginnen krank. Sie hat das Gefühle, gebraucht zu werden, aber ihre Aufgaben für das Praktikum rücken stark in den Hintergrund.

Die Mutter einer Praktikantin ruft häufig in der Einrichtung an, um ihre Tochter krank zu melden. Nach einem Konflikt der Praktikantin mit der Praxisanleitung bittet die Mutter um einen Gesprächstermin. Die Praktikantin ist volljährig.

Eine Praktikantin (35 Jahre alt) wird von einer jungen Praxisanleitung (23 Jahre alt) betreut. Die Praxisanleitung hat das Gefühl, nicht ernst genommen zu werden. Es kommt immer häufiger zu Konflikten.

Haben Sie ein eigenes Beispiel aus der Praxis?
Diskutieren Sie (wenn möglich) in Zweierteams oder Kleingruppen, ob diese dargestellten Situationen realistisch sind.

Lesen Sie in Band 1 Erzieherinnen + Erzieher das Kapitel E 4.4 Teamkonflikte und Konfliktlösungsansätze.

Wählen Sie aus den oben dargestellten einige Situationen aus. Tauschen Sie sich über folgende Fragen aus:
- Was löst diese Situation in mir aus?
- Welche ersten Gedanken und Gefühle habe ich?
- Wer ist alles beteiligt? Wer ist betroffen?
- Welche Form von Konflikt herrscht in Ihrer ausgewählten Situation vor?
- Um welche sachlich-inhaltlichen Aspekte geht es in der Situation?
- Wo sehen Sie die Ursachen für das Problem oder den Konflikt?
- Wie könnte das Problem oder der Konflikt deeskaliert werden?
- Erste Lösungsansätze ...

Halten Sie Ihre wichtigsten Erkenntnisse schriftlich fest.

6.8   Methode 22: Kollegiale Beratung

METHODE   Kollegiale Beratung

■ Ziele

Vielseitige und mehrschichtige Betrachtung einer Situation oder eines Falles, „Unbewusstes" kann verdeutlicht und wahrgenommen werden, um eine Veränderung einzuleiten, Kollegiale Beratung bewirkt oft Entlastung und Entkrampfung in verfahrenen und schwierigen Situationen, das Lernen voneinander wird unterstützt und gefördert, Erweiterung der eigenen Praxiserfahrung

■ Bearbeitung

Gruppenarbeit

DOPPELTE VERMITTLUNGSPRAXIS

Die Kollegiale Beratung ist eigentlich ein Instrument für den beruflichen Kontext. In der Arbeit mit jungen Erwachsenen kann die Einführung der Kollegialen Beratung u. U. hilfreich sein. Es ist eine strukturierte Form, sich Rat zu holen und gemeinsam nach Lösungen zu suchen. Es muss sich um eine miteinander vertraute Gruppe junger Menschen handeln.

Was ist Kollegiale Fallberatung?

Kollegiale Fallberatung ist ein strukturiertes Beratungsgespräch in einer Gruppe, in der ein Teilnehmer von den übrigen Teilnehmern nach einem festgelegten Ablauf mit verteilten Rollen beraten wird mit dem Ziel, Lösungen für eine konkrete berufliche Schlüsselfrage zu entwickeln.

Merkmale Kollegialer Fallberatung

- Kollegiale Beratung findet in Gruppen statt.
- Ein professioneller Berater ist nicht anwesend.
- Die Beratung folgt einem festen Ablauf.
- Der Ablauf und die Methoden sind allen Teilnehmern bekannt.
- Die Beratungsrollen und die Aufgaben werden verteilt.
- Alle Teilnehmer sind aktiv an der Beratung beteiligt.
- Lösungen für berufliche Praxisprobleme werden entwickelt.

Lesen Sie in Band 1 Erzieherinnen + Erzieher das Kapitel A 3.4.3 Kollegiale Beratung.

Ablauf

1   Casting
    (Moderator und Fallgeber werden gewählt)

2   Spontanerzählung
    (Fallgeber erzählt aus seiner Perspektive)

3   Schlüsselfrage
    (Rückfragen der Gruppe helfen,
    die Schlüsselfrage zu klären)

4   Methodenauswahl
    (z. B. in einen Konfliktbeteiligten hineinversetzen)

5   Beratung
    (Lösungssuche, vielfältige Lösungen sind möglich)

6   Abschluss
    (Fallgeber gibt Rückmeldung)

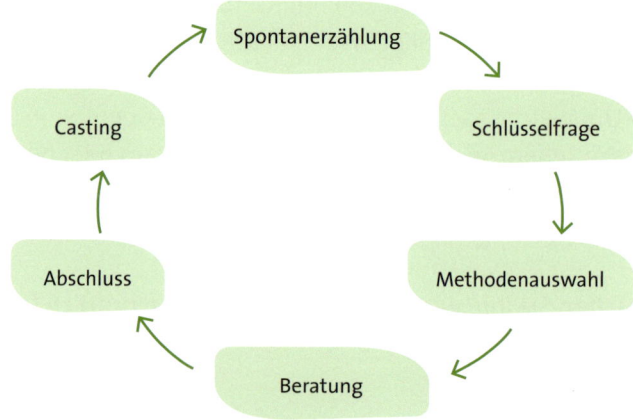

Methodenvielfalt für Schritt 4

- Die Gruppe schildert ihre ersten Eindrücke beim Hören der Situation.
- Die Gruppe berichtet von den Gefühlen, die sie während der Falldarstellung empfunden hat.
- Gemeinsam wird überlegt, was passieren würde, wenn z. B. der Konflikt plötzlich nicht mehr da wäre oder er sich verschlimmern würde.
- Die Gruppe berichtet von eigenen Erlebnissen zum Thema.
- Die Gruppe versetzt sich in die Rolle der Beteiligten. Aussagen werden in der Ich-Form getätigt.

Beispiel
„Ich (als Mona) bin sehr enttäuscht über deine Reaktion bei der letzten Teamsitzung." Oder: „Wenn ich Sebastian wäre, dann würde ich vermutlich nicht mehr mit dir reden."

- Die Gruppe versucht, aus der Sicht Ihrer Hobbys eine Lösung zu finden. Klingt etwas verrückt, ist aber oft eine lustige Methode, durch die sehr gute Lösungsansätze entstehen.

Beispiel
„Ich jogge sehr gerne." „Ich glaube, du musst mit deinen Kräften haushalten für einen Marathon – und keinen Sprint laufen." Oder: „Ich lese gern." „Dein Fall klingt nach einem wirklichen Krimi. Pass auf, dass du nicht zu den Verdächtigen gehörst. Hol dir Hilfe bei der Polizei."

Es gibt noch viele sehr gute Methoden. Notieren Sie sich im Laufe Ihrer Ausbildung Methoden zur Lösungssuche, die Sie in Teams erleben.

_____

_____

_____

_____

_____

Es ist sinnvoll, im Laufe Ihrer Ausbildung mit anderen Lernenden eine Lern- und Beratungsgruppe zu gründen. Die Methode der Kollegialen Beratung kann Ihnen bei Konflikten am Lernort Praxis oder am Lernort Schule helfen. Auch bei der Fallbesprechung von Kindern oder Familien ist der Rat von Kollegen und anderen Lernenden hilfreich. Üben Sie die Methode in Ihrer Lern- und Beratungsgruppe.
Mit wem könnten Sie sich eine Lern- und Beratungsgruppe vorstellen? Haben Sie schon jemanden angesprochen?

_____

_____

_____

_____

6.9 Methode 23: Qualitäts- und Teamentwicklung

METHODE Qualitäts- und Teamentwicklung

▪ Ziele
Gute Rahmenbedingungen für Qualitätsentwicklung installieren, Bewusstsein für gemeinsame Qualitätsprozesse im Team schaffen, Auseinandersetzung mit Instrumenten und Verfahren der Qualitätsentwicklung

▪ Bearbeitung
Einzel-, Partner-, Gruppenarbeit

 DOPPELTE VERMITTLUNGSPRAXIS

Die Teamvereinbarungen können auch auf Gesprächsrunden von Kindern, Jugendlichen oder jungen Erwachsenen übertragen werden. Das schriftliche Fixieren ermöglicht jedem Gruppenmitglied, sich verantwortlich an die Vereinbarungen zu erinnern und diese umzusetzen.

Qualitätsentwicklung ...

▪ ... beginnt mit der Bereitschaft, sich intensiv und dauerhaft mit der eigenen pädagogischen Orientierung auseinanderzusetzen und die eigenen Handlungsweisen und Kompetenzen zum Wohle pädagogischer Prozesse verbessern zu wollen,
▪ ... bedeutet, eine fehlerfreudige Haltung anzunehmen und einen kritischen Blick auf die eigene Praxis zu werfen,
▪ ... benötigt im Team das Initiieren eines ressourcenorientierten strukturierten Prozesses,
▪ ... fördert gemeinsame Lernprozesse und braucht eine kollegiale Akzeptanz im Team,
▪ ... baut auf fachlichem Hintergrundwissen auf und nutzt die vielfältigen Ideen des Teams, um von A nach B zu kommen (vom Ist- zum Soll-Zustand),
▪ ... heißt, einen teamfähigen, fachlichen Konsens der zu entwickelnden Qualität zu finden,
▪ ... funktioniert nur, wenn ausreichend Zeit zum Diskutieren zur Verfügung steht – das ganze Team muss mitdenken und kooperieren.

Sie haben in unterschiedlichen Einrichtungen Dienstbesprechungen erlebt. Erinnern Sie sich an diese Dienstbesprechungen. Wie häufig wurde über die pädagogische Arbeit, Kinderbeobachtungen, Elterngespräche und Fortbildungsinhalte gesprochen und diskutiert? Wie viel Zeit benötigten die Teams für organisatorische Fragen, Termine oder Festvorbereitungen?

Wie beurteilen Sie ihre Einschätzung?

Zeichnen Sie die Anteile für Organisation und pädagogische Prozesse jeweils in den Kreis ein.

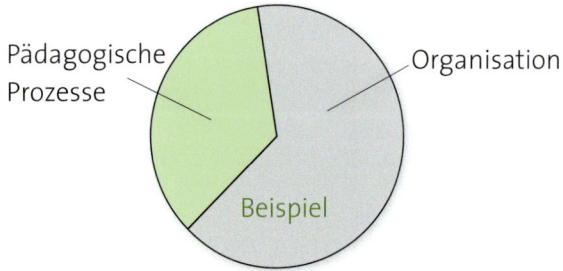

Pädagogische Prozesse — Organisation

Beispiel

Damit Dienstbesprechungen etc. für fachliche Diskussionen genutzt werden können, benötigt jedes Team gemeinsame Vereinbarungen.

Beispiel

Teamregeln in der Kita Sonneblume

Das Team hat am 20.01.2015 folgende Vereinbarungen für eine gute konstruktive Zusammenarbeit festgelegt:

Wir führen regelmäßig (einmal pro Woche) Dienstbesprechungen und Gruppenteamsitzungen durch.

Wir beginnen pünktlich und haben einen festen Zeitrahmen.

Es gibt eine Tagesordnung (je nach Besprechungstyp). Die Tagesordnungspunkte sind schon mind. eine Woche vorher einsehbar und die Reihenfolge ist festgelegt

Einmal im Monat sprechen wir über

– Kinderbeobachtungen,

– pädagogische Prozesse und unsere Qualitätsentwicklung,

– Organisatorisches,

– Kinderbeobachtungen, Elternarbeit/Entwicklungsgespräche.

Wir arbeiten zielorientiert, d.h. es werden Zielvereinbarungen und Zuständigkeiten miteinander getroffen, im Protokoll schriftlich fixiert, umgesetzt und überprüft.

– Jede Mitarbeiterin beteiligt sich am Austausch und an den fachlichen Diskussionen.

– Es gibt eine festgelegte Gesprächsleitung.

– Es gibt immer ein Protokoll und einen festgelegte Protokollführer.

– Wir halten uns an die Gesprächsregeln.

– Wir sind wertschätzend!

Überprüfen Sie Ihre aktuellen Dienstbesprechungen mit dieser Teamvereinbarung. Was würden Sie gerne verändern? Begründen Sie Ihre Entscheidung. In welcher Form können Sie (als Praktikant) erste Anregungen mit ins Team bringen? Finden Sie weitere Beispiele.

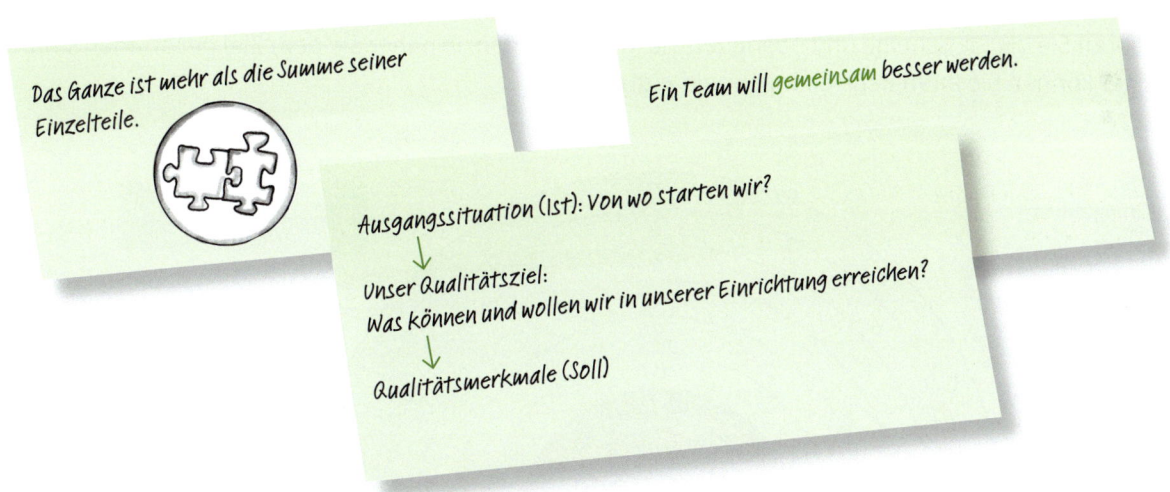

Das Ganze ist mehr als die Summe seiner Einzelteile.

Ein Team will *gemeinsam* besser werden.

Ausgangssituation (Ist): Von wo starten wir?

Unser Qualitätsziel:
Was können und wollen wir in unserer Einrichtung erreichen?

Qualitätsmerkmale (Soll)

Welche Evaluationsverfahren (Verfahren zur Einschätzung/Überprüfung) oder Instrumente der Qualitätsentwicklung haben Sie bisher kennengelernt? Es gibt externe und interne Evaluation zur Verbesserung der Qualität der Prozesse in Einrichtungen.

Lesen Sie in Band 1 Erzieherinnen + Erzieher das Kapitel E 4. Qualitätsentwicklung.

Um den Ist-Zustand der Qualität einer Einrichtung zu überprüfen, werden häufig Checklisten zur strukturierten internen Selbstevaluation (Selbsteinschätzung) eingesetzt. Machen Sie sich z.B. mit den Checklisten des Nationalen Kriterienkatalogs vertraut: Arbeitshandbuch mit Checklisten: Wolfgang Tietze (Hrsg.): Pädagogische Qualität entwickeln. Praktische Anleitung und Methodenbausteine für Bildung, Betreuung und Erziehung in Tageseinrichtungen für Kinder von 0–6. Berlin, Cornelsen Verlag 2013

6.10 Exemplarische Reflexionsmethode für das Lernfeld 5

Einige Wochen haben Sie sich mit einer Lernsituation im Unterricht, durch selbstorganisiertes Lernen und im Praktikum differenziert mit wichtigen beruflichen Themen beschäftigt, die auch das Lernfeld 6 und die zu vermittelnden Kompetenzen beinhaltet haben.

Sie haben in Ihrem Ausbildungsheft an vielfältigen Aufgaben zum Lernfeld 3 gearbeitet und
- eine zentrale Aufgabe des Lernfeldes zur Bearbeitung ausgewählt,
- die Kompetenzen der Kann-Liste angekreuzt und ausgefüllt,
- Fragen beantwortet und Aufgaben bearbeitet,
- den individuellen Ausbildungsplan entwickelt und umgesetzt,
- ausgewählte Methoden bearbeitet und ausgewertet
- und sich sicherlich mit anderen Lernenden, Ihrer Praxisanleitung und den Lehrkräften ausgetauscht.

Nach jeder Lernsituation ist es sinnvoll, für sich ein persönliches Fazit zu ziehen. Notieren Sie aus Ihrer Sicht Ihre persönliche Kompetenzentwicklung. Die Methode kann im Laufe der Ausbildung wiederholt oder auch auf andere Lernfelder übertragen werden. 🖰

Zentrale Aufgabe im Lernfeld 6

Ich analysiere und bewerte die Qualität der Leistungen von Einrichtungen der Kinder- und Jugendhilfe auf der Grundlage ausgewählter Qualitätskonzepte. Ich beteilige mich aktiv an der Gestaltung des Qualitätsentwicklungsprozesses im Team. Ich lerne, teamorientiert zu arbeiten. Ich erwerbe Kenntnisse über Leitungsaufgaben wie Personalführung und Verwaltung. Im Rahmen meines Bildungs-, Erziehungs- und Betreuungsauftrages analysiere ich die Bedingungen des Sozialraumes meiner Einrichtung mit dem Ziel, zusätzliche Ressourcen für meine Zielgruppe zu erschließen.

Bitte betrachten Sie die Zielscheibe und überlegen Sie, wo Sie stehen. Je näher Sie dem Ziel gekommen sind, desto mittiger können Sie Ihren Beurteilungspunkt eintragen.

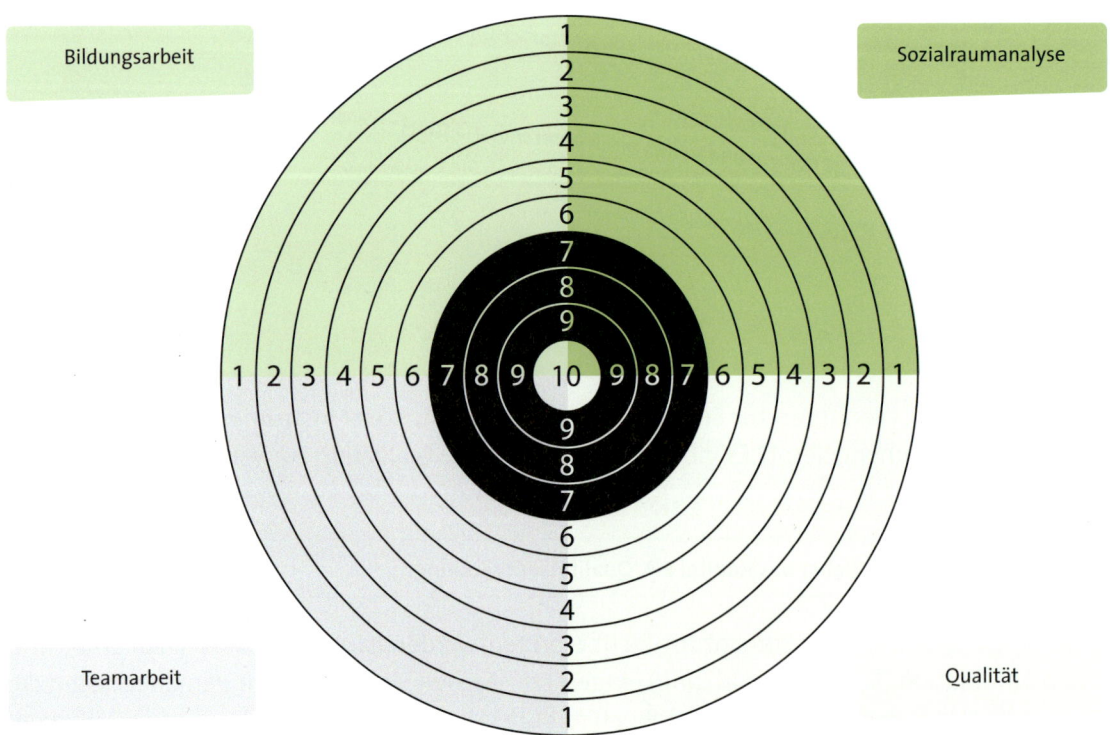

So gut gelingt mir die Auseinandersetzung mit dem Sozialraum der Einrichtung:

_____

_____

Die Bildungsangebote, die ich plane, treffen bei meiner Zielgruppe ins Schwarze. Warum gelingt mir dies?

_____

_____

So gut gelingt mir Teamarbeit:

_____

_____

Diese Fertigkeiten und Fähigkeiten kann ich in die Teamarbeit mit einbringen:

_____

_____

Mein Bewusstsein für Qualität in der pädagogischen Arbeit hat sich positiv verändert und erweitert. Wie kann ich dieses Verständnis beschreiben?

_____

_____

In welchen Bereichen treffe ich noch nicht immer das Ziel?

„Wie kann ich zielsicherer werden?"   „Wie kann ich zielsicherer werden?"   „Wie kann ich zielsicherer werden?"   „Wie kann ich zielsicherer werden?"

🟢 **DOPPELTE VERMITTLUNGSPRAXIS**

Diese Methode können Sie auch in der pädagogischen Arbeit mit Kindern, Jugendlichen oder jungen Erwachsenen zur Standortbeschreibung oder Reflexion in Einzelgesprächen oder Gruppen nutzen.

Benennen Sie mögliche Anlässe, zu denen Sie diese Methode in der Praxis einsetzen könnten:

_____

_____

7   Entwicklungsgespräche

Ihre Ausbildung bereitet Sie auf die selbstständige und eigenverantwortliche Arbeit als Fachkraft in unterschiedlichen sozialpädagogischen Arbeitsfeldern vor. Die Entwicklung Ihrer beruflichen Identität steht am Lernort Schule und am Lernort Praxis im Mittelpunkt der Ausbildung. Dazu zählen
- Ihre professionelle Haltung,
- der Erwerb von Wissen und Fertigkeiten,
- das Verständnis für die Querschnittsaufgaben,
- die Auseinandersetzung mit Ihrer eigenen Biografie.

Entwicklungsgespräche dienen dazu, den Entwicklungsprozess der beruflichen Identität regelmäßig und strukturiert mit allen an der Ausbildung beteiligten Akteuren zu reflektieren.

Entwicklungsgespräche unterstützen
- die stärkere Selbststeuerung des Lernprozesses,
- die Individualisierung jedes Lernenden innerhalb der Ausbildung,
- die (Selbst-)Reflexion des persönlichen und beruflichen Lernzuwachses,
- die Berücksichtigung von Rückmeldungen durch Praxis und Schule.

Mindestens einmal pro Ausbildungsjahr ist es sinnvoll, ein Entwicklungsgespräch zu führen. Die konkrete Umsetzung dieser Gespräche variiert von Schule zu Schule. Wünschenswert wäre es, wenn für Ihre Ausbildung wichtige Menschen dabei wären (z. B. die Lehrkraft, die Sie im Praktikum begleitet, Ihr Klassenlehrer, die Praxisanleitung). Das Entwicklungsgespräch kann am Lernort Schule, aber auch am Lernort Praxis durchgeführt werden. Wird an Ihrer Schule das Entwicklungsgespräch benotet?

Es ist wichtig, dass sich alle Beteiligten auf das Gespräch vorbereiten. Die Leitfragen im **Protokollbogen für das Entwicklungsgespräch** 🔵 dienen dabei als Hilfestellung. Sie sind nicht im Sinne eines abzuarbeitenden Fragebogens zu verstehen – vielleicht entwickeln Sie gemeinsam mit den Lehrkräften Ihrer Fachschule wichtige Leitfragen bzw. ergänzen oder verändern die Leitfragen im Protokollbogen.

Das **Ausbildungsbegleitheft** kann Ihnen bei Entwicklungsgesprächen als Unterstützung dienen. Entsprechende zusätzliche Dokumentationen, wie z. B. ein Praxistagebuch oder Fotodokumentationen, sind zum Gespräch mitzubringen. Sie entscheiden selbst, was und auf welche Weise Sie diese ins Gespräch einbringen. Sie erläutern im Gespräch, wie Sie das Ausbildungsbegleitheft eigenverantwortlich und basierend auf den Anregungen aus Schule und Praxis zu Ihrer persönlichen Weiterentwicklung genutzt haben. Sie können mithilfe bestimmter Einträge Ihre persönliche Weiterentwicklung anschaulich präsentieren.

Ihr **individueller Ausbildungsplan** liegt beim Gespräch vor. Anhand des Ausbildungsplans und der gesetzten Ziele können Sie Entwicklungsschritte sehr deutlich thematisieren.

Am Ende des Entwicklungsgesprächs ist es wichtig, dass **neue Vereinbarungen** getroffen werden. Diese nehmen Sie in Ihren individuellen Ausbildungsplan auf und planen neue Umsetzungsschritte.

Protokollbogen Entwicklungsgespräch

Name:			
Gesprächspartner:	☐ Fachlehrer/-in	☐ Klassenlehrer/-in	☐ Praxisanleitung
Schuljahr:			
Ausbildungsjahr:			
	☐ 1. Gespräch	☐ 2. Gespräch	
Ausbildungsbegleitheft:	☐ liegt vor	☐ liegt nicht vor	

Mögliche Leitfragen

- Womit sind Sie in der Ausbildung besonders zufrieden?
- Wie beurteilen Sie Ihr Engagement für die Ausbildung?
- Wie schätzen Sie Ihre Zuverlässigkeit ein? (Absprachen/Schulordnung, Pünktlichkeit etc.)
- Wie schätzen Sie Ihre Fachkompetenz ein? Worin liegen Ihre besonderen Stärken?
- Wie beurteilen Sie Ihre personalen Kompetenzen? Worin liegen Ihre besonderen Stärken?
- Welche Entwicklungsschritte haben Sie in den letzten Monaten vollziehen können? Woran machen Sie das fest? Wo sehen Sie Entwicklungsbedarf?
- Wie beurteilen Sie die Realisierung Ihrer Ziele des individuellen Ausbildungsplans in Schule und Praxis?
- Welche besonderen Erkenntnisse haben Sie in Schule und Praxis gewinnen können?
- Wobei brauchen Sie noch Unterstützung?
- Wie bereiten Sie sich auf den Unterricht vor? Wie bereiten Sie Unterrichtsinhalte nach?
- Was bereitet Ihnen im Unterricht am meisten Freude/am wenigsten Freude?
- Wie schätzen Sie Ihr Einbringen in den Unterricht ein?
- Wie bereiten Sie sich auf die Praxistage vor bzw. bereiten diese nach?
- Was bereitet Ihnen in der Praxis am meisten Freude/am wenigsten Freude?
- Wie schätzen Sie Ihr Einbringen in die Praxis ein?
- …

Zusammenfassung für den Lernort Schule:	Vereinbarungen für den Lernort Schule:
Zusammenfassung für den Lernort Praxis:	Vereinbarungen für den Lernort Schule:
Termin für ein Folgegespräch (Überprüfung der Einhaltung der Vereinbarungen):	

Datum:

_____   _____
Unterschrift der Schülers/Studierenden   Unterschrift der Gesprächspartners

8   Verzahnung der Lernorte

Ihre Ausbildung findet an zwei Lernorten statt: Lernort Schule und Lernort Praxis.

Die vorausgegangenen Kapitel aus Teil 2, insbesondere die Methoden der Lernfelder, spiegeln eine deutliche Verzahnung beider Lernorte wider. Der länderübergreifende Lehrplan schreibt vor, dass der wechselseitige Bezug der Lernorte integraler Bestandteil der Ausbildung ist. Das erfordert von beiden Lernorten ein hohes Maß an Kooperationsarbeit. Die Ausbildung muss eine enge Theorie-Praxis-Verknüpfung sicherstellen.

Der Lernort Praxis hat in der Ausbildung mittlerweile eine zentrale Stellung bei der Professionalisierung von Fachkräften. Der berufspraktische Anteil beträgt nahezu ein Drittel des Gesamtvolumens der Ausbildung in der Fachschule oder Fachakademie. Die Qualität der konkreten pädagogischen Arbeit in der Einrichtung und die Qualität der Praxisbegleitung prägen Ihre berufliche Entwicklung, ebenso das Schulklima, die Beziehung zu den Lehrern und die Qualität der Unterrichtsinhalte und Methoden am Lernort Schule.

Wissen und Fertigkeiten erwerben Sie an beiden Lernorten. Die Schnittstelle beider Lernorte sind Sie. Sie sorgen z. B. für den Informationsfluss, Sie informieren über die bisherigen Ausbildungsinhalte und Ihre Praxisaufgaben, Sie vereinbaren Besuchstermine und laden zum Anleitertreffen ein.
Schnittstelle zu sein, ist manchmal aber gar nicht so einfach. Es gibt auf dem Weg der Verzahnung unterschiedliche Stolpersteine.

„Ich weiß als Praxisanleitung gar nicht, welche Anforderungen die einzelnen Schulen an die Praktikanten stellen. Welche Ausbildungsinhalte werden vor dem Praktikum vermittelt?"

„Wir haben zu wenige Praxislehrer und zu viele Stunden. Wir schaffen es gar nicht, alle zu besuchen im Praktikum."

„Uns fehlt Verfügungszeit, um Praktikanten gut auszubilden."

„Wen rufe ich in der Schule an, wenn es Probleme gibt?"

„Meine Lehrer sprechen sich nicht ab. In der Parallelklasse gibt es ganz andere Praxisaufgaben."

„Die Praxisaufgaben der Schule sind praxisfern. Wissen Lehrer nicht, was in der Praxis geschieht?"

„Ich hatte das Gefühl, den Lehrer interessiert gar nicht, was ich als Praxisanleitung zu sagen habe."

„Die Zeitfenster der Einrichtungen sind zu eng für Praxisbesuche. Das schaffe ich gar nicht mit meinem Stundenplan. Ich kann nur in der 3. und 4. Stunde in die Praxis kommen."

„Die Einrichtung arbeitet sehr defizitär mit Kindern und Familien. Dort können wir keine Praktikanten mehr hinschicken."

„Im Reflexionsgespräch haben nur meine Lehrerin und meine Praxisanleitung miteinander gesprochen. Es sollte doch um mich gehen."

„Ich musste damals in meiner Ausbildung viel mehr schreiben. Wird jetzt alles leichter?"

„Zwei Lehrerbesuche in einer Woche. Können sich Lehrer nicht mal besser abstimmen?"

„Meine Praxisanleitung will so viel von mir wissen über die Ausbildung. Ich kann nicht alles beantworten."

Als angehender Erzieher haben Sie während Ihrer Praktika zwischen Lernort Praxis und Lernort Schule sicherlich auch schon „Stolpersteine" erlebt:

Wenn Ihnen heute eine „Ausbildungs-Wunschfee" begegnen würde: Was würden Sie sich im Hinblick auf die Zusammenarbeit von Lernort Praxis und Lernort Schule von den Akteuren wünschen?

> Liebe Wunschfee,
>
> ich würde mich sehr freuen, wenn die Fachschule mit uns die Praxisaufgaben rechtzeitig bespricht und die Praxis über alles schriftlich informiert. Könntest Du es ermöglichen, dass meine Praxisanleitung mehr Zeit für Reflexionsgespräche hat? Können sich beide Gruppen nicht mal einfach treffen und alles bereden in einem Arbeitskreis? Das wäre toll.
> Ich fände es prima, wenn meine Leitung mal in der Schule unterrichten könnte.
>
> Wie könnte die Wunschliste weitergehen?

Informieren Sie sich: Es gibt ein großes Bundesprojekt des Bundesministeriums für Familie, Senioren, Frauen und Jugend (BMFSFJ) zur Stärkung des Lernortes Praxis als Ausbildungsort. Ein Schwerpunkt des Projektes ist es auch, die Kooperation beider Lernorte zu verbessern. (www.fruehe-chancen.de/was-politik-leistet/lernort-praxis/)

„Die Bedeutung des Lernorts Praxis für die Ausbildung von angehenden frühpädagogischen Fachkräften wurde in verschiedenen Beschlüssen der Jugendministerkonferenz und der Kultusministerkonferenz und auch in der Fachpraxis immer wieder hervorgehoben. In den praktischen Ausbildungsphasen können die angehenden Fachkräfte fachtheoretisches Wissen einsetzen und pädagogisch reflektieren. Sie werden dabei unterstützt, die für den pädagogischen Alltag notwendigen Handlungskompetenzen zu erwerben und eine professionelle Haltung zu entwickeln. […] In der Praxis sind institutionalisierte Formen der Zusammenarbeit der beiden Lernorte bislang selten anzutreffen. Darüber hinaus werden Kindertageseinrichtungen noch nicht hinreichend als „Ausbildungseinrichtung" bzw. „Lernort" wahrgenommen. Das liegt nicht zuletzt an den Rahmenbedingungen, die eine qualifizierte Praxisanleitung neben den umfänglichen Aufgaben und hohen Anforderungen an die Kindertageseinrichtungen erschweren. […] Ziel des Bundesprogramms „Lernort Praxis" ist es, die Qualität in den Kindertageseinrichtungen zu steigern, indem die Praxisanleitung gestärkt wird. Darüber hinaus soll die Zusammenarbeit mit dem Lernort Schule, der die Gesamtverantwortung für die Ausbildung der frühpädagogischen Fachkräfte trägt, gefördert werden. Nur gemeinsam kann es gelingen, eine Ausbildung zu gestalten und anzubieten, die sinnvoll zwischen Theorie und Praxis abgestimmt und qualitativ hochwertig ist. Verschiedene Instrumente der Kooperation sollen entwickelt und eine enge Verzahnung der beiden Lernorte erreicht werden."
(www.fruehe-chancen.de/was-politik-leistet/lernort-praxis/programmueberblick/08.05.2015)

9 Abschlussreflexion

Liebe Lernenden,

Ihre Ausbildung in der Fachschule neigt sich dem Ende zu und Sie werden einen neuen Weg beschreiten. Vielleicht haben Sie bereits die ersten Bewerbungen verschickt und sind zu Vorstellungsgesprächen eingeladen. Möglicherweise werden Sie aber auch ein ergänzendes Studium beginnen und Ihre Kenntnisse und Kompetenzen weiter vertiefen.

Bevor Sie jedoch gehen, möchten wir mit Ihnen eine letzte Reflexion machen, damit Sie Ihren Rucksack für Ihren weiteren Weg packen können. Gehen Sie in Gedanken noch einmal die Ausbildungszeit in Ihrer Fachschule und in den unterschiedlichen Praxisstellen ab – was nehmen Sie mit?

Ihr Rucksack kann Ihnen auch bei einem Vorstellungsgespräch in der Einrichtung helfen – Sie haben so Ihr Wissen und Ihre Fähigkeiten und Fertigkeiten griffbereit. Auch für das erste Seminar im Studium wissen Sie, auf welche Kompetenzen Sie bereits zurückgreifen können.

Wir wünschen Ihnen viel Erfolg, als pädagogische Fachkraft oder auf dem Weg ins Studium.

Ihr Autorenteam

Mit welchem Blick schaue ich heute auf Kinder und Jugendliche?

Welche sozialen Fähigkeiten bringe ich mit?

Was sind die Grundlagen für mein Handeln?

Woran hängt mein Herz?

Was kann ich richtig gut?

Mein Motto am Ende der Ausbildung lautet?

Nach welchen pädagogischen Konzepten möchte ich gern arbeiten?

Womit ist mein Methodenkoffer heute gefüllt? Was bringe ich mit?

Meine Reflexion meiner Ausbildung

Womit ist mein Methodenkoffer heute gefüllt? Was bringe ich mit?

Nach welchen pädagogischen Konzepten möchte ich gern arbeiten?

Was kann ich richtig gut?

Was sind die Grundlagen für mein Handeln?

Mit welchem Blick schaue ich heute auf Kinder und Jugendliche?

Welche sozialen Fähigkeiten bringe ich mit?

Woran hängt mein Herz?

Mein Motto am Ende der Ausbildung lautet?

3 Den Durchblick behalten – Organisation will gelernt sein

1 Materialien und Vorlagen

1.1 Kontaktdaten

Kontaktdaten für die Praxislehrkraft (Schule) und Anleiterin (Praxisstelle)

Name Lernende/-r			
Klasse		E-Mail-Adresse	
Telefonnummer mobil		Telefonnummer Festnetz	
Anschrift			

Kontaktdaten Ansprechpartner in der Schule		Kontaktdaten Ansprechpartner in der Praxisstelle	
Name Praxislehrkraft		Name Anleiter/-in	
Telefonnummer in der Schule		Telefonnummer in der Einsatzstelle	
Sprechstunde/ Erreichbarkeit		Sprechstunde/ Erreichbarkeit	
Telefonnummer privat		Telefonnummer privat	
Erreichbarkeit privat		Erreichbarkeit privat	
E-Mail-Adresse		E-Mail-Adresse	
Anschrift der Schule		Anschrift der Einrichtung	
Telefonnummer Sekretariat		Telefonnummer Zentrale	

Weitere Kontaktpersonen in der Schule		Leitung der Praxiseinrichtung	
Name Leitung		Name Leitung	
Telefonnummer in der Schule		Telefonnummer in der Einrichtung	
Sprechstunde/ Erreichbarkeit		Sprechstunde/ Erreichbarkeit	
Telefonnummer privat		Telefonnummer privat	
Erreichbarkeit privat		Erreichbarkeit privat	
E-Mail-Adresse		E-Mail-Adresse	

Lehrkraft fachpraktische Ausbildung	
Telefonnummer	
E-Mail-Adresse	

1.2 Steckbriefbeispiele

Ein Steckbrief für die Arbeit in der **Schulkindbetreuung** hat andere Schwerpunkte. Dort werden evtl. Mittagessen, Hausaufgabenbetreuung und Spiel- und Sportaktivitäten angeboten. Bei der Betreuung älterer Kinder kommen Themen wie Konfliktbewältigung und Problemlösung zum Tragen, die Kommunikations- und Beziehungsgestaltung in Bezug auf Kinder bis in das Teenageralter stellt andere Anforderungen als im Kindergarten. Der Kontakt zu den Eltern hat oft unterschiedliche Formen, bei älteren Kindern besteht kein täglicher Kontakt zu den Eltern.

Folgende Aspekte beeinflussen die Inhalte und die Gestaltung des Steckbriefes:
- Der Steckbrief soll für Eltern und Kinder ansprechend gestaltet werden.
- Ihre Kompetenzen, z. B. für die Hausaufgabenbetreuung, sollten insbesondere für Eltern deutlich werden.
- Ihre Kompetenzen für Spiel- und Sportaktivitäten sollten Kinder anregen, mitzumachen und Angebote einzufordern.

Was gehört in diesem Praxisfeld nicht in Ihren Steckbrief?	Was sollten Sie unbedingt in diesem Steckbrief erwähnen?

In einem **Jugendzentrum** lesen hauptsächlich Kinder und Jugendliche diese Steckbriefe – wenn diese überhaupt von den Besuchern wahrgenommen werden. Besprechen Sie mit Ihrer Anleitung für einen derartigen Einsatz den Steckbrief besonders gründlich.
Folgende Aspekte beeinflussen die Entscheidung für einen Steckbrief und dessen Gestaltung:
- Die Nähe-Distanz-Grenzen zwischen jüngeren Auszubildenden und den Besuchern sind besonders sensibel.
- Ein Auszubildender sollte als Mitarbeiter/-in und damit als Respektsperson wahrgenommen werden.

Was gehört in diesem Praxisfeld nicht in Ihren Steckbrief?	Was sollten Sie in diesem Steckbrief unbedingt erwähnen?

Die **Krippe** ist für viele Eltern die erste Erfahrung, ihr Kind in „fremde Hände" zu geben. Der tägliche Kontakt zu Eltern ist in der Regel intensiv, die Betreuung der Kinder muss u. a. sehr elementare Dinge sicherstellen und die Entwicklung auf vielen Ebenen anregen und beobachten.
Folgende Aspekte beeinflussen die Entscheidung für einen Steckbrief und dessen Gestaltung:
- Eltern wollen wissen, ob Sie dem Umgang mit Säuglingen und Kleinkindern gewachsen sind und Erfahrungen mit der Altersgruppe haben.
- Eltern sind Persönlichkeit, soziale und emotionale Kompetenzen besonders wichtig.

Was gehört in diesem Praxisfeld nicht in Ihren Steckbrief?	Was sollten Sie in diesem Steckbrief unbedingt erwähnen?

1.3 Kalenderbeispiele

Kalender für das Schuljahr _____

	August	September	Oktober	November	Dezember	Januar
Praxis						
LF 1						
LF 2						
LF 3						
LF 4						
LF 5						
LF 6						
Deutsch						

Fachrichtungsbezogener Lernbereich

Fachrichtungsübergreifender Lernbereich

LF1: Berufliche Identität und professionelle Perspektiven weiter entwickeln
LF2: Pädagogische Beziehungen gestalten und mit Gruppen pädagogisch arbeiten
LF3: Lebenswelten und Diversität wahrnehmen und Inklusion fördern

LF4: Sozialpädagogische Bildungsarbeit in den Bildungsbereichen professionell gestalten
LF5: Erziehungs- und Bildungspartnerschaften mit Eltern und Bezugspersonen gestalten sowie Übergänge unterstützen
LF6: Institution und Team entwickeln sowie in Netzwerken kooperieren

Wochenplan für die Woche vom _____ **bis** _____

	ab 8.00	ab 10.00	ab 13.00	ab 15.00	ab 17.00	ab 19.00
Montag						
Dienstag						
Mittwoch						
Donnerstag						
Freitag						
Samstag						
Sonntag						

1.4 Notenliste

Notenliste für das Schuljahr _____

Bereich	Lernfeld/Fach	Lernsituation Titel/Bezeichnung	Note	Note Lernfeld/ Fach
Fachrichtungsbezogener Lernbereich	**LF 1**: Berufliche Identität und professionelle Perspektiven weiter entwickeln			
	LF 2: Pädagogische Beziehungen gestalten und mit Gruppen pädagogisch arbeiten			
	LF 3: Lebenswelten und Diversität wahrnehmen und Inklusion fördern			
	LF 4: Sozialpädagogische Bildungsarbeit in den Bildungsbereichen professionell gestalten			
	LF 5: Erziehungs- und Bildungspartnerschaften mit Eltern und Bezugspersonen gestalten sowie Übergänge unterstützen			
	LF 6: Institution und Team entwickeln sowie in Netzwerken kooperieren			
Fachrichtungsübergreifender Lernbereich	Deutsch/Kommunikation			
Praxis				

1.5   Praxistagebuch

Mein Praxistagebuch 🕐

Wochentag/Datum _____	Arbeitszeit: _____
Feststehende Aktivitäten für diesen Tag:	
Anwesende/Abwesende:	
Das habe ich mir für heute vorgenommen:	
Bei diesen Aufgaben des Tagesablaufs habe ich mitgewirkt:	
Ich hatte heute besonders viel Kontakt mit:	
Ich habe heute beobachtet:	
Hierbei fühle ich mich schon sicher:	
Hierfür möchte ich um mehr Anleitung bitten:	
Folgendes Feedback habe ich erhalten:	
Diese Informationen habe ich für mein Praktikum erhalten:	
Wenn ich auf diesen Tag zurückblicke, denke ich:	
Folgende Ziele stecke ich mir:	
Bemerkungen:	

Wochenauswertung ✱

Woche _____ vom _____ bis _____ Praxiswoche _____	
Besondere Ereignisse im Wochenablauf:	
Selbstgeplante oder durchgeführte Aktivitäten:	
Eigene Beobachtungen zu einzelnen/der Gruppe:	
Selbstbeobachtung:	
Feedback zu meiner Arbeit:	
Gespräch mit der Anleitung:	
Ideen für eigene Angebote:	
Neue Erkenntnisse:	
Erworbene oder gefestigte Kompetenzen:	
Ziele:	

1.6   Selbstreflexion

Reflektieren Sie, wie Sie die mit Kongruenz, Empathie, Akzeptanz verknüpften Kompetenzen in Ihrer Praxisstelle zum Einsatz bringen können. 🖱

Bei welchen Personen und in welchen Situationen fällt es mir leicht ...

... kongruent zu sein?

_____

_____

_____

... empathisch zu sein?

_____

_____

_____

Akzeptanz zu zeigen?

_____

_____

_____

In folgenden Situationen möchte ich mich darum bemühen ...

... häufiger   ... seltener

_____   _____

_____   _____

_____   _____

Im Kontakt zu folgenden Personen möchte ich mich darum bemühen...

... häufiger   ... seltener

_____   _____

_____   _____

_____   _____

Fragen zur Unterstützung der Reflexion nach einem Ausbildungsabschnitt

Die folgenden Fragen sollen Ihren Reflexionsprozess anstoßen und vertiefen. Sie beziehen sich auf schulische und praktische Erfahrungen. Sie können diese Fragen also für beide Schwerpunktsetzungen verwenden.

Beantworten Sie diese Auswertungsfragen zunächst für sich (in Gedanken und schriftlich) und dann mit den Personen, mit denen Sie in diesem Ausbildungsabschnitt zusammengearbeitet haben (andere Lernende, Lehrkräfte, (Praxis-)Anleiter, Kollegen)!

Welche Erwartungen hatten Sie zu Beginn des Ausbildungsabschnittes in Bezug auf ...
- ... sich selbst, Ihr Interesse, Ihre Motivation und Ihre Ziele?
- ... die Erwartungen, die andere an Sie als Lernende stellen?
- ... Ihre Mitwirkung oder Einflussnahme und die Zusammenarbeit mit anderen?

- Welche bedeutsamen Ereignisse gab es in diesem Ausbildungsabschnitt für Sie selbst? Stellen Sie das Ereignis kurz dar!
- Wie kam es zu diesem ausschlaggebenden Ereignis, wer oder was hat dazu beigetragen?
- Welche Auswirkungen hat dieses für Ihr zukünftiges Handeln?

- Was ist Ihnen gut gelungen und was misslungen? Mit welchen Ereignissen und Ergebnissen sind Sie zufrieden?
- Auf welche Weise haben Sie sich eingebracht, was war Ihr Anteil am Gesamtgeschehen?
- Welche Erwartungen haben sich erfüllt, welche nicht?
- Was würden Sie gern verbessern?

Welche neuen Erkenntnisse haben Sie in Bezug auf Ihr Handeln in der Praxis gewonnen über ...

- ... Ihre fachlichen Fähigkeiten, Vorlieben oder Schwächen?
- ... Ihre Zusammenarbeit mit anderen?
- ... Ihren fachtheoretischen und fachpraktischen Ausbildungsstand?
- ... Ihren Umgang mit Feedback und Kritik?

Welche neuen Erkenntnisse haben Sie in Bezug auf Ihr Lernhandeln und Ihren Lernprozess gewonnen?

- Was war allgemein hinderlich, was förderlich?
- Welche Wirksamkeit hatten Ihre Lernstrategien?
- Wie schätzen Sie Ihre Selbstorganisation ein?

Welche Schlüsse ziehen Sie für Ihre zukünftigen Ausbildungsschritte in Bezug auf ...

- ... die Planung und Organisation Ihrer Ausbildungsaufgaben?
- ... die Zusammenarbeit mit anderen?
- ... den Umgang mit Feedback und Kritik?
- ... das konkrete eigene Handeln am Praxisplatz?
- ... Ihre Lernstrategien?
- ... Ihre Ziele und Erwartungen?

Stichwortverzeichnis

Bildquellenverzeichnis

S. 17 Natascha Welz; S. 21 Natascha Welz; S. 25 shutterstock/Andrey Arkusha, S. 28 Natascha Welz; S. 33 Natascha Welz; S. 36 Natascha Welz; S. 45 Natascha Welz; S. 59 Natascha Welz; S. 62 Natascha Welz; S. 72–73 Natascha Welz; S. 88 shutterstock/seewhatmitchsee; S. 90–91 Natascha Welz; S. 106 Natascha Welz; S. 108–109 Natascha Welz; S. 124 shutterstock/Claudio Divizia; S. 125 oben links und unten shutterstock/Jojoo64; S. 125 oben rechts popular business; S. 126–127 Natascha Welz; S. 142 Mitte shutterstock/mart; S. 124 unten shutterstock/Oleg Babich; S. 143 oben shutterstock/Aleks Melnik; S. 143 Mitte shutterstock/Ganibal; S. 143 unten shutterstock/Vector; S. 144–145 Natascha Welz; S. 160 oben shutterstock/kavram; S. 160 unten shutterstock/maximult; S. 161 oben shutterstock/Wasu Watcharadachaphong; S. 161 Mitte shutterstock/Sunsetman; S. 161 unten shutterstock/Kairos69; S. 162–163 Natascha Welz; S. 178–179 shutterstock/mtmmarek; S. 184 shutterstock/Hera_soft

Notizen